HERMAN BAVINCK

Una vida y teología para la gloria de Dios

ISRAEL GUERRERO

B&H
ESPAÑOL
BRENTWOOD, TENNESSEE

B&H Publishing Group
Brentwood TN, 37027

Diseño de portada: Kristen Ingebretson

Ilustración de la portada: B&H Español, basado en «Herman Bavinck» (1922) por Louis Jacques Goudman (Vrije Universiteit, Amsterdam).

Clasificación Decimal Dewey: B
Clasifíquese: BAVINCK, HERMAN \ IGLESIA REFORMADA \ TEÓLOGOS— BIOGRAFÍA

ISBN: 978-1-0877-7094-9

Impreso en EE. UU.
1 2 3 4 5 * 27 26 25 24

Índice

Agradecimientos

Por lo tanto, el tipo correcto de agradecimientos requiere,
en primer lugar, un conocimiento
de las bendiciones de Dios.
—William Ames (1576-1633)

Sinceramente, escribir esta sección de agradecimientos es una de las partes más emocionantes y, en cierto grado, difíciles de escribir. Tal vez, como lector, te quieres saltar estas hojas. Lo entiendo. Pero detrás de un libro, no hay simplemente una persona, sino familias, amigos, contactos e historias que Dios guía, sostiene, dirige y dispone con un solo propósito: la gloria de Su nombre.

Agradezco a Giancarlo Montemayor y su cordial invitación a escribir para B&H en español. De la misma manera, las conversaciones y el trabajo editorial de Joel Rosario (junto con otros editores) han sido claves para dar forma definitiva a este libro. ¡Gracias Joel! Gracias al pastor Pablo Landazuri, Alberto Solano y mi compadre Matías Faundez por leer el primer borrador y así darme sus comentarios y sugerencias. Agradezco también al Dr. George Harinck por facilitarnos las fotos que se encuentran al interior de este libro.

Este libro es para la gloria de Dios y la edificación de la Iglesia. Por lo tanto, no puedo dejar de mencionar a quienes estuvieron orando por mí y animándome de distintas maneras mientras escribía mi tesis doctoral y este libro. Gracias a los pastores y amigos de *St. Columba's Free Church* (Rev. Derek Lamont) y

Cornerstone Free Church (Rev. Neil MacMillan). Así también, agradezco al *Kirk Session* (consistorio) de *Cornerstone* por permitirme aprender y servir junto a ustedes: Rev. David Meredith, Rev. Colin Ross, Dr. Richard J. Oosterhoff y Dr. James Eglinton. La providencia de Dios es gloriosa. Jamás imaginé que mi supervisor doctoral, James Eglinton, se convertiría en un amigo y compañero de *Kirk Session*. Gracias a todos ustedes por ayudarme a crecer como pastor.

Aquí en Escocia, no puedo dejar de mencionar y agradecer a mi querida iglesia hispana en *Cornerstone*. Gracias por sus oraciones, comidas, risas, lágrimas, sueños, celebraciones, alegría y amor por mi familia.

El amor de y por la Iglesia se traslada a nuestros hermanos, amigos y familiares en Chile. Gracias a la Iglesia Reformada de Rancagua y Comunidad de Gracia por sus oraciones y apoyo. Así también, agradezco a pastores e iglesias de distintas regiones de Chile que han continuado orando por nosotros.

Agradezco a mis suegros (José Venegas y Jessica Cisterna) y cuñados por estar siempre a nuestro lado, aunque miles de kilómetros nos separen ¿Cómo no expresar mi gratitud a mi padre y madre? Gracias a Francisco Guerrero y Juanita Leiva por todo el cariño expresado en cada momento. Muchas gracias por predicarme desde pequeño acerca de nuestro Dios maravilloso. Gracias por motivarme junto a mi familia a vivir para la gloria de Dios, ¡los amo!

Mis agradecimientos a mi mejor amiga y esposa, Camila Venegas. Cami, sin tu amor, sonrisa, oraciones y continuo ánimo no habría podido escribir este libro. Gracias por llevarme a glorificar a Dios y gozar de él por medio de nuestro matrimonio y aventuras ¡Eres la mejor! Gracias por ser la mamá de nuestras preciosas hijas Emma y Eilidh.

Niñas, cuando puedan leer esto quiero que sepan que fue un placer escribir este libro con ustedes dos arriba de mi espalda. Fue un placer dejar de escribir para jugar con ustedes. No saben cuánto agradezco a Dios cada vez que entraban a mi oficina para decir «Papi, te amo». Sus abrazitos, más las galletitas que cocinaban con mamá, me impulsaron a escribir este libro.

Finalmente, mis infinitos agradecimientos a Dios. ¡Qué glorioso es saber que conoces mis pensamientos antes de que estos puedan quedar plasmados aquí! Gracias por ser mi Dios, el Dios de mi esposa, el Dios de mis hijas, el Dios de mis padres y el Dios de mis abuelos. Gracias Padre por amarme y enviar a tu Hijo para vivir y morir por nosotros. Gracias Padre e Hijo por enviar al Espíritu Santo a morar a nuestros corazones. Gracias Espíritu Santo por aplicar todo lo que Cristo hizo y, así, vivir para la gloria del Padre.

Gracias Dios Trino por permitirme escribir este libro para así, glorificar tu nombre y ser de ayuda para la edificación de tu Iglesia.

Edimburgo, Escocia
Diciembre 2023

Para Camila, Emma y Eilidh

Prefacio

Una amigable advertencia

Hijitos, guardaos de los ídolos. Amén.
—Apóstol Juan[1]

El hambre que la sociedad actual está experimentando la
ha llevado a querer saciarse de muchas maneras. Al mirar a
nuestro alrededor, podemos observar que la sociedad quiere
alimentarse, consciente o inconscientemente, de una manera
rápida y superficial. Por supuesto que no me refiero solo a ir al
restaurante de comida rápida o seguir el ultimo plan de comida
keto que tal vez ha estado apareciendo en tus redes sociales.
Me refiero específicamente al hambre que nuestras mentes,
corazones y vidas tienen.

De la misma manera, parece ser que también buscamos
respuestas rápidas para calmar las necesidades de nuestro
corazón. Lamentablemente, las respuestas que recibimos
carecen de una profundidad en contenido sano que a la vez logre
satisfacer lo profundo de nuestro corazón.

Por ejemplo, queremos crecer como padres, artistas o
estudiantes, pero lo hacemos a través de mentores virtuales. Es
decir, abrimos una red social y en cuarenta y cinco segundos,

---

1. 1 Jn. 5:21, RVR1960.

hay un «mentor» que nos indica cómo debemos pensar o actuar en determinadas situaciones. Hay mentores que en un par de minutos nos quieren enseñar sobre crianza, arte, forma de vestir e, incluso, sobre la forma de pensar. Ante esto, le damos «me gusta», lo «compartimos» y sin darnos cuenta, nos convertimos en «discípulos» de contenido rápido y superficial.

Ahora, tal vez el contenido no es malo en sí. No me malentiendan. Hay videos que duran sesenta segundos que presentan un muy buen contenido (¡y en excelente calidad!). Hay extractos de enseñanzas bíblicas que pueden ser de mucha edificación. Sin embargo, a veces puede surgir un problema: nos conformamos solo con este tipo de enseñanza para saciar el hambre. Si bien la enseñanza puede ser muy buena, no profundizamos en ella. Nos bastan sesenta segundos y ya está.

El problema se acentúa cuando queremos que alguien nos diga exactamente qué decir o qué hacer en un determinado asunto. Parece ser que ya no queremos detenernos a pensar. Ya no queremos detenernos a reflexionar seriamente sobre asuntos importantes de la vida. Tristemente, el problema se agudiza aún más cuando convertimos al maestro o teólogo de red social en una especie de ídolo. Y eso no está bien.

Este libro no fue escrito para dar algo rápido o superficial. A la vez, no fue escrito para levantar a Herman Bavinck como aquel teólogo incuestionable que vendrá a solucionar algún tipo de hambre intelectual. Por el contrario, este libro fue escrito para que Dios sea glorificado y su Iglesia, edificada.

Como verás a lo largo de los capítulos, la vida y teología de Herman Bavinck nos llevan a contemplar a Aquel que debe ser el principio y fin de nuestras vidas y teologías: la gloria del Dios trino. De esta manera, este libro fue escrito para invitarte a reflexionar, profundizar y aplicar una teología centrada en

Dios. Dicho de otra manera, no para «copiar y pegar», sino para inspirarte a desarrollar una teología que nos lleve a adorar a Dios.

Con este prefacio, quiero invitarte a que nos cuidemos de los ídolos. De manera práctica, esto significa, por un lado, no idolatrar a Herman Bavinck, y, por otro lado, orar para que Dios, en Su gracia, nos lleve a derribar ciertas construcciones teológicas que hemos idolatrado por años y que no están glorificando a Dios. De una u otra manera, la teología de Bavinck nos puede ayudar a glorificar a Dios tanto en el estudio teológico, como también en la vida diaria.

Posdata:

El libro que tienes en tus manos no pretende ser una biografía exhaustiva de la vida del pastor y teólogo reformado Herman Bavinck. Para eso, recomiendo la excelente biografía escrita por mi *doktorvater*, el Dr. James Eglinton.[2] De hecho, para el aspecto más biográfico, dependo del libro de Eglinton, que de una u otra manera, fue escrito para un público que durante las últimas décadas se ha visto beneficiado de la traducción al inglés (desde el holandés) de importantes obras de Bavinck. No obstante, mi libro tiene otro objetivo.

La meta de este libro es *introducir* tanto la *vida* como la *teología* de Bavinck. Esta introducción está dirigida a aquellos que quizás, en algún momento, escucharon el apellido «Bavinck» y están comenzando a averiguar de él. Tal vez ese no es tu caso y ya has comenzado a leer algunas de sus traducciones al inglés o español. Este libro puede

---

2. *Doktorvater* se refiere a un supervisor de tesis doctoral. De hecho, algunas secciones de este libro fueron tomadas y adaptadas de mi tesis de doctorado en teología sistemática.

ser útil para ambos grupos. Debido a esto, para el aspecto más teológico de este libro, he traducido algunas fuentes primarias (y secundarias) del inglés y holandés que, hasta el momento, no están en nuestro idioma. En determinadas ocasiones, he decidido mantener algunas palabras o frases en su idioma original. Sumado a las traducciones, en algunas oportunidades pauso para reflexionar pastoralmente en un determinado tema.

En los aspectos biográficos y teológicos, no me detuve a describir en detalle su vida familiar, ni tampoco bosquejé su profunda comprensión de las ciencias, la pedagogía, la cultura, la psicología o la política.

No obstante, las ideas que planteo podrían ayudar al crecimiento teológico y espiritual de cristianos que están trabajando en distintos contextos. En otras palabras, este escrito está dirigido a todos aquellos que quieran desarrollar sus distintas vocaciones a través de principios teológicos sanos; principios teológicos que primordialmente nos impulsen a glorificar a Dios y gozar de Él en todo lo que hacemos.

Te animo a usar este libro para enriquecer los estudios bíblicos de tu iglesia local o en cualquier otro contexto donde estás aprendiendo teología. La vida y los libros de Herman Bavinck pueden presentar importantes desafíos a los miembros de iglesias que no están, o tal vez sí están, estudiando teología formalmente (seminario o universidad). Espero que este libro contribuya al continuo crecimiento teológico y espiritual de profesores, pastores, ancianos, diáconos, misioneros y maestros de escuela dominical y así, continuar instruyendo, amando, cuidando, exhortando y consolando a quienes Dios ha puesto para servir.

Por último, espero que, al terminar este libro, puedas considerar la teología de Herman Bavinck como una buena ayuda para preparar un estudio bíblico o incluso a la hora de reflexionar sobre cómo servir mejor en tu iglesia local, como también al pueblo o ciudad donde actualmente vives.

Introducción

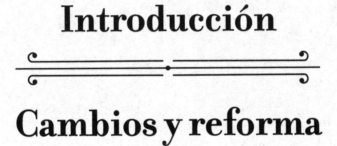

Cambios y reforma

El mundo pasa, y también sus pasiones,
pero el que hace la voluntad de
Dios permanece para siempre.
—Apóstol Juan[1]

El mundo en que vivimos está cambiando. Para bien o para mal, todos los aspectos de la vida están cambiando. Así como un pequeño virus alteró la forma de vivir (y pensar) de todo un planeta, hoy vemos que distintos tipos de políticas e ideologías están moldeando la forma de pensar sobre el tipo de sociedad que anhelamos construir, reconstruir o sencillamente, destruir.

Los cambios —y decisiones— no solamente se ven reflejados en aspectos sociales, sino también en lo más íntimo de nuestros corazones. De manera significativa, los cambios que vemos no son meramente responsabilidad de aquellos que están «afuera», sino también de nosotros. En otras palabras, somos responsables de lo que estamos sembrando y cosechando. Así, el compromiso —o la falta de este— con la Palabra de Dios tendrá importantes consecuencias en nuestros corazones, familias, iglesias y sociedades.

---

1. 1 Juan 2:17.

La Iglesia está cambiando, y probablemente tú también. Este cambio no se ha producido por voluntad humana, sino por Aquel que produce soberanamente un nuevo nacimiento en cada uno de nosotros, el Espíritu Santo. De esta manera, distintas iglesias han comenzado a dejar una predicación centrada en el hombre para predicar con demostración del Espíritu y poder sobre la gloria del Dios trino. Es decir, las iglesias se han ido reformado de acuerdo con la única regla de fe y vida, la Palabra de Dios.

Esta reforma no ha buscado «reinventar la rueda», sino más bien aprender, aplicar y enseñar los aspectos fundamentales del evangelio. Bien lo dijo el predicador Charles Spurgeon (1843-92): «La antigua verdad que Calvino predicó, que Agustín predicó, que Pablo predicó, es la verdad que tengo que predicar hoy, o de otro modo faltaría a mi conciencia y a mi Dios [...]. El evangelio de John Knox es mi evangelio. Ese que resonó a través de Escocia debe resonar en Inglaterra de nuevo».[2]

De acuerdo con el relato de Spurgeon, el evangelio transformó dos aspectos de la vida: la conciencia y una nación. Es decir, el evangelio transforma corazones y sociedades con un solo propósito: la gloria de Dios.

Ocho años después de la muerte de Spurgeon, un profesor de teología en Kampen (Holanda) escribió lo siguiente acerca del predicador bautista calvinista: «Siempre es el evangelio rico, completo y glorioso que Spurgeon nos hace escuchar, y siempre de una manera fresca, viva [y] nunca molesta. Spurgeon cree lo que predica, y como predicador, vive de esa fe. Ese es el gran secreto de su poder».[3]

---

2. Ver https://www.clir.net/una-defensa-del-calvinismo/

3. Reseña de De Trooster der treurigen, por C. H. Spurgeon en *De Bazuin* 48:30 (1900).

Ese profesor en Kampen fue una persona que, de acuerdo con el profesor evangélico James I. Packer (1926-2020), tuvo una mente a la altura de teólogos como Agustín (354-430) y Juan Calvino (1509-64). Sin embargo, aquel teólogo holandés vivió en una época totalmente distinta a los dos teólogos mencionados previamente. De hecho, los cambios que ocurrieron en el siglo xix no solo cambiaron la cosmovisión de la sociedad moderna sino también la forma de hacer teología.

La persona a la cual Packer hizo referencia fue Herman Bavinck (1854-1921), un teólogo reformado que glorificó a Dios en la iglesia, en la cátedra teológica, en las ciencias, en la educación y la política. Todo esto lo hizo en medio de una iglesia y una sociedad que enfrentaban profundos cambios.

El mundo está cambiando. La pregunta que deberíamos plantearnos es la siguiente: ¿Estamos glorificando a Dios en medio de los profundos cambios que está experimentando la sociedad hoy en día?

Tal vez la pregunta es un poco más profunda y tiene que ver con un cambio de nuestro corazón y de la visión que tenemos con respecto a la vida y el mundo.

¿Hemos sido impactados profundamente por la gloria de Dios al punto de querer ver la belleza del evangelio transformar cada área de nuestras vidas, familias, iglesias y sociedades? En tiempos de profundos cambios sociales, aún más que en los tiempos de Calvino, es clave recordar la amplitud del carácter transformador del evangelio. Para esto, debemos tener claro *qué es* el evangelio y *cuáles son los frutos* de la aplicación de este evangelio. En palabras de Herman Bavinck:

Por lo tanto, [lo primero] es restaurar nuestra relación adecuada con Dios. La cruz de Cristo, por tanto, es el corazón y el punto medio de la religión cristiana. Jesús no vino, en primer lugar, a renovar las familias y reformar la sociedad, sino a salvar a los pecadores y a redimir al mundo de la ira venidera de Dios.[4]

Así como es importante destacar este punto, también debemos señalar que Bavinck no se detuvo aquí, pues así como escribió en *Principios cristianos y relaciones sociales*, que «la trascendencia del evangelio no depende de su influencia en la cultura»,[5] en otro escrito titulado *La catolicidad del cristianismo y de la iglesia*, Bavinck menciona:

> El evangelio es una buena noticia, no solo para la persona individual, sino también para la humanidad, para la familia, para la sociedad, para el estado, para el arte y la ciencia, para todo el cosmos, para toda la creación que gime.[6]

En otras palabras, vemos que para Bavinck —como teólogo cristiano reformado— el evangelio debe impactar toda la creación porque este poderoso mensaje y realidad provienen del mismo Dios que *crea* y *recrea* todas las cosas para Su gloria.

Así, el evangelio es esencial para la transformación del corazón de un obrero, de una esposa, de una madre, de los hijos, de un científico o de un ministro de la Palabra y los sacramentos. De esta manera, al estar juntos recibiendo la palabra predicada en el día del Señor, y responder en adoración, ellos son enviados a desarrollar sus vocaciones —es decir, construir casas, trabajar

---

4. Citado en John Bolt, *Bavinck on the Christian Life* (Wheaton: Crossway, 2015), 178.

5. Herman Bavinck, *Essays on Religion, Science, and Society* (Grand Rapids: Baker Academic, 2008), 141.

6. Herman Bavinck, *The Catholicity of Christianity and the Church*, 224.

en la familia, investigar y pastorear— para la gloria de Dios durante el resto de la semana.

En otras palabras, la gloria de Dios es tan grande que es imposible que un centímetro cuadrado del corazón y del universo no sea impactado por la majestuosidad, soberanía y santidad del Dios trino.

La visión del mundo y de la vida que describí en el párrafo anterior corresponde a la médula de la teología cristiana, y en este caso particular, de la teología reformada. Con lo anterior, no me refiero solamente a la rica teología de Juan Calvino y sus contemporáneos, o a los escritos de los distintos tipos de puritanos y de los teólogos que posteriormente desarrollaron este legado, sino a una rica teología cristiana que fue codificada a través de confesiones de fe reformadas. Confesiones de fe que, dicho sea de paso, abrazaron aquellos credos que definieron bíblicamente qué debemos confesar con respecto a la Trinidad o la persona y obra de Cristo.

Los pastores y teólogos reformados vivieron entendiendo que el fin principal del hombre es glorificar a Dios y gozar de Él para siempre. Cada uno de ellos vivió y murió entendiendo que el único consuelo —tanto en la vida como en la muerte— es que, con cuerpo y alma, no se pertenecían a ellos mismos, sino a su fiel salvador Jesucristo.[7]

Sin embargo, cada uno de ellos desarrolló sus sermones y teología en un contexto muy distinto al nuestro. Los problemas que enfrentaron los cristianos de aquella época son muy distintos a los problemas que hoy enfrentamos.

Pensamos en algunos ejemplos.

---

7. Aquí estoy haciendo eco al Catecismo Menor de Westminster y al Catecismo de Heidelberg.

Por un lado, los desafíos pastorales que enfrentaron los cristianos reformados del siglo xvii, en el área familiar y sexual, son distintos a los desafíos que enfrentan los pastores el día de hoy debido a la revolución sexual y sus redefiniciones de lo que es una familia o un ser humano. Por otro lado, la forma de entender y hacer teología es muy distinta a la de la época de Calvino y los puritanos; el liberalismo teológico que comenzó a inicios del siglo xix penetró las distintas denominaciones protestantes cambiando el concepto de religión y teología hacia un modelo que estuvo más centrado en el ser y las obras del hombre, y no en el ser y las obras de Dios.

El problema siempre ha sido esencialmente el mismo: el pecado. Sin embargo, las manifestaciones que tiene el pecado son distintas en distintas generaciones. Sí, el pecado ha hecho que durante siglos y siglos las personas llamen a lo bueno malo y a lo malo bueno. No obstante, la forma en que se manifiesta esta terrible realidad cambia a través de las generaciones y distintas culturas.

Frente a este panorama, ¿cómo podemos desarrollar una teología cristiana que proclame la gloria de Dios en lo más íntimo del corazón y que a la vez impacte toda una sociedad cambiante?

Es justamente lo que iremos reflexionando a lo largo de este libro al estudiar la vida y teología de Herman Bavinck, aquel teólogo reformado que recuperó y desarrolló la *antigua* teología cristiana y reformada frente a los desafíos que planteaba el *nuevo* contexto social de la modernidad tardía.

Podemos comprender que la teología cristiana no es mero ejercicio de «copiar y pegar» lo que viejos teólogos dijeron. Más bien, la teología es la ciencia de conocer a Dios o el arte de vivir para Dios en el contexto en que tú y yo nos encontramos.

En otras palabras, la teología cristiana es la sabiduría de contemplar a Dios y vivir para Su gloria.

Los escritos de Bavinck nos llevan a considerar seriamente que nuestros pensamientos y motivaciones deben ser guiados por teología cristiana sana y no por una teología sectaria. Dicho de otra manera, él nos invita a reflexionar en una teología que considera la riqueza de las distintas iglesias cristianas que viven para la gloria del Señor, así como también, a visualizar la amplitud de una teología centrada en Dios y que es capaz de servir en el desarrollo científico, social, cultural y educacional para la gloria del Señor.

Un cambio y una reforma para la gloria del Señor

Ahora, ¿por qué leer sobre la vida y la teología de Herman Bavinck? La vida es muy corta y el tiempo que nos queda en esta tierra se extingue en cada segundo que pasa. Por lo tanto, debemos ser muy sabios y selectivos en aquello que leemos y estudiamos. Dicho esto, quisiera invitarte a pausar tu lectura en los próximos cinco minutos para que consideres si debes continuar o no leyendo este libro.

Todo está cambiando. El asunto es si realmente nosotros estamos cambiando —o siendo santificados— para que Dios sea más glorificado en nuestras vidas.

Escribir y leer sobre la gloria de Dios puede «ser fácil». Es cosa de escribir «*Soli Deo Gloria*» en alguna red social y ya está.[8] Sin embargo ¿estamos glorificando a Dios cuando ese «*Soli Deo Gloria*» nace de un corazón divisivo que usa buenos recursos teológicos para su propia gloria? ¿Podríamos decir que Dios recibe toda la gloria cuando la teología que estamos

---

8. *Soli Deo gloria* (latín) significa «solamente a Dios sea la gloria».

estudiando no nos lleva a servir a nuestras familias e iglesias? ¿Está Dios realmente siendo glorificado cuando pensamos que el cristianismo no debería impactar la visión que tenemos de la educación, el arte y la tecnología?

En otras palabras, ¿es posible tener una teología reformada sin una ética reformada?[9] En teoría, respondemos con un absoluto «no», pero ¿por qué en la práctica nuestras vidas contradicen aquello que confesamos?

Quizás es tiempo de cambiar.

En realidad, es tiempo de orar y trabajar para que el Espíritu Santo continúe santificando nuestras vidas. Aquellos que por pura misericordia hemos comenzado a nadar en el océano de las doctrinas de la gracia, necesitamos orar y trabajar para aplicar estas doctrinas con mucha gracia en todas las áreas de la vida.

Este libro es una invitación e introducción a esto.

La vida y teología de Herman Bavinck nos presenta un tremendo desafío ya que la doctrina cristiana, y en este caso reformada, representa más que «cinco puntos calvinistas». En realidad, su pensamiento nos muestra que todo se trata de la gloria del Dios trino en Sus obras de creación y recreación.[10] En palabras de Bavinck, «la esencia de la religión cristiana consiste en esto, que la creación del Padre, devastada por el pecado, es restaurada en la muerte del Hijo de Dios, y recreada por el Espíritu Santo en el reino de Dios».[11]

---

9. Como veremos más adelante, la ética cristiana, de acuerdo con Bavinck, trata con las obras hechas por el creyente en base a la obra de Dios en la vida del cristiano.

10. Los términos «creación» y «recreación» hacen referencia a las obras de Dios en Su *creación* y *redención*, respectivamente.

11. Ver Herman Bavinck, *Reformed Dogmatics Volume I*. Traducido al inglés por John Vriend y editado por John Bolt (Grand Rapids: Baker Academic, 2003). De aquí en adelante, *RD* I.

En resumen, el estudio de la vida y la teología de Herman Bavinck puede ser de gran ayuda para consolidar la reforma que Dios está llevando a cabo en nuestros contextos.

De esta manera, este libro está escrito para invitarte a considerar —¡y desafiarte a aplicar!— una teología trinitaria que sea capaz de transformar, por medio del Espíritu Santo, lo más profundo de nuestro corazón y así, hacer discípulos en todas las naciones a través de una reforma que considere todo el orden creacional de acuerdo a lo que Cristo nos ha enseñado en Su Palabra.

Y todo esto para la gloria del Dios trino y la edificación de Su Iglesia.

Mapa de Holanda:
Lugares y fechas importantes en la vida de Herman Bavinck

5. Es pastor en Franeker
(1881)

3. Estudia teología
en Kampen
(1873)

1. Nació en Hoogeven
(1854)

6. Es profesor
en Kampen
(1882 - 1902)

2. Estudia en el
Gymnasium en Zwolle
(1871)

7. Es profesor
en Ámsterdam
(1902-1921)

4. Estudia teología en Leiden
(1874-1880)

Alemania

Bélgica

1

EL CAMINO HACIA LA TEOLOGÍA [CRISTIANA REFORMADA] DE HERMAN BAVINCK

Desde Juan Calvino hasta Jan Bavinck

Ahora bien, la fe es la certeza de lo que se espera,
la convicción de lo que no se ve. Porque por ella recibieron
aprobación los antiguos [...]. Por la fe Abel [...].
Por la fe Enoc [...]. Por la fe Noé [...].
Por la fe Abraham [...]
por la fe Sara [...]. Todos estos murieron en fe...
—Autor de la carta a los Hebreos[1]

Cualquiera que se aísla de la Iglesia —es decir,
de la cristiandad como un todo, de la historia del
dogma por completo— pierde la verdad
de la fe cristiana. Esa persona se convierte en una
rama que se arranca del árbol y se seca,
en un órgano que se separa del cuerpo, y,
por lo tanto, está condenada a morir.
Solo dentro de la comunión de los santos

---

1. Hebreos 11:1-13.

> el amor de Cristo puede ser comprendido en su
> anchura, profundidad y altitud.
> —Herman Bavinck, *Dogmática reformada*.[2]

Estudiar la historia de la Iglesia es meditar sobre la obra de Dios en aquellos que vivieron y murieron con su fe puesta en Aquel que vivió y murió por cada uno de ellos: Jesucristo.

El estudio de las maravillosas obras de Dios en el pasado es clave para aferrarnos a las promesas de Dios para el presente y así vivir con nuestra mirada en la eternidad. En otras palabras, la historia de la Iglesia nos enseña sobre la fidelidad de Dios a lo largo de los siglos; fidelidad que incluso continúa hasta el día de hoy mientras lees esto.

Dios es fiel. Dios es fiel a sí mismo. Y porque Dios es fiel a sí mismo, seguirá siendo fiel para con Su Iglesia, incluso cuando, lamentablemente, ella pase por períodos de infidelidad.

Ahora, ¿por qué Dios sigue siendo fiel con Su pueblo? En primer lugar, porque Dios es inmutable, y el amor de Dios hacia nosotros se extiende desde la eternidad hasta la eternidad. Al mismo tiempo, este íntimo amor o misericordia que Dios tiene hacia Su pueblo se estructura a través de un precioso pacto que Dios ha establecido con Su Iglesia desde los tiempos del Antiguo Testamento. De hecho, vemos que la historia de la redención se estructura a través de este pacto que es por pura gracia.

Cuando el pueblo del Señor estaba sufriendo y gemía a causa de la servidumbre en Egipto, Moisés nos relata que ellos clamaron y «Dios oyó su gemido y se acordó de su pacto con Abraham, Isaac y Jacob» (Ex. 2:24). De esta manera, a medida que van

---

2. *RD I*, 83.

pasando las generaciones, Dios continúa extendiendo Su amor a Su pueblo por medio de este pacto de gracia. Así, la historia de la Iglesia es una historia acerca de una «nube de testigos» que vivieron por fe, experimentando así la «comunión íntima de Jehová», porque a ellos Dios les dio a conocer «su pacto» (Sal. 25:14, RVR1960).

Ahora, ¿por qué debemos considerar el amor y fidelidad de pacto de Dios hacia Su pueblo? Porque fue la fidelidad de Dios la que llevó a que los hombres fueran primeramente fieles a Dios —y así, fueran fieles a la Iglesia— en el período de la Reforma Protestante.

Es clave mencionar que la Reforma no comenzó ni se detuvo con ciertos hombres y mujeres. La Reforma fue un proceso histórico y orgánico que nos invita a considerar el cuadro completo con respecto a distintas personas y situaciones.

Para ejemplificar lo anterior, pensemos en la narrativa bíblica. No hablamos solamente de *Isaac*, sino de *Abraham, Isaac* y *Jacob*. Es decir, de quienes histórica y orgánicamente anteceden y suceden, en este caso, a Isaac. De la misma manera, la Reforma no se trata solamente de Martín Lutero (1483-1546), sino también de la obra de Dios en la vida de Juan Huss (1370-1415), Martín Lutero, Ulrico Zwinglio (1484-1531), Martín Bucero (1491-1551), Juan Calvino (1509-1564), y muchos, muchos más.

Ahora, dentro de las distintas tradiciones protestantes, existió una gran diversidad en la unidad de la fe, donde algunos grupos acentuaban ciertos puntos doctrinales, como la justificación por la fe.

Sin embargo, la tradición cristiana reformada fue más allá. No se contentó con tener solamente una conciencia justificada, sino que avanzó en el conocimiento de Aquel que justifica y santifica al pecador. Así, los cristianos reformados entendieron que la vida se trataba de glorificar a Dios y gozar de Él para siempre en todas las áreas de la misma.

En otras palabras, la gracia y la gloria del Dios inmutable del pacto eran el principio y el fin de los cristianos reformados. Es por eso que, para estudiar la vida y la teología de Herman Bavinck, necesitamos por lo menos considerar dos cosas de acuerdo a lo que hemos estado viendo hasta aquí. Por un lado, un breve recorrido por la historia de la tradición reformada. Por otro lado, el principio de la gloria Dios en el pensamiento de Herman Bavinck.

El primer punto será expuesto en el resto del capítulo, mientras que el segundo punto será desarrollado a lo largo de todo el libro.

Oye, Juan, ¡no se trata exclusivamente de ti!

La riqueza de la teología cristiana es disfrutada y profundizada cuando se estudia en el contexto de la historia cristiana.

Tenemos una gloriosa nube de testigos que nos invitan a ver las maravillosas obras de Dios a lo largo de los siglos. De esta manera, podemos ver la fidelidad de Dios al saber que las puertas del Hades nunca prevalecerán contra la Iglesia. Así, Dios ha permitido que las verdades de Su Palabra sean atesoradas, defendidas, desarrolladas y proclamadas por Su pueblo a lo largo de la historia. Particularmente, han sido los distintos tipos de sufrimientos, persecuciones y desafíos sociales lo que Dios ha utilizado como medios para que generación tras generación, la Iglesia crezca en el conocimiento de Dios en el rostro de Cristo.

Por lo tanto, para aprender, apreciar y contextualizar la teología desarrollada por Herman Bavinck es importante conocer la historia de la tradición cristiana a la cual él adhería. En otras palabras, debemos considerar la historia y la naturaleza de la teología reformada. Para esto, haremos un pequeño recorrido de tres siglos de historia; desde Juan Calvino hasta Jan Bavinck (1826-1909), el padre de Herman.

Línea de tiempo: historia de la tradición reformada

Siglo XVI	Siglo XVII	Siglo XVIII	Siglo XIX

Juan Calvino
(1509-1564)

Rev. Jan Bavinck
(1826-1909)

Nota: Como veremos, la tradición reformada no comienza con Juan Calvino, ni termina con los puritanos, o en este caso, con Herman Bavinck. La teología reformada sigue creciendo hasta el día de hoy para la gloria de Dios y la edificación de la iglesia universal.

JUAN CALVINO

Juan Calvino ha sido una figura influyente a lo largo de la historia del cristianismo evangélico. Dentro de las distintas personas que han apreciado el estudio de Calvino, debe incluirse el nombre de Herman Bavinck. Por lo tanto, para comprender la teología de Bavinck, debemos considerar brevemente un esbozo de la teología de Juan Calvino.

Ahora, dentro de todos los tópicos que podríamos considerar a la hora de estudiar la teología del reformador de Ginebra, quisiera centrarme en su comprensión de la piedad. Es decir, en un corazón que pronta y sinceramente es entregado al servicio de Dios en el contexto de la iglesia local y universal. No obstante, antes de hablar de este tema, es clave detenernos para considerar algo fundamental de la tradición reformada. Si estás subrayando o tomando notas de este libro, por favor subraya lo siguiente: la teología reformada no se trata exclusivamente de la teología y la vida de Juan Calvino.

Lo primero que debemos hacer es tener una idea clara de la esencia y la historia de la teología reformada. Esta realidad es tan profunda y rica que no puede ser desarrollada por un solo hombre o generación. Esto nos lleva a considerar un importante pilar de la teología reformada: su catolicidad orgánica.[3]

La propia esencia de la tradición reformada (o, aunque suene contradictorio, del mismo «calvinismo») nos muestra que la vida y la teología no están centradas en ninguna persona en particular, sino en la gloria de Dios. En su naturaleza, la teología cristiana reformada trata sobre la soberanía y la gloria del Dios trino en Sus obras de creación y recreación (redención). Es decir, todo se trata acerca del ser de Dios y de Sus obras. De esta manera, nuestra visión de la vida y del

---

3. Por *catolicidad* me refiero a la apreciación y recibimiento de las verdades bíblicas y cristianas que han sido enseñadas por cristianos de todo lugar y en distintos períodos de la historia. De esta manera, la catolicidad no está atada al pensamiento de un solo hombre o período. De hecho, la catolicidad es orgánica porque, como veremos, la teología es un organismo que va creciendo a lo largo de la historia. Por lo tanto, las doctrinas cristianas no deben ser vistas como bloques mecánicamente sobrepuestos unos con otros (sin relación alguna entre ellas), sino como un árbol cuyas partes están diferenciadas, pero que, a la vez, conforman un solo organismo. El concepto de «organismo» fue clave en el pensamiento teológico de Herman Bavinck.

mundo es santificada por la visión que tenemos de la gloria de Dios.

Al considerar esto, nos damos cuenta de que la riqueza de la doctrina cristiana es tan profunda que su tesoro no puede ser descrito por un solo hombre o una sola generación.

Por lo tanto, la tradición reformada —al considerar la Palabra de Dios como su principio fundamental— considera que el trabajo teológico no puede ser realizado por «un teólogo, ni incluso por una generación, sino por una serie de generaciones de la iglesia de todas las edades».[4] Es decir, Dios utiliza a muchos hombres y mujeres —de distintos contextos históricos, eclesiásticos y sociales— para desarrollar una reforma cuya gloria sea para Dios y no para los hombres.

Como resultado, la teología es más disfrutada y desarrollada cuando consideramos cómo Dios ha ido protegiendo y fortaleciendo a Su Iglesia a lo largo de los siglos. De esta manera, reconocemos, agradecemos y estudiamos sobre la vida de Juan Calvino (y de muchos más) sabiendo que él mismo (y otros reformados) nos invitan a considerar a los gigantes que los precedieron, como los padres de la Iglesia y teólogos medievales, siempre a la luz de la Palabra de Dios.

Oye, Juan, ¡todo se trata de la gloria de Dios!

En 1909, Herman Bavinck escribió lo siguiente del reformador francés: «para Calvino, Dios no era meramente un Dios que estaba lejos; Él también estaba cerca. Él sintió la presencia

---

4. Herman Bavinck, «*The Science of Holy Theology*» en *On Theology: Herman Bavinck's Academic Orations*. Editado y traducido al inglés por Bruce R. Pass (Leiden: Brill, 2021), 34. De aquí en adelante, será abreviado como *OT*.

de Dios. Caminó en la luz de Su rostro. Dirigió toda su alma
y cuerpo a Dios como una ofrenda y fue consumido por Su
obediencia. Para él, la doctrina y la vida eran una. Él quería que
la vida cristiana fuera así».[5]

Cuatrocientos años antes de que fueran publicadas esas
palabras de Bavinck —es decir en 1509—, nace Juan Calvino.

La importancia de su teología radica en la centralidad de la
gloria de Dios en su vida y escritos. El comienzo de esta vida
teocéntrica la podemos rastrear en su propia conversión. En
1528, Calvino comienza a estudiar leyes. En 1531, viaja a la capital
de Francia para continuar con sus estudios. Ese mismo año,
su padre muere. Sin embargo, algo ocurre alrededor del 1533.
Calvino experimenta una «súbita conversión» por parte de Dios.

Si bien él no destina muchas palabras a esta experiencia, en el
prefacio a su comentario a los Salmos (1557) indica que Dios
llevó y sometió su mente a ser más enseñable. De la misma
manera, y luego de estar imbuido con un «gusto de la verdadera
piedad», Calvino describe lo siguiente: «inmediatamente fui
inflamado con un deseo tan intenso de progresar [en la piedad],
que, aunque no dejé del todo los otros estudios, los perseguí con
menos ardor».[6]

Como resultado, Dios utilizó su formación académica para
servir a la Iglesia a través de «uno de los pocos libros que
han afectado profundamente el curso de la historia».[7] En

---

5. Herman Bavinck, «*John Calvin: A Lecture on the Occasion of his 400th Birthday, July 10, 1509—1909*». Traducido al inglés por John Bolt. *TBR* 1 (2010): 57—85. Aquí, página 69.

6. Juan Calvino, *Commentary on the Book of Psalms*, trad. James Anderson, vol. 1 (Edinburgh: Calvin Translation Society, 1845), xl-xli. A menos que se indique lo contrario, las traducciones de este capítulo fueron realizadas por mí.

7. John T. McNeill, *The History and Character of Calvinism* (Oxford: Oxford University Press, 1954), 119.

1536, la *Institución de la religión cristiana* vio la luz. Un claro objetivo (entre varios) de esta obra lo vemos en su prefacio al rey Francisco I de Francia (1494-1547), donde Calvino no solamente desea defender a los protestantes franceses que están siendo perseguidos, sino que a la vez manifiesta su deseo de instruir en la «verdadera piedad».

El tema de la piedad comienza a ser recurrente en los escritos de Calvino. Luego de publicar la *Institución*, Calvino escribe un catecismo en latín (1538) basado en su versión francesa. En el prefacio de la versión latina, Calvino nuevamente habla del «incremento de la verdadera piedad». ¿Cómo se traducía esto a la vida práctica? Una de las maneras en que se practicaba la piedad era a través de la búsqueda de la unidad entre distintas iglesias. Así, las iglesias serían beneficiadas cuando todas «se abracen unas con otras en amor mutuo».[8] Esto implicaba una unidad en doctrina (*doctrinae*) y mente (*animorum*) para avanzar en el temor del Señor, en santidad no fingida y en piedad sincera (*sincera pietate*).

Al considerar todo esto, podemos apreciar la definición de la piedad de acuerdo con Calvino como un «sentimiento sincero que ama a Dios como padre y le teme y reverencia tanto como Señor».[9] Toda la vida cristiana crecía porque, según Bavinck, «Calvino enfatiza la idea de que la vida misma en toda su longitud, anchura y profundidad debe ser un servicio a Dios. La vida adquiere para él un carácter religioso, se subsume y se convierte en parte del reino de Dios. O, como el propio Calvino lo formula repetidamente: la vida cristiana es siempre y en todas partes una vida en la presencia de Dios, un caminar ante Su rostro».[10]

---

8. I. John Hesselink, *Calvin's First Catechism. A Commentary. Featuring Ford Lewis Battles's translation of the 1538 Catechism* (Louisville: Westminster John Knox Press, 1997), 1.

9. *Ibid.*, 8.

10. Herman Bavinck, «*Calvin and Common Grace*» en *The Princeton Theological Review* (1909), 459.

En otras palabras, Bavinck abrazaba la propuesta doctrinal de Juan Calvino debido a que el reformador de Ginebra consideraba la unión entre doctrina y vida en un continuo servicio al prójimo mientras caminaba *coram Deo*, es decir, delante del rostro de Dios.

Dentro de lo que implica vivir en la presencia de Dios, podemos considerar por lo menos dos cosas valiosas: conocer a Dios y conocernos a nosotros mismos. De hecho, Calvino desarrolla de inmediato esa idea en las primeras páginas de la *Institución*:

> **«Casi toda la suma de nuestra sabiduría, que de veras se deba tener por verdadera y sólida sabiduría, consiste en dos puntos: a saber, en el conocimiento que el hombre debe tener de Dios, y en el conocimiento que debe tener de sí mismo».**[11]

El objetivo de Calvino es invitar al lector a considerar la gloriosa majestad de Dios —o en sus palabras, a «contemplar el rostro de Dios»—, para luego «descender» y considerarnos a nosotros mismos como criaturas que necesitan redención. De esta manera, una sana visión del mundo y de nosotros mismos viene como resultado de considerar primeramente que ahora mismo, mientras lees, estás viviendo delante del rostro de Dios. Así, nuestras vidas son rendidas al señorío de Cristo.

La contemplación de quién es nuestro Dios nos lleva al mismo tiempo a rendirnos a nuestro Dios. He ahí la importancia de conocer correctamente al Dios revelado en las Escrituras. Una vida dedicada a Dios significa una vida que pertenece a Cristo en el poder del Espíritu Santo. Calvino lo grafica de la siguiente manera en el tercer libro de la *Institución cristiana*:

---

11. Juan Calvino, *Institución de la religión cristiana*, (Rijswijk: FEliRe, 1967), 3. I.1.1.

Evidentemente es un punto trascendental saber que estamos consagrados y dedicados a Dios, a fin de que ya no pensemos cosa alguna, ni hablemos, meditemos o hagamos nada que no sea para Su gloria; porque no se pueden aplicar las cosas sagradas a usos profanos, sin hacer con ello gran injuria a Dios.

Y si nosotros no somos nuestros, sino del Señor, bien claro se ve de qué debemos huir para no equivocarnos, y hacia dónde debemos enderezar todo cuanto hacemos. No somos nuestros; luego, ni nuestra razón, ni nuestra voluntad deben presidir nuestras resoluciones, ni nuestros actos. No somos nuestros; luego no nos propongamos como fin buscar lo que le conviene a la carne. No somos nuestros; luego olvidémonos en lo posible de nosotros mismos y de todas nuestras cosas.

Por el contrario, somos del Señor, luego, vivamos y muramos para Él. Somos de Dios, luego que Su sabiduría y voluntad reinen en cuanto emprendamos. Somos de Dios; a Él, pues, dirijamos todos los momentos de nuestra vida, como a único y legítimo fin.[12]

La afirmación de Calvino es significativa dentro de la tradición reformada, ya que como veremos un poco más adelante, se hará eco en algunas de las formulaciones confesionales. Sin embargo, esto debe ser correctamente interpretado. La entrega de nuestras vidas al Creador no implica un rechazo de la creación. De hecho, una correcta visión de Dios nos enseña a anhelar el cielo y a no despreciar este mundo. Este es un principio que impactará desde temprano el ministerio de Calvino y, como consecuencia, a aquellos que posteriormente se identificarán como reformados o «calvinistas».

---

12. Calvino, *Institución*, 527. III,7,1.

En la segunda edición de la *Institución*,[13] Calvino añade
una significativa sección a su obra magna llamada *De Vita
Hominis Christiani* o sobre «la vida del hombre cristiano».
Ahí, el reformador francés nos enseña que «los creyentes
no deben desarrollar un desprecio por la vida presente que
produce odio por esta o ingratitud hacia Dios. [...] es aquí
donde comenzamos a probar cuán dulce es Su bondad en las
bendiciones que nos otorga». Así también, «en vista de las
muchas miserias de la vida, [los cristianos debemos] meditar en
la vida venidera [...] porque si el cielo es nuestro hogar ¿qué
más es la tierra sino un lugar de exilio y destierro?».[14]

De esta manera, una correcta perspectiva de la eternidad es la
que nos lleva a ser diligentes con nuestras vocaciones aquí en
la tierra. De hecho, así es como termina el último capítulo de la
segunda edición de la *Institución*, declarando que «Dios ordena
a cada uno de nosotros considerar su llamado (*vocationem*) en
cada acto de la vida».[15]

Las implicaciones omniabarcantes de una vida que glorifica
a Dios al pertenecer a Dios —y que no desprecia la creación
de Dios— fueron aspectos que Bavinck consideró a la hora
de estudiar a Calvino y que posteriormente moldearon su
pensamiento. En otras palabras, pertenecer a Dios significa la
santificación de la vida y de las esferas de la vida en las cuales el
Señor nos ha puesto. De acuerdo con Bavinck:

> Cuando Calvino habla de despreciar la vida presente, con
> esto quiere decir algo muy diferente de lo que se entendía
> [previamente] en la ética medieval. [Calvino] no quiere

---

13. Publicada en 1539 en latín y en 1541 en francés.

14. Juan Calvino, *Institutes of the Christian Religion*, traducido al inglés de la primera
edición en francés de 1541 por Robert White (Edinburgo: The Banner of Truth Trust,
2014), 821. De aquí en adelante, Calvino, *Institutes*[2]. Traducción al español del autor.

15. *Ibid.*

decir que se deba huir de la vida, suprimirla o mutilarla, sino que quiere transmitir la idea de que el cristiano no debe entregar su corazón a esta vida vana y transitoria, sino que debe poseerlo todo como si no lo poseyera, y poner su confianza solo en Dios. [De hecho,] la vida en sí misma es una *benedictio Dei* (bendición de Dios) y compromete muchos beneficios divinos. [La vida] es para los creyentes un medio para prepararlos para la salvación celestial (*Institución,* 3.9.3). Debería ser solamente odiada en cuanto nos tiene sujetos al pecado, y este odio [sin embargo] nunca debería dirigirse a la vida como tal (*Institución,* 3.9.4).[16]

Dicho lo anterior, ¿cuál es la consecuencia de considerar la vida como una bendición de Dios y, a la vez, de odiar el pecado?

Uno de sus frutos es considerar la vida como un regalo de Dios cuyas vocaciones deben ser disfrutadas cuando Dios mismo es primeramente disfrutado. La mirada de la vida como una bendición de Dios es considerada por Bavinck como un principio de toda acción moral. Incluso, esta lectura de Calvino lo llevó a señalar que este principio «imparte unidad a nuestra vida y simetría a todas sus partes; esto asigna a cada uno su lugar y tarea individual, y proporciona el precioso consuelo de que no hay obra alguna tan humilde y tan baja que no resplandezca ante Dios, y que sea muy preciosa en Su presencia».[17]

Es crucial mencionar que una correcta doctrina de Dios y doctrina del hombre tendrán también un impacto en la sociedad. De hecho, Bavinck menciona que tanto el reformador Ulrico Zwinglio, como también Calvino, tenían una poderosa

---

16. Bavinck, «*Calvin and Common Grace*», 459-60.

17. *Ibid.*, 460.

pasión social. De esta manera, Bavinck va concluyendo su ensayo en torno al aniversario número 400 del nacimiento de Calvino al expresar que este, «en particular, derramó el resplandor de la gloria divina sobre toda la vida terrenal, y colocó toda la vida natural a la luz ideal de la eternidad [...] *y supo cómo establecer una conexión íntima entre la vocación terrenal y la celestial*».[18]

En resumen, Bavinck comprendió el principio de que la doctrina de Dios es fundamental para entender nuestra vida y, a la vez, cómo nuestras vocaciones deben influir en todas las áreas de la sociedad.

Este principio *teocéntrico* (centrado en Dios), el cual moldea las vocaciones en base a una sólida teología y piedad, fue consolidado por las siguientes generaciones de cristianos reformados. Una de las maneras en que esto se desarrolló fue a través de la formulación confesional. En otras palabras, a través de las confesiones de fe.

Esto nos refuerza el punto anterior. La teología cristiana reformada no puede ser entendida a la luz de un solo hombre. Necesitamos a sus predecesores y sucesores. Y en este caso, a los pastores y teólogos que sucedieron a Calvino y ayudaron a robustecer las doctrinas reformadas a través de distintas confesiones de fe y tratados teológicos. Tal como menciona Richard A. Muller en su libro *Dógmatica reformada de la post-reforma*:

> Lo que la Reforma comenzó en menos de la mitad de un siglo, el protestantismo ortodoxo defendió, clarificó y codificó en el transcurso de un siglo y medio. La Reforma

---

18. Herman Bavinck, *Johannes Calvijn: Eene lezing ter gelegenheid van den vierhonderdsten gedenkdag zijner geboorte: 10 Juli 1509-1909* (Kampen: J. H. Kok, 1909), 33, énfasis mío.

está incompleta sin su codificación confesional y doctrinal. Es más, difícilmente el protestantismo podría haber sobrevivido si es que no hubiera desarrollado, en la era de la ortodoxia, un cuerpo de doctrina normativo y defendible, que consta de un fundamento confesional y una elaboración sistemática.[19]

Debido a lo anterior, es importante continuar nuestro «recorrido» con una breve introducción de los teólogos del período posterior a la Reforma (1560-1750, aproximadamente). De manera general, hago referencia en esta era a los puritanos ingleses, los pactantes escoceses o teólogos continentales reformados que, a través de sus escritos devocionales o teológicos, forman parte de lo que se denomina «ortodoxia reformada».

Ya que estamos conociendo de manera más específica la historia de la tradición reformada holandesa, no profundizaré en todos los grupos anteriores, sino más bien, me enfocaré en un movimiento que también unió la doctrina con la vida diaria: la *Nadere Reformatie*.

Nadere Reformatie: hacia una Reforma más profunda e íntima

Calvino murió en 1564. Tres años antes, Guido de Brès escribió una confesión de fe conocida como la *Confesión Belga* (1561). Un año antes de la muerte de Calvino, Zacarías Ursino (1534/6-1583) y Gaspar Oleviano (1536-87) fueron los principales encargados de escribir un catecismo que ayudaría a traer unidad en el territorio del entonces Palatinado (en Alemania).

---

19. Richard A. Muller, *Post-Reformation Reformed Dogmatics, The Rise and Development of Reformed Orthodoxy, ca. 1520 to ca. 1725. Volume One Prolegomena to Theology* (Grand Rapids: Baker Academic, 2003), 27.

Lo que dejaron plasmado estos dos jóvenes teólogos fue conocido como el Catecismo de Heidelberg (1563), que en su primera pregunta y respuesta nos dan a conocer un aspecto esencial de la tradición reformada: el consuelo del cristiano se encuentra en que todo su ser (en todo tipo de circunstancias) pertenece a Cristo.

> ¿Cuál es tu único consuelo tanto en la vida como en la muerte?

> Que yo, en cuerpo y alma, tanto en la vida como en la muerte, no me pertenezco a mí mismo, sino a mi fiel Salvador Jesucristo...[20]

Desde finales de 1618 hasta comienzos de 1619, un sínodo convocado en Dort (que contó con la participación internacional de distintos teólogos) emitió un documento conocido como los *Cánones de Dort*. Sus artículos —que son más de *cinco puntos* y que, por lo tanto, no deben ser reducidos al conocido *TULIP*—[21] fueron una respuesta específica a las enseñanzas expuestas por ciertos *remostrantes* (o arminianos) que en distintos grados continuaron con las enseñanzas de Jacobo Arminio (1560-1609).

Así, los reformados holandeses del siglo XVII abrazaron estos tres documentos confesionales conocidos como las *Tres formas de unidad*. Sin embargo, los pastores que suscribían a estos testamentos abogaban no solo por una reforma intelectual, sino también por una reforma más íntima. La tradición reformada promovía una reforma del corazón.

---

20. https://es.ligonier.org/recursos/credos-confesiones/el-catecismo-de -heidelberg/

21. *TULIP* es un acróstico en inglés que indica cinco puntos populares del calvinismo: «depravación total», «elección incondicional», «expiación limitada», «gracia irresistible» y «perseverancia de los santos». Para tener una idea más clara del contenido de los Cánones de Dort, el lector puede ir a las fuentes primarias de este documento que se encuentra en español.

Debido a la necesidad de continuar desarrollando y profundizando tanto en la teología cristiana como también en la aplicación a la vida diaria, se levanta un movimiento conocido actualmente como la *Nadere Reformatie* (del holandés, «reforma más profunda o íntima»).

Debido a un cristianismo de tipo más nominal o solo de «nombre», los pastores y teólogos reformados que conformaban este movimiento hicieron un enérgico llamado a vivir de acuerdo con lo que confesaban. Así, el objetivo de la *Nadere Reformatie* fue unir la doctrina reformada con vidas reformadas. Esencialmente, este movimiento no suponía un rechazo de la dogmática cristiana, sino una profundización en doctrina y práctica.

El llamado de los pastores que conformaban este movimiento era a experimentar la realidad de vivir verdaderamente para la gloria de Dios en medio de una iglesia que, como uno de los pastores de la *Nadere Reformatie* graficó, «parecía más deformada que reformada». Este mismo pastor grafica al tipo de reformado que es más nominal, es decir, aquel que posee un mero conocimiento intelectual sin tener un corazón santificado por Dios. En palabras de Joducus van Lodenstein (1620-77), «no hay práctica de la verdad, sino que todo lo que uno encuentra entre la gente reformada es una repetición como loros de las palabras del catecismo».²²

Lamentablemente, en algunos casos, la falta de piedad se revelaba desde los ministros hasta los padres e hijos que descuidaban el crecimiento espiritual de sus vidas. El fruto de esto fue el avance del secularismo. Ahora, ¿cuál fue la solución a esta problemática?, ¿Acaso despreciar el estudio teológico? ¡Por supuesto que no! Ellos más bien regresaron al primer amor

---

22. Citado en la página 311 de Joel Beeke, «*The Dutch Second Reformation*» (*Nadere Reformatie*) en *CTJ* 28 (1993): 298-327.

—que es Cristo— por medio de vidas consagradas al Señor. Esto implicaba una profundización en la educación teológica piadosa y académica por parte los ministros del evangelio.

Algunos de los exponentes de la *Nadere Reformatie* u «ortodoxia reformada» nos pueden mostrar un cuadro más amplio de los aspectos que esta tradición continuaba fortaleciendo en Europa durante el siglo xvii. Consideremos brevemente los casos de William Ames (1576-1633) y Gisbertus Voetius (1589-1676).

La vida y teología de Ames (y de otros teólogos, por supuesto) nos da a conocer, por lo menos, dos aspectos claves de hacer teología reformada en ese contexto. Por una parte, la internacionalización de una teología que apuntaba a la práctica de la piedad y, por otra parte, la centralidad de la teología del pacto.

En referencia al primer punto, la internacionalización y catolicidad reformada, Ames presenta un puente entre el puritanismo inglés y la *Nadere Reformatie*.

Por un lado, luego de estudiar en la universidad de Cambridge bajo uno de los padres del puritanismo, William Perkins (1558-1602), Ames se trasladó a Holanda para continuar sus avances teológicos. En Franeker, Ames publicó en 1623 su *Medulla Theologiae* o «la médula de la teología». Este libro se convirtió en una lectura requerida para los estudiantes de Leiden (Holanda), como también en Cambridge (Inglaterra), Harvard y Yale (Nueva Inglaterra). Esto nos muestra cómo la teología reformada se fue desarrollando en distintos lugares dentro y fuera de Europa.

¿Por qué un tratado como la *Medulla* (y también otros) fue recibido por cristianos en distintos contextos? Porque la esencia de la *Medulla* nos muestra un ejemplo de la definición de qué es teología dentro de un contexto reformado. Las primeras líneas en latín nos muestran la naturaleza práctica de la tradición reformada: *Theologia est doctrina Deo vivendi*. Es decir, «teología es la doctrina de vivir para Dios». Así, Ames continuó pavimentando el aspecto práctico de la ortodoxia reformada en Holanda al decir que «los hombres viven para Dios cuando viven de acuerdo con la voluntad de Dios, para la gloria de Dios y con Dios obrando en ellos».[23] Este tipo de teología fue creciendo a medida que sus raíces se extendían en distintos contextos geográficos y eclesiásticos.

Por otro lado, el arte de vivir para la gloria de Dios se nutría en un ambiente de pacto, tal como vimos al comienzo de este capítulo. Si bien el concepto de pacto lo explicaré más adelante, con «pacto» me refiero básicamente al tipo de relación íntima que existe por pura gracia entre Dios y Su pueblo.

Volviendo a Ames, tal como explica Jan van Vliet, el cristianismo experiencial de este teólogo reformado «dentro de un marco de pacto simplemente confirma el rol central dado al concepto de pacto que llega hasta Calvino».[24] Así, la idea del pacto fue fundamental para enriquecer la vida cristiana a través de una comunión íntima con Dios. Uno de los frutos de esta relación de pacto entre Dios y Sus hijos fue su aspecto holístico, es decir, que abarca todas las esferas de la vida.

En palabras de William Ames, «esta práctica en la vida está tan perfectamente reflejada en la teología que no hay precepto de verdad universal relevante para vivir bien en la economía doméstica, la moralidad, la vida política o la legislación que no

---

23. William Ames, *The Marrow of Theology*. Traducido de la tercera edición en latín, 1629, y editado por John D. Eusden (Boston: Pilgrim Press, 1968), 77.

24. Jan van Vliet, *The Rise of Reformed System. The Intellectual Heritage of William Ames* (Milton Keynes: Paternoster, 2013), 158.

pertenezca correctamente a la teología».[25] Es decir, la teología reformada era una ciencia que, sin duda alguna, debía servir a otras ciencias o esferas de la vida.

Influencias en el pensamiento y cosmovisión de Bavinck

Un teólogo de la ortodoxia reformada holandesa que influyó en la teología de Bavinck fue Gisbertus Voetius, un importante líder de la *Nadere Reformatie*. De acuerdo con Bavinck, él «fue, sin duda alguna, el teólogo más sólido de la Iglesia reformada holandesa en el siglo diecisiete».[26] Así también, Geerhardus Vos (1862-1949)[27] nos indica que Voetius «ocupa un lugar de alto honor entre los teólogos holandeses del siglo diecisiete. Él fue, quizás, el más capaz, el más erudito y el más influyente de todos los teólogos calvinistas que pertenecen a ese período tan rico en cuanto a nombres eminentes».[28]

Si bien hay muchos aspectos que podríamos considerar al estudiar a Voetius, quisiera centrarme en la conexión que realizó entre la piedad, la academia y la catolicidad, tres aspectos que posteriormente veremos contextualizados en la vida de Herman Bavinck.

En agosto de 1634, Voetius dio un discurso en la escuela de Utrecht para comenzar oficialmente como profesor de dicha

---

25. Ames, *Marrow*, 78.

26. Herman Bavinck, «*Gisbertus Voetius*». Análisis de Gisbertus Voetius, por A. C. Duker. *De Bazuin* 41:41 (1893).

27. Geerhardus Vos fue un amigo de Herman Bavinck. Actualmente es considerado como uno de los padres de la teología bíblica.

28. Geerhardus Vos, «*Review of Gisbertus Voetius by A.C. Duker*» en *The Presbyterian and Reformed Review*, volumen 5, 714.

casa de estudios. El título de dicha oración fue *De pietate cum scientia conjungenda*, es decir, «sobre la piedad unida con el conocimiento [ciencia]».

Debido a que la piedad abarca todos los aspectos de la vida, esta desempeña un rol fundamental a la hora de estudiar teología. Voetius exhortaba a sus estudiantes a «comenzar cada día con Dios y terminar cada día con Dios, a dedicar tiempo cada día al estudio de la Sagrada Escritura, a la oración y a otros ejercicios piadosos [...] y a dedicarse por completo al servicio de Dios y a la piadosa contemplación, para que la aplicación diligente a la piedad sea el verdadero vehículo de los estudios».[29]

En 1644, Voetius publicó su *Exercitia et bibliotheca studiosi theologia* [Ejercicios y biblioteca para los estudiantes de teología]. En este manual, Voetius expuso las condiciones necesarias para estudiar teología. No solamente importaba el talento o aptitud de los estudiantes, sino principalmente los «motivos espirituales y la piedad, sin consideración del estatus social».[30]

Esencialmente, la práctica de la piedad era un aspecto requerido tanto para los profesores como para los alumnos. Sobre ese fundamento, los futuros pastores eran preparados en lógica, gramática, retórica (*trivium*), filosofía y lenguas. El estudio teológico abarcaba materias relacionadas a la teología bíblica, dogmática y apologética. Luego de esto, Voetius dedica la segunda parte de su libro a la preparación pastoral a través de la homilética, la política eclesiástica y la historia de la

---

29. Heinrich Heppe, *A History of Puritanism, Pietism, and Mysticism and their Influences on the Reformed Church*. Una traducción de la obra en alemán de Heinrich Heppe *Geschichte Des Pietismus Un Der Mystik In Der Reformierte Kirche*. Traducción al inglés por Arie Blok (Leiden: BRILL, 1879), 83.

30. Andreas Beck, *Gisbertus Voetius (1589–1676) on God, Freedom, and Contingency: An Early Modern Reformed Voice* (Leiden: Brill, 2022), 109.

Iglesia. Voetius amonestaba a los estudiantes a continuar sus estudios incluso cuando estuvieran ejerciendo sus respectivos ministerios pastorales.

El uso de teólogos cristianos de otros períodos es fundamental en el desarrollo de la teología reformada. En ese mismo año (1644), Voetius publica *TA AΣKHTIKA/sive Exercitia Pietatis* [Ascética o Sobre el ejercicio de la piedad]. Nuevamente, vemos reflejado el aspecto católico reformado en el amplio uso de literatura cristiana, por ejemplo, al citar a los padres de la Iglesia, místicos medievales (del movimiento conocido como *Devotio moderna*), puritanos ingleses y reformados holandeses. La manera receptiva y crítica de interactuar con teólogos de otras tradiciones no significaba un rechazo de su propia convicción reformada, sino más bien una profundización en su teología cristiana y evangélica.

Si las puertas del Hades no prevalecen contra una Iglesia que tiene más de dos mil años, entonces sus tesoros doctrinales y prácticos deben ser extraídos en todos sus períodos a través del filtro de la Palabra de Dios en el poder del Espíritu Santo.

En resumen, la tradición reformada holandesa hasta mediados del siglo xvii expresaba un profundo compromiso con la gloria de Dios como el principio esencial de la teología, la Iglesia y la sociedad. Sin embargo, a comienzos y mediados del siglo xviii, el aspecto holístico de la *Nadere Reformatie* fue decayendo. Un cristianismo de corte más separatista, que hacía de las experiencias la esencia de la piedad pavimentó el camino hacia un pietismo más aislado.[31] A la vez, y en

---

31. Si bien hay aspectos positivos del pietismo que Bavinck consideró recuperar en distintos grados, una de sus principales críticas yacía en el aspecto más subjetivista del pietismo, al hacer de la *experiencia* de la piedad en sí el fundamento mismo de la piedad. Para Bavinck, el fundamento objetivo de la piedad era la gloria de Dios.

conjunto con el racionalismo que se extendía por Europa, el viejo calvinismo experiencial fue quedando de lado mientras los vientos revolucionarios comenzaban a levantar olas que penetraron la sociedad europea del comienzo del siglo xix. Estas aguas empaparon incluso a la iglesia reformada en Holanda.

Sin embargo, el Señor tenía un remanente que permanecía fiel a las Escrituras. Dentro de ellos se encontraba Jan Bavinck (1826-1909), el padre de Herman Bavinck.

Línea de tiempo:
Período de la Reforma

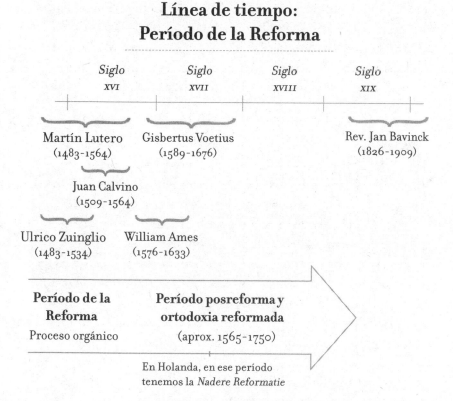

Rèveil y *Afscheding*: despertar y separación

Antes de conocer sobre la vida de Jan Bavinck, debemos conocer un poco de los movimientos que se opusieron al secularismo que atacaba a las iglesias protestantes. Desde comienzos de la década de 1800, la iglesia reformada holandesa —en términos generales— estuvo marcada por un conflicto entre aquellos que abrazaban las ideas revolucionarias y aquellos que se oponían a estas.

El espíritu revolucionario y racionalista de la Ilustración francesa llevó a que algunos comenzaran a dejar de lado los credos y confesiones de fe que explicaban las doctrinas clásicas del cristianismo, como la Trinidad, las dos naturalezas de Cristo, la naturaleza y autoridad de las Escrituras. El abandono de la confesionalidad cristiana y reformada tuvo efectos en la formación teológica y, por lo tanto, en los púlpitos y la vida cristiana.

La teología ya no era vista como aquella ciencia que involucraba la mente, el corazón y las fuerzas para vivir para glorificar y gozar de un Dios que, literal e históricamente, había tomado una naturaleza humana para vivir, morir y resucitar por Su pueblo. Por el contrario, la teología se transformó en un mero estudio académico de las religiones donde las opiniones de ciertos filósofos y teólogos liberales transformaron la forma de hacer teología. El resultado de esto fue un giro donde el hombre tomó el centro del estudio teológico. Lamentablemente, la teología dejó de lado su principio y fin teológico, afectando de esta manera el mensaje que se proclamaba en los púlpitos.

Lo anterior nos debería llevar a reflexionar en que, para nuestros contextos, la manera en que estudiemos (o no estudiemos) teología afectará directamente nuestros corazones, púlpitos e iglesias. En el contexto de Bavinck, el desprecio de las doctrinas cardinales del cristianismo abrió las puertas a una predicación más moralista, donde de distintas maneras, algunos pastores enseñaban «*Niet de leer, maar het leven... niet de leer, maar de Heer*», es decir, «No [a] la doctrina, pero sí [a] la vida... no [a] la doctrina, pero sí al Señor».[32]

Sumado a todo esto, el Estado comenzaba a entrometerse en asuntos eclesiásticos que no le competían, abarcando su intromisión en los sínodos de la iglesia como también en la manera en que los pastores debían suscribir a las confesiones de fe. Frente a este panorama, se levantaron algunos movimientos que continuaban siendo fieles a las verdades bíblicas y transformadoras del evangelio. Dos movimientos en particular influirían (en distintos grados) en la vida de Herman Bavinck: el *Rèveil* y la Secesión de 1834.

Rèveil significa «despertar» o «avivamiento». Fue un movimiento evangélico que se desarrolló en Suiza y en otros lugares de Europa durante la primera mitad del siglo xix. En Holanda, uno de sus representantes fue Guillermo Groen van Prinsterer (1801-76), un político, historiador y cristiano comprometido con la causa del evangelio y sus efectos en la sociedad. En 1847, van Prinsterer publicó una serie de charlas que dio bajo el título de *Incredulidad y revolución*.

¿Por qué es importante dedicar un par de párrafos a van Prinsterer? Porque ni la teología de Abraham Kuyper (1837-1929) ni de Herman Bavinck puede ser comprendida sin considerar el pensamiento de uno de los líderes del partido antirrevolucionario.[33]

---

32. James Mackay, *Religious Thought in Holland during the Nineteenth Century* (Londres: Hodder and Staughton, 1911).

33. Harry van Dyke, «*Groen van Prinsterer: Godfather of Bavinck and Kuyper*» en *CTJ* 47 (2012): 72-97. El partido antirrevolucionario fue el primer partido democrático de Holanda.

Entre varias cosas, van Prinsterer plantea en su libro
Incredulidad y revolución la necesidad de recuperar un aspecto
histórico del cristianismo evangélico y protestante: la íntima
relación entre la Palabra y el Espíritu Santo. Si bien más
adelante desarrollaré este punto, dejemos que van Prinsterer
hable por sí mismo:

> La Reforma fue el avivamiento de la verdad cristiana
> mediante un derramamiento del Espíritu Santo como
> nunca lo hubo desde los tiempos de los apóstoles [...].
> En general, bajo la influencia de la Reforma, la sociedad
> experimentó un renacer moral en la piedad, la moralidad
> y el refinamiento cultural [...] Este impacto benéfico
> terminó cuando el espíritu evangélico empezó a decaer...[34]

La relación entre la Palabra y el Espíritu afecta directamente la
predicación del evangelio. En medio del modernismo teológico,
van Prinsterer recuerda a sus lectores la primacía e impacto que
tuvo la exposición de la Palabra de Dios en la época de la Reforma:

> La predicación del evangelio es la levadura que hace
> que la historia del mundo sirva a realizar los planes de
> Dios. Ese fue el secreto del poder de la Reforma. Su
> secreto no radicaba en alguna profundidad filosófica, o
> científico-teológica, o en la apologética, sino en la sencilla
> predicación del amor de Dios. «Arrepentíos y creed en el
> evangelio», «cree en el Señor Jesucristo y serás salvo tú y
> tu familia», «su sangre nos limpia de todo pecado», «el
> que cree en el Hijo tiene vida eterna».

> Las verdades fundamentales de la religión cristiana están
> indeleblemente impresas en la historia de la Iglesia.

---

34. Guillermo Groen van Prinsterer, *Incredulidad y revolución*. Revisión de la
traducción, cuidado de la edición y estudio introductorio por Adolfo García de la
Sienra (Xalapa: Fábrica de Ideas, 2010), 99, 102.

> Estoy pensando en la infalibilidad de las Escritura, la deidad del Salvador, la personalidad del Espíritu Santo, la total depravación de nuestra naturaleza, la expiación de nuestros pecados, la imputación de la justicia de Cristo y la necesidad de regeneración y santificación.[35]

Este último párrafo nos muestra que el despertar espiritual de una iglesia no implica un rechazo de las verdades doctrinales, sino todo lo contrario. Es decir, es nuestro deber recuperar y aplicar las verdades cristianas con corazones llenos de la Palabra y el Espíritu de Dios. Esto será clave para contrarrestar el espíritu revolucionario.

Sin embargo, van Prinsterer no fue el único en oponerse al racionalismo que atacaba a las iglesias. Otro grupo que mantuvo su oposición al cristianismo liberal y modernista fue el de aquellos que formaron parte de la «Secesión de 1834» (*Afscheiding*). Más adelante, de hecho, Herman Bavinck se denominaría a sí mismo un «hijo de la Secesión».

Uno de los líderes de este movimiento fue Hendrik de Cock (1801-42). Es importante notar que, en un comienzo, de Cock tenía una predicación moralista. Sin embargo, siendo pastor experimentó un cierto tipo de conversión que lo llevó a abrazar las viejas verdades ortodoxas.[36] Esto ocurrió al recibir copias de la *Institución* de Calvino como también de los Cánones de Dort por parte de su congregación.

De la misma manera, de Cock consideró la riqueza del cristianismo experiencial de la tradición reformada a través de la lectura de distintos autores del movimiento previamente

---

35. *Ibid.*, 105.

36. Ver George Harinck y Lodewijk Winkeler, «*The Nineteenth Century*» en *Handbook of Dutch Church History*, 460. Ver también Cornelius Pronk, *A Godly Heritage* (Grand Rapids: Reformation Heritage Books, 2019), 88-89.

descrito: la *Nadere Reformatie*. Debido a la persecución
que sufrieron los pastores de la Secesión, varios de ellos
estuvieron en prisión. Uno de ellos fue de Cock. Fue en la
cárcel donde leyó la importante obra de teología sistemática
de Wilhelmus à Brakel (1635-1711), *El servicio razonable del
cristiano*.[37] En este mismo contexto, las obras de pastores
de la *Nadere Reformatie* y otros puritanos comenzaban a ser
republicadas a partir del interés de recuperar una teología que
impacta toda la vida.

Como resultado, nuevamente la teología influyó en la
predicación. En contraste con los sermones moralistas de los
pastores influenciados por la teología modernista, los pastores
de la Secesión se dirigían a los miembros de sus iglesias a través
de predicaciones que exponían el pecado del hombre y también
la sublime gracia de Dios en la salvación. Providencialmente,
este tipo de predicación evangélica pasó más allá de los límites
holandeses, llegando hasta Alemania.

En 1838, un grupo de cristianos dejó la iglesia reformada
alemana (*Reformirte Kirche*) para conformar la Iglesia Evangélica
Reformada Antigua (*Evangelisch-altreformierte Kirche*) en
Alemania.

Fue esta última iglesia a la que el padre de Herman se unió. En
palabras de Jan Bavinck, «francamente [...] para seguir [siendo]
reformado, me separé de la Iglesia Reformada (*Reformirte
Kirche*) y me uní a la Iglesia Evangélica Reformada (*Evangelisch-
altreformierte Kirche*)».[38] Fue Jan Bavinck quien ejercería una
notable influencia en su hijo. Es por eso que, antes de terminar
este capítulo, debemos detenernos a analizar algunos aspectos

---

37. Este importante libro de teología se encuentra publicado en español en cinco
volúmenes por la editorial Teología para Vivir (Lima).

38. Citado en James Eglinton, *Herman Bavinck. A Critical Biography* (Grand Rapids:
Baker Academic, 2020), 22.

de la teología de Jan Bavinck que nos ayudarán a resumir este panorama general de la tradición cristiana reformada.

Jan Bavinck, piedad reformada y holística

A lo largo de este capítulo, hemos visto cómo el concepto de piedad, unida a una sólida educación teológica, ha sido elemental dentro de la tradición que estamos estudiando. Por lo tanto, no debería sorprendernos ver que Jan Bavinck también recuperó y aplicó la importancia de una teología que pudiera llevar al cristiano a vivir una vida totalmente entregada al servicio de Dios en todas las áreas de la vida.

Esto lo hizo a través de la unión entre una comunión con Dios y la seriedad de los estudios teológicos en la preparación ministerial. Como veremos, el entrenamiento de nuevos ministros requería lo mismo que siglos antes: un sano matrimonio entre la piedad y la formación teológica.

Uno de los aspectos que Jan Bavinck abrazó fue el calvinismo experiencial, algo que también fue considerado por la tradición reformada y que a lo largo de este capítulo he ido nombrando. Ahora, ¿qué queremos decir con este término?

Por calvinismo experiencial hacemos referencia a que las verdades del evangelio no pueden quedar «revoloteando en la cabeza» (como diría Calvino), sino que, por el poder del Espíritu Santo, son capaces de encender los afectos al punto de llevarnos a ser hacedores de la palabra de Dios.

De esta manera, tanto el gozo en Dios como el consuelo que tenemos al saber que pertenecemos a Dios, no son meros conceptos, sino realidades que encienden el corazón para amar al Señor con toda nuestra mente, corazón y fuerzas. Así,

podemos comprender que la tradición reformada está nutrida
con una teología experiencial. En palabras del teólogo del
«viejo Princeton», Benjamín B. Warfield (1851-1921):

> El calvinista es el hombre que está determinado a
> preservar la actitud que toma en la oración en todo su
> pensar, en todo su sentir, en todo su hacer. Es decir, es el
> hombre que está decidido a que la religión, en su pureza,
> alcance su pleno derecho en su pensar, sentir y vivir
> [...] el calvinista es el hombre que está determinado a
> que su intelecto, su corazón y su voluntad permanezcan
> continuamente de rodillas, y solo desde esta actitud
> piense, sienta y actúe.[39]

Por supuesto que el elemento experiencial no es exclusivo
del calvinismo (lo podemos ver también en otras tradiciones
cristianas). Sin embargo, en medio del liberalismo y
racionalismo teológico, el calvinismo que Jan Bavinck proponía
debía tener una naturaleza acorde a un cristianismo vivo que
abrazaba la ortodoxia cristiana y reformada.

Aún más, esta religión viva era profundamente necesaria cuando
a veces las familias no fomentaban esto. En su autobiografía, Jan
Bavinck nos dice que a pesar de que él recibió una educación
religiosa, nunca le enseñaron sobre las cosas «experimentadas»
por los hijos de Dios, donde se incluía un llamado al
arrepentimiento o a «doblar sus rodillas» para «buscar» y
«desear» a Cristo como su salvador. No obstante, las «cosas
eternas» pesaban en su corazón aunque él no recuerda haber
escuchado acerca de la «verdadera piedad» en su infancia.

El tipo de conversión que Jan tuvo nos muestra nuevamente la
naturaleza experiencial de su cristianismo. Esto ocurrió bajo la

---

39. Ver Benjamin B. Warfield, *What is Calvinism?*

predicación de Jan Sundag (1810-93), quien providencialmente recibió su formación teológica en Holanda bajo Hendrik de Cock que, como vimos, fue uno de los líderes de la Secesión de 1834. Consecutivamente, Jan recibió su educación teológica bajo pastores de la Secesión holandesa, donde eventualmente fue ordenado como pastor.

Posteriormente, en el seminario en Kampen, Jan Bavinck solía predicar a los estudiantes de teología de su denominación. Ahí, el padre de Herman nos indica que «¡una gran multitud podía escuchar la predicación y parecía devorar las palabras del predicador! Había hambre y sed de la Palabra de Dios, y las palabras de vida eran alimento y bebida para las almas hambrientas y sedientas. Puedo creer que mi trabajo en aquellos días no fue sin fruto y bendición».[40] Notablemente, sus sermones apuntan a la transformación integral que produce el evangelio.

Para esto, los ministros deben entender el lugar de la piedad en su formación teológica. De hecho, cuando Herman Bavinck recién comenzaba a realizar clases en el seminario de Kampen, su padre dijo lo siguiente en un discurso. En la «importante» y «bendecida» tarea de entrenar a los futuros ministros, Jan expresa:

> **Esta Iglesia [reformada], tiene necesidad, una gran necesidad de ministros del evangelio piadosos, sólidos y científicamente formados. Intencionalmente, pongo la «piedad» en el primer lugar porque creo que una verdadera y genuina piedad es un requerimiento principal en aquel que proclama el evangelio como un ministro de Cristo.[41]**

---

40. Citado en Eglinton, *Bavinck*, 34.

41. Jan Bavinck, *De Christ. Geref. Kerk en De Theologische School. Twee Toespraken, Gehouden den 9. Jan. 1883 bij de Installatie van de drie leeraren aan de Theol. School.*

Es importante detenernos a considerar esta declaración para
el resto del libro. La piedad está conectada a la formación
académica de los ministros. Esto presupone un conocimiento
salvífico de Cristo. De hecho, para Jan Bavinck, sin un
conocimiento y amor por Cristo, un hombre jamás será un
ministro digno del evangelio, aun cuando progrese en sus
estudios teológicos. En otras palabras, un estudio teológico
sano es uno de los tantos y necesarios frutos de una comunión
con Dios sana y viva que todo pastor cristiano debería
considerar.

En resumen, para desarrollar un ministerio y una teología
que abarquen todas las áreas de la vida, la santificación debe
ocupar un lugar clave en la persona. Sin embargo, para que
esta vida sea para la gloria de Dios, esta debe estar firmemente
fundamentada en la Palabra de Dios.

Es decir, la *experiencia subjetiva* de la piedad cristiana, que se
desarrolla en cada uno de nosotros, debe estar fundamentada
en un *principio objetivo*. Para Jan Bavinck, esto es intransable.
Cuando Herman Bavinck tenía alrededor de quince años, su
padre escribió que «la piedad es un fruto de la verdad», verdad
que ha sido revelada a nosotros en la Biblia. Este concepto
de piedad que abarca toda la persona fue lo que Jan Bavinck
enseñó en sus predicaciones a lo largo de su vida, en especial a
los estudiantes del seminario de Kampen. Un seminario cuya
herencia se remonta a la Secesión de 1834 y que posteriormente
abre sus puertas en 1854.

En ese mismo año, 1854, nace Herman Bavinck.

Por W. H. Gispen y J. Bavinck. (Kampen: G. Ph. Zalsman), 19.

Conclusión

La tradición cristiana reformada tiene su fundamento y fin en la gloria de Dios. La gloria del Dios trino es tan rica y profunda que no puede ser capturada por un solo hombre, ni por una sola generación, ni siquiera por todo el universo. Es por eso que, para ser correctamente comprendida, debe abarcar a los pastores y teólogos de todas las épocas. De esta manera, podremos contemplar la naturaleza trinitaria, experiencial, católica y reformada de la teología de Herman Bavinck en un contexto de cambios históricos.

Sí, el contexto histórico en el que vivió Herman Bavinck fue cambiando drásticamente a medida que pasaban las décadas. Por lo tanto, el tipo de teología que él debía desarrollar tenía que responder al panorama de la modernidad tardía, que, de manera general, se caracterizó por el desarrollo científico, movimientos sociales y revoluciones políticas e industriales.

Cambios. ¿No es acaso eso lo que hoy estamos viviendo a nuestro alrededor? Por lo tanto, ¿cómo podemos ser fieles a la Palabra de Dios —y a las verdades confesadas por la Iglesia a lo largo de los siglos— en un contexto tan distinto al de nuestros padres y abuelos? ¿Cómo podemos ser sal y luz en medio de tinieblas que parecen ser cada día más densas?

Es justamente aquí donde radica la importancia de estudiar la persona y teología de Bavinck, aquel pastor, teólogo y miembro de la Academia Real de Ciencias de Holanda que fue capaz de desarrollar y contextualizar una teología que glorificaba a Dios en medio de las adversidades y desafíos de la época en la que vivió.

Esto no significó una renuncia a la Escritura como Palabra de Dios, ni tampoco un rechazo a los credos y confesiones de fe. Sino más bien, Herman Bavinck fue capaz de aplicar sana y sabiamente aquello que la Iglesia —y en particular, su tradición— ha confesado por siglos: no somos nuestros, sino del Señor. Por lo tanto, vivimos para la gloria del Señor.

Con este breve recorrido de la historia de la tradición reformada holandesa damos por concluido este capítulo para, así, conocer la vida y el pensamiento de un teólogo que, sin duda, podría ayudar a cada iglesia en sus determinados contextos y realidades a glorificar a Dios y gozar de Él para siempre.

Línea de tiempo: nacimiento de Herman Bavinck

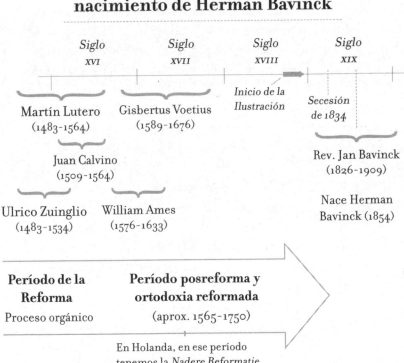

Siglo XVI   Siglo XVII   Siglo XVIII   Siglo XIX

Inicio de la Ilustración

Martín Lutero (1483-1564)   Gisbertus Voetius (1589-1676)   Secesión de 1834

Juan Calvino (1509-1564)   Rev. Jan Bavinck (1826-1909)

Ulrico Zuinglio (1483-1534)   William Ames (1576-1633)   Nace Herman Bavinck (1854)

Período de la Reforma
Proceso orgánico

Período posreforma y ortodoxia reformada
(aprox. 1565-1750)

En Holanda, en ese período tenemos la *Nadere Reformatie*

2

NACIMIENTO Y EDUCACIÓN DEL FUTURO TEÓLOGO

*Escucha, oh Israel, el SEÑOR es nuestro Dios, el SEÑOR uno
es. Amarás al SEÑOR tu Dios con todo tu corazón,
con toda tu alma y con toda tu fuerza. Estas palabras que
yo te mando hoy, estarán sobre tu corazón.
Las enseñarás diligentemente a tus hijos, y hablarás de
ellas cuando te sientes en tu casa y cuando andes por el
camino, cuando te acuestes y cuando te levantes.*
—Moisés, al pueblo del Señor[1]

Los padres son, en primer lugar, los instrumentos
que en la mano de Dios sirven para llevar a la
madurez la vida espiritual en sus hijos.
—Herman Bavinck en *El sacrificio de alabanza*[2]

Las palabras que provienen del corazón del Señor deben estar
en los corazones de aquellos que pertenecen al pueblo del
Señor. La declaración de que el mismo Dios que es más grande

---

1. Deuteronomio 6:4-7.

2. Herman Bavinck, *De offerande des lofs: overdenkingen vóór en na de toelating tot het
heilige avondmaal*. 10e druk. Kampen: J. H. Kok, 1920, 18. En español, *El sacrificio de
alabanza*.

que el universo es *nuestro Dios* implica la eliminación de todo tipo de individualismo. Esta declaración es tan rica que el Señor ordena a padres y madres enseñarlas diligentemente a sus hijos. Desde el amanecer al anochecer, el amor por el Dios del pacto debe estar en los corazones de aquellos que educarán a sus hijos. En otras palabras, la verdadera crianza comienza con la realidad de que Dios es *nuestro* Dios y, por lo tanto, debemos amarlo con todo lo que somos: mente, corazón y fuerzas.

Ahora, ¿cómo podemos criar o educar a nuestros hijos en sociedades que constantemente están cambiado de acuerdo con distintas ideologías? Nuevamente, necesitamos un fundamento sólido en medio de las tormentas.

El único fundamento inmutable que tenemos es nuestro Dios trino, que ha revelado Su eterno poder en el libro de la naturaleza, como también de manera especial en un libro infalible e inerrante que nos habla de la salvación que por gracia tenemos en Cristo Jesús. Es la palabra de Dios la que nos lleva a criar sanamente a nuestros hijos aun en tiempos cambiantes. Así como hoy estamos viviendo en una sociedad que cambia, los padres de Herman Bavinck también experimentaron los cambios que trajo el siglo xix. En medio de los cambios que trajo la modernidad, ellos educaron a sus hijos bajo los principios de Deuteronomio capítulo seis.

En este capítulo, me centraré en introducir la crianza y educación que tuvo Herman Bavinck. Para esto, consideraré brevemente el contexto histórico del siglo xix, los tipos de padres que tuvo Herman, y finalmente, la educación teológica que tuvo el joven Bavinck. Así, podremos apreciar mucho más la teología que enseñó y que, en distintos grados, logró aplicar en medio de su contexto eclesiástico y social.

¡Temblor!

A nivel mundial, el siglo xix fue una época de profundos cambios. Los países latinoamericanos participaron de esas transformaciones a través de los distintos procesos de independencia con oleadas independentistas que se experimentaron en las primeras décadas del 1800. Por ejemplo, Venezuela, Argentina y México consolidaron sus independencias en los años 1811, 1816 y 1821, respectivamente. De una u otra manera, los ideales de libertad fueron diseminándose a lo largo y ancho de los países del centro y sur de América. Frente a estos cambios, la Iglesia cristiana protestante no quedó indiferente.

De hecho, importantes transformaciones sociales fueron impulsadas por evangélicos. Un ejemplo fue David Trumbull (1819-89), quien recién egresado del viejo Princeton,[3] llega al cono sur como uno de los primeros misioneros protestantes que ayudó en la formación de la Iglesia Presbiteriana en Chile. Trumbull, descendiente de calvinistas escoceses, además de predicar la Palabra de Dios, fundó un periódico y colegios para hombres y mujeres. De la misma manera, James «Diego» Thomson (1788-1854), misionero escocés, recorrió distintos pueblos sur y centroamericanos para compartir el evangelio y, como fruto de esto, ayudar, por ejemplo, en la alfabetización y distribución de Biblias.

A través de estas personas, el protestantismo comenzaba a echar raíces en las naciones independizadas. A la vez, el protestantismo de los viejos países europeos comenzaba a ser desafiado frente a la secularización de la sociedad.

---

3. Al mencionar el «viejo Princeton», me refiero a la escuela reformada que desarrolló una teología presbiteriana y evangélica a través de hombres como Archibald Alexander (1772-1851), Charles Hodge (1797-1878) y su hijo Archibald Alexander Hodge (1823-1886), además de Benjamín B. Warfield (1851-1921).

El siglo xix fue un siglo que remeció el suelo de la sociedad moderna europea. Guerras y avances tecnológicos, científicos y sociales marcaron los distintos períodos entre el 1800 y 1900. Doce años antes del nacimiento de Jan Bavinck, el primer tren comenzaba a operar, acortando como nunca los tiempos de viaje entre distintas localidades. Cuando el padre de Herman tenía tres años, se construyó el primer motor eléctrico. Antes de 1841, nadie había escuchado la palabra «dinosaurio». Un año después, el presbiteriano (anciano gobernante de una iglesia *Free Church* en Escocia) y científico Sir James Young Simpson (1811-1870) descubre las propiedades de la anestesia, revolucionando la medicina para siempre.

Cuando Herman Bavinck tenía apenas cinco años, el naturalista Charles Darwin (1809-1882) publicó un libro que influiría en el pensamiento científico y social, desafiando creencias fundamentales del cristianismo. Finalmente, cuando Herman llevaba casi tres años enseñando teología, Karl Benz vende el primer automóvil comercial. Podríamos seguir enumerando los interesantes cambios sociales, sin embargo, es esencial también notar los cambios eclesiásticos de dicho período.

Tal como vimos en el capítulo anterior, el liberalismo teológico, sumado a las nuevas políticas y propuestas del Estado Holandés que se oponían a algunos principios reformados, llevó a que un grupo se separara de la iglesia oficial. En 1834, nace la Iglesia de la Secesión (*Afscheiding*), tradición en la cual crece Herman Bavinck. Dicho sea de paso, esta no es la única secesión eclesiástica que ocurre en el viejo continente.

En Escocia, y luego de diez años de conflicto, en conjunto con distintos avivamientos que experimentaron los reformados escoceses, nace la *Free Church of Scotland* o Iglesia Libre de Escocia, donde pastores, teólogos, científicos y misioneros conforman esta nueva denominación. Entre ellos, Thomas

Chalmers (1780-1847), Thomas Guthrie (1803-1873), James Bannerman (1807-1868), William Cunningham (1805-1861), George Smeaton (1814-1889) y otros. Ambos grupos eclesiásticos —la *Free Church* de Escocia y la *Afscheding* holandesa— experimentaron distintos tipos de persecución social en sus comienzos. En el caso de los reformados holandeses, ellos incluso fueron perseguidos hasta encarcelar a sus ministros. Sin embargo, todo comenzaría a cambiar a partir de 1848.

El año 1848 fue significativo en cuanto a los cambios políticos y sociales en Europa. A partir de esa fecha, comenzaría a florecer lo que históricamente se conoce como «la primavera de las naciones o pueblos». Distintos tipos de revoluciones comenzarían a estallar en diversas naciones europeas. No solamente fueron desafiadas las políticas sobre la forma de gobernar, sino también las políticas asociadas a demandas sociales de los trabajadores, como también la participación femenina en el llamado a reformas que contemplaban la igualdad de condición ante otros. En otras palabras, Europa comenzó a desarrollar una visión de la vida basada en nuevos ideales modernos y sociales.

Todos estos cambios también afectaron a Holanda. En el gobierno del rey Guillermo II de los Países Bajos (1792-1849), se adoptó una nueva constitución con los ideales mencionados previamente. Esto trajo como resultado una iniciativa donde paulatinamente se permitieron nuevas denominaciones cristianas. Desde entonces, un importante desafío se levantaría para los miembros de la Secesión holandesa de 1834.

Entre varias interrogantes sobre cómo se vería el desarrollo de las iglesias ante este nuevo panorama social, la siguiente pregunta fue clave dentro de algunos círculos reformados holandeses: ¿Cómo se puede continuar siendo fieles al Señor en una sociedad moderna que no solo presenta adversidades, sino también desafíos?

En otras palabras, antes de 1848, la Iglesia Reformada de la Secesión era perseguida, mientras que, a partir de 1848, la sociedad moderna tardía comenzaba a tolerarlos mientras que, al mismo tiempo, consideraba sus creencias cristianas ortodoxas como arcaicas u obsoletas. En este contexto, ellos se plantearon la interrogante de cómo deberían vivir los cristianos reformados en medio de los cambios de la sociedad moderna tardía. ¿Se deberían aislar o deberían integrarse y tomar el desafío de participar de estos nuevos cambios estructurales de la sociedad?

Cambios políticos, sociales y eclesiásticos

Siglo xix

1854
(nace Herman Bavinck)

1834

1848

Persecución a Secesionistas reformados holandeses.

Tolerancia a Secesionistas reformados que, al mismo tiempo, consideraba algunas de sus ideas y creencias obsoletas para la época.

¿Cómo debemos ser fieles a la Palabra de Dios dentro del contexto moderno tardío?

¿Separación?   ¿Integración?

Y nosotros ¿cómo vamos a vivir hoy?

Mientras que en este nuevo contexto algunos tomaron una actitud más separatista y aislada, Jan Bavinck optó por la opción de estar comprometido tanto con la vieja confesionalidad cristiana reformada, como también con los nuevos tiempos que la providencia de Dios estaba colocando ante él.

Esta visión de la vida y el mundo tendría un impacto en su hijo Herman.

Los Bavinck y el pequeño Herman

Es en medio de este contexto de cambios que nace el segundo hijo de la familia Bavinck. El 13 de diciembre de 1854, en Hoogeveen, el pequeño Herman nació de Geziena Magdalena Holland, «la amada esposa de J. Bavinck», tal como fue publicado en el periódico *De Bazuin* [La trompeta] de los Secesionistas. Notablemente, este fue el primer anuncio de nacimiento que se daba en aquel periódico donde, posteriormente, Herman sería uno de sus editores.

Tal como mencioné antes, la Iglesia de la Secesión, denominada posteriormente «Iglesia Cristiana Reformada» (*Christelijke Gereformeerde Kerk*), pasó de ser una comunidad perseguida a ser una iglesia integrada en la sociedad holandesa. Esto trajo desafíos y diversas opiniones dentro de sus integrantes con respecto a cómo debía ejemplificarse esta integración. ¿Se deberían aceptar o no los cambios de la modernidad? ¿Cómo debían tomarse los avances tecnológicos y científicos? ¿Cuál debería ser la mirada de la cultura y las artes? Todas estas preguntas eran respondidas de diversas maneras.

Algunos estaban más en contra de los cambios sociales. Otros veían una oportunidad de participación en el mundo moderno, sin dejar de oponerse a la teología modernista o liberal; es decir, a aquella teología que negaba algunos puntos esenciales del cristianismo.[4] ¿En qué categoría entran los padres de Herman? La respuesta a esta pregunta es importante porque tanto Jan como Geziena ejercieron una importante influencia en la vida de Herman, en especial su padre como ministro del evangelio.

Kulturfeindlichkeit es una palabra alemana utilizada por Henry Dosker (1855-1926) para describir a los padres de su amigo Herman cuando este recién había fallecido en 1921. Esta palabra puede ser traducida como «contrarios a la cultura». Dosker, un amigo de Herman, la utiliza mientras al mismo tiempo describe a Jan y Geziena como «piadosos hasta la médula» y «simples».

La tesis de que los Bavincks eran «anticulturales» también fue sostenida por Velentijn Hepp (1870-1950), quien publicó la primera biografía de Herman tan solo unos meses después de la muerte de Bavinck. Sin embargo, esta descripción fue desafiada por R.H. Bremmer en 1966 —quien menciona que los Bavinck no tenían una «estrechez de mente»— y recientemente por el Dr. James Eglinton. Más aún, los propios escritos de Jan Bavinck (y la decisión que ellos tomaron como padres al apoyar a Herman para estudiar en la universidad de Leiden) nos muestran que Jan poseía una mentalidad que le permitía abrazar los desarrollos culturales y sociales que glorificaban a Dios.

Así, y tal como menciona James Eglinton, la influencia de Jan llevó a Herman a ser «un calvinista ortodoxo en una cultura moderna tardía».[5]

---

4. La teología modernista negaba doctrinas cristológicas relacionadas con las dos naturalezas de Cristo, su nacimiento virginal y el objetivo de la muerte de Cristo en la cruz.

5. Eglinton, *Bavinck*, 39.

Este punto no debe pasar desapercibido. De hecho, es clave para así entender la cosmovisión cristiana y reformada desarrollada posteriormente por Herman. La crianza en una atmosfera de piedad cristiana —que incluía la importancia del desarrollo de las distintas esferas del orden creacional— respondía al compromiso que los padres de Herman tomaron cuatro días después de su nacimiento.

El domingo 17 de diciembre de 1854, Jan Bavinck tomó en sus brazos al pequeño Herman para mirarlo a los ojos y derramar un poco de agua en su cabeza y así, bautizarlo en el nombre del Padre, y del Hijo y del Espíritu Santo.

El bautismo externo con agua para el bebé de cuatro días no significaba el lavamiento mismo de los pecados, ya que, en el lenguaje del Catecismo de Heidelberg, «solamente la sangre de Jesucristo y el Espíritu Santo nos limpian de todo pecado».[6] Por lo tanto, el bautismo de Herman significaba una señal visible de su inclusión en la Iglesia visible.[7] A través del bautismo, Jan

---

6. Para conocer más sobre el bautismo desde una perspectiva reformada, ver las preguntas 69 a 74 del Catecismo de Heidelberg. Con respecto a si los niños deben ser bautizados o no, la pregunta 74 responde: «Sí, pues ellos —al igual que los adultos— están incluidos en el pacto y en la Iglesia de Dios, y a ellos —al igual que a los adultos— se les promete, por la sangre de Cristo, la redención del pecado y el Espíritu Santo, que es el Autor de la fe. Por lo tanto, los infantes deben ser admitidos en la Iglesia cristiana y distinguidos de los hijos de los incrédulos a través del bautismo como señal del pacto, así como se hacía en el Antiguo Testamento mediante la circuncisión, que es reemplazada por la institución del bautismo en el nuevo pacto». Una versión en español de este catecismo se encuentra en la página de ministerios Ligonier: https://es.ligonier.org/recursos/credos-confesiones/el-catecismo-de-heidelberg/

7. De manera general, la tradición reformada (reflejada en la suscripción a las Tres Formas de Unidad o la Confesión de Fe de Westminster, junto con el Catecismo Menor y Mayor) celebra el bautismo de infantes cuyos padres son cristianos. Para Bavinck, «la validez del bautismo infantil depende exclusivamente de cómo considera la Escritura a los hijos de los creyentes, y por lo tanto cómo quiere que los consideremos nosotros» (*DRC*, 881). Así como la circuncisión era la señal visible de los hijos de los creyentes en el Antiguo Testamento, el bautismo es la señal visible de los hijos de los creyentes en el Nuevo Testamento. Si bien hay mucho que podríamos decir con respecto a este tema, podemos resumir diciendo que «el bautismo, tanto de niños como de adultos, no establece la salvación de la persona; la base para el

y Geziena se comprometieron ante Dios y la iglesia a aplicar las palabras de Deuteronomio 6.

Debido a que Herman estaba dentro de la familia del pacto, era el deber de su padre y su madre criarlo para que, en algún momento, las promesas hechas a Herman en su bautismo se hicieran realidad en el corazón de Herman bajo la regeneración soberana del Espíritu Santo en algún momento de su vida. Cabe mencionar que la crianza piadosa no se desarrollaba exclusivamente en la esfera familiar, sino también en conexión con otras esferas de la vida. En el caso de Bavinck, sus padres lo envían a un instituto y luego a un *gymnnasium*.[8]

En una muy pequeña autobiografía que Herman escribió para un periódico estadounidense, él se describió de la siguiente manera:

> Nací el 13 de diciembre de 1854, en Hoogeveen, donde mi padre, el reverendo Jan Bavinck, era ministro. Después, mi padre se trasladó a Bunschoten, y luego nuevamente a Almkerk en North Brabant. Ahí, recibí mi educación en el Instituto del señor Hasselman. Luego de eso, fui al *gymnasium* (educación secundaria) en Zwolle. Ahí, conocí a la familia Dosker y me hice amigo de uno de sus hijos, Henry Dosker, [que] por sobre todo, [ha sido] una amistad que ha permanecido hasta el día de hoy.[9]

A partir de esta autodescripción, podemos continuar con los aspectos biográficos de las primeras décadas en la vida de Herman Bavinck a partir de su período en Almkerk desde 1862

---

bautismo no es la suposición de que alguien está regenerado, ni siquiera de que [existe] la propia regeneración, sino solo el pacto de Dios» (*DRC*, 833).

8. Una escuela donde se enseñaba latín y sus alumnos eran preparados para la educación universitaria.

9. Citado en Eglinton, *Bavinck*, 43-44.

a 1873. Lamentablemente, este período estuvo marcado por algunas tragedias que ocurrieron dentro de la familia. Algunos hermanos de Herman murieron. Un año después de su llegada a Almkerk, nació un cuarto hijo llamado Karel Bernhard. Con trece días de edad, el pequeño bebé murió. No obstante, en palabras de Jan, «nos dolimos por la pérdida de nuestro hijito [...], sin embargo, un golpe más fuerte vendría sobre nosotros».[10]

Aproximadamente un año después de este lamentable hecho, la hija mayor de los Bavinck, Berendina Johanna (Dina) Bavinck, muere a la edad de trece años. Finalmente, cuatro años después, muere otra hermana de Herman, la pequeña Femia Bavinck de tan solo ocho años. Sin duda, el dolor fue grande para la familia Bavinck. No obstante, las palabras de la primera pregunta y respuesta del Catecismo de Heidelberg fueron realidades que la familia experimentó durante este tiempo de sufrimiento y también, durante el resto de sus vidas; la pregunta y respuesta nos dicen:

1. ¿Cuál es tu único consuelo en la vida y en la muerte?

Que yo en cuerpo y alma, tanto en la vida como en la muerte, no me pertenezco a mí mismo, sino a mi fiel Salvador Jesucristo, quien con Su preciosa sangre ha hecho una satisfacción completa por todos mis pecados y me ha librado de todo el poder del diablo. Además, Él me preserva de tal forma que, sin la voluntad de mi Padre celestial, no puede caer ni un cabello de mi cabeza: sí, todas las cosas deben servir para mi salvación. Por lo tanto, mediante Su Espíritu Santo, también me asegura que tengo vida eterna y me prepara y dispone de corazón para que viva para Él, de aquí en adelante.

---

10. Bavinck, *Een korte*, 61.

De la misma manera, este consuelo fue enriquecido en base a las promesas del pacto de gracia, donde Dios de manera íntima declara a Su pueblo que Él es el Dios tanto de los padres como de su descendencia. En la vida y en la muerte, el consuelo de Jan y de su esposa fue que el Dios de ellos era el Dios de aquellos hijos que partían a descansar a la presencia de Dios.

Este fue el consuelo de Jan Bavinck: que, debido al pacto de gracia que Dios hizo con ellos en Cristo, sus hijos pertenecían al Señor. El pastor Jan tenía la esperanza de que sus hijos murieron en el Señor. En su autobiografía, Jan Bavinck comenta que «nuestra esperanza está fundamentada en el pacto de gracia [que nuestros hijos murieron en el Señor] con Su promesa, las cuales son sí y amén en Cristo Jesús. En este sentido, el Señor también ha hecho Sus promesas a nuestros hijos; promesas que también les son significadas y selladas en el santo bautismo».

Aquel padre que criaba a sus hijos sobre la base de la rica experiencia de tener a Dios como su Dios (en medio del dolor y la alegría), era también un profesor del Instituto Hasselman.

El señor L. W. Hasselman era un miembro de la congregación cristiana reformada en Almkerk. Era el director de una escuela privada cristiana, donde el padre de Herman enseñaba latín y griego. Fue en ese lugar donde Herman nutrió su educación a través de profesores que enseñaban holandés, alemán, inglés, álgebra, geometría, contabilidad, piano y gimnasia.

Sin duda, Jan se esforzaba por proveer una buena educación que abarcara todos los aspectos de la vida. El amor por el Señor y las cosas creadas influyeron en la vida de los hijos de Jan. Tal como comenta Velentine Hepp, en un obituario para Herman Bavinck en 1923, debido al «amor por la ciencia» por parte de Jan, sus hijos «disfrutaron de una educación mucho más amplia que la mayoría de los hijos de ministros en sus círculos».[11]

Una educación integral era importante para promover la madurez espiritual de sus hijos. Esta educación comenzaba en casa, donde el amor por el Señor —expresado en cultos familiares— cimentaba el gusto y aprecio por las cosas creadas por el Señor, tales como las ciencias, el arte y la cultura. Así, Dios comenzó a preparar a Bavinck para ser un cristiano cuya lámpara no se quedó escondida debajo de una cama, sino que, por el contrario, fue puesta en alto para ser luz y sal en medio de su contexto moderno. Para esto, Bavinck necesitaba seguir aprendiendo.

A la edad de dieciséis años, Bavinck ingresó al *gymnasium* de la localidad de Zwolle. Este tipo de instituciones se especializaba en preparar a los jóvenes holandeses para entrar a la universidad. Mientras el latín era dejado de lado en algunos contextos académicos, el *gymnasium* seguía comprometido con promover una educación clásica que contenía latín y griego.

Que los padres de Bavinck escogieran este tipo de educación para su hijo no significaba algo elitista, sino que reflejaba la preferencia de «ministros reformados ortodoxos que buscaban una educación clásica para sus hijos».[12] De hecho, Herman no fue el único hijo de pastor que fue enviado a un *gymnasium*, sino que también dos de sus amigos cercanos recibieron este tipo de educación. Estas dos personas también eran hijos de ministros reformados. Ellos fueron Henry Dosker (1855-1926) y Geerhardus Vos. Henry sería ordenado como pastor reformado en Estados Unidos, mientras que Vos se convertiría en un

---

11. Citado en Eglinton, *Bavinck*, 32.

12. *Ibid.*, 49.

importante teólogo de la tradición reformada, en especial en el área de la teología bíblica.[13]

La rigurosidad en el tipo de educación que recibían los jóvenes era clave para la formación ministerial. Para los futuros ministros o profesores de teología, el entrenamiento en hebreo, griego y latín era indispensable. Debido a eso, Herman estudió en un importante *gymnasium* de Zwolle, que tal como menciona Eglinton, había crecido a partir del «movimiento de la Devoción Moderna de la Edad Media, cuyos alumnos incluían al entonces primer ministro, Johan Rudolf Thorbecke [1798-1872], y aunque un tiempo antes de esto, al Papa Adriano VI (1459-1523); el único holandés en ser designado para el oficio papal».[14]

Algunas de las cosas que Herman escribió en latín quedaron plasmadas en su *dagboek*, una especie de diario de vida donde además de escribir asuntos de su vida espiritual, también escribió sobre su amistad con Henry Dosker. Sumado a lo anterior, Bavinck dedicó algunas líneas a una mujer en especial, Amelia Dekker (1849-1933).

El joven Herman se estaba enamorando de Amelia. Aunque, como veremos después, ella nunca se casó con Herman. Sin embargo, otro compromiso fue públicamente declarado a sus dieciocho años.

---

13. La teología bíblica, para Geerhardus Vos, involucra el estudio de los actos redentores del Dios trino en la historia a través de Su revelación especial. El pacto de gracia ayuda a explicar la integración entre la historia y la revelación, así como la relación entre el Antiguo y el Nuevo Testamento.

14. *Ibid.*, 50. La «devoción moderna» o en latín, *Devotio moderna*, fue un movimiento religioso desarrollado en el último período de la Edad Media que enfatizaba la práctica de la piedad a través ejercicios espirituales. Uno de sus representantes fue Tomás de Kempis (1380-1471). Para profundizar en el estudio de la relación entre la *devotio moderna* y la *Nadere Reformatie*, sugiero leer el artículo de mi compañero de doctorado Matthew Baines, «*Gisbertus Voetius on Meditation and Learned Ignorance: Mysticism, The Devotio Moderna and the Nadere Reformatie*» en *Reformation & Renaissance Review*, volumen 24, 2022.

El 19 de marzo de 1873, Herman Bavinck realizó su profesión pública de fe en la iglesia del Reverendo Dosker, uniéndose formalmente a la Iglesia Cristiana Reformada. En otras palabras, Bavinck se convirtió en un «hijo de la Secesión», abrazando el calvinismo ortodoxo y experiencial de aquella tradición reformada. No obstante, esto no significaba de ninguna manera un tipo de aislamiento social. James Eglinton nos detalla un aspecto significativo del pastor Nikolaas Dosker. El padre de su amigo alentaba la integración y la participación dentro de la sociedad holandesa. De esta manera, vemos que la visión del cristianismo, que tanto los Dosker como los Bavinck promovían, era un cristianismo que abarcaba cada centímetro cuadrado del corazón, como también de la sociedad.

Herman no fue el único que realizó su profesión de fe; su amigo Dosker también lo hizo. Así, la amistad entre ellos continuaba creciendo. Sin embargo, una distancia de miles de kilómetros separaría a los amigos. Al poco tiempo de la profesión de fe de Herman, el reverendo Dosker aceptó un llamado para pastorear una iglesia reformada en Grand Rapids, Estados Unidos.

Si bien los Bavinck nunca emigraron, el padre de Bavinck también recibió un llamado de un lugar bastante particular para la denominación a la que ellos pertenecían. El 27 de mayo de 1873, Jan Bavinck aceptó un llamado para pastorear en la localidad de Kampen, el mismo lugar donde se encontraba el seminario teológico de la denominación y que años antes, Jan había rechazado ante la oportunidad de ser profesor.

Al terminar sus estudios en el *gymnasium*, el joven Herman ganó premios en latín, griego, francés y holandés. La preparación recibida en aquella institución lo estaba formando para profundizar sus estudios a través de una educación universitaria, generando en él un deseo de avanzar en la sociedad.

Sin embargo, a diferencia de sus compañeros de clase (donde uno, por ejemplo, se matriculó como alumno de la universidad de Leiden), Herman eligió otro camino. Bavinck entró al seminario teológico de su denominación.

Bavinck en Kampen

En el mismo año en que nace Herman (1854), nace la escuela teológica de los Secesionistas en Kampen.

Si bien en sus comienzos las clases eran realizadas en las casas de los profesores, ahora con diecinueve años de existencia, ya contaba con un edificio y cuatro profesores de facultad. Dos de ellos se habían graduado en Leiden. Uno, Helenius de Cock (1824-94), había sido formado para el ministerio bajo su padre, Hendrik de Cock, que, como vimos en el capítulo anterior, fue uno de los principales líderes de la Secesión en 1834.

Otro de los profesores fue Adriaan Steketee (1846-1913), quien, con sus intereses intelectuales y filosóficos, contribuía a la modernización del seminario reformado. Sin embargo, había otro teólogo y pastor que comenzaba a destacarse dentro de los círculos reformados en Holanda.

En 1871, dos años antes de que Herman ingresara al seminario, este pastor y teólogo visitó la localidad de Kampen para hablar sobre la discusión en torno a la vacunación contra la viruela. Este pastor era Abraham Kuyper, quien en marzo de 1874 realizó una segunda visita a Kampen.

El evento no pasó desapercibido por los estudiantes del seminario. De hecho, la sociedad de estudiantes publicó sus impresiones en el periódico denominacional. Ahí, ellos mencionan el título de la charla que dio el Dr. Kuyper:

«Calvinismo, fuente y fortaleza de nuestras libertades
constitucionales». La forma en que fue dada esta charla también
captó la atención de los estudiantes:

> Con una habilidad inusual, el orador nos condujo a los
> profundos tesoros de la historia, mostrándonos la línea
> de Calvino allí, a lo largo de la cual había avanzado la
> verdadera libertad de los pueblos, desde Ginebra hasta
> los Países Bajos e Inglaterra y América. El estilo de
> presentación fue emocionante, la forma en que hizo que
> los hechos hablaran por sí mismos fue impresionante,
> generando luego ideas e impulsos. La soberanía de
> Dios se mantuvo poderosamente en su honor, y en el
> reconocimiento de esta soberanía se señaló el camino
> hacia la libertad para la iglesia y la sociedad. Reforma y
> revolución fueron sorprendentemente contrastados como
> ramas que a veces son completamente similares entre
> sí, pero que han brotado de diferentes árboles, y así se
> distinguen en esencia y vitalidad…

Este evento también quedó registrado en el *dagboek* de Herman.
Un punto clave que escuchó Bavinck de aquella charla fue el
siguiente:

> El calvinismo no es un poder rígido e inalterable que había
> alcanzado sus conclusiones finales, [y] su forma definitiva,
> ya en los tiempos de Calvino. Por el contrario, es un
> principio que solamente revela gradualmente su poder,
> que tiene una visión única para cada época, [y] que asume
> una forma adecuada para cada país.[15]

De esta manera, un joven Bavinck comenzaba a formar una
cosmovisión que respondía a los desafíos de la modernidad

---

15. *Ibid.*, 64-65.

europea. Cosmovisión que, dicho sea de paso, era formada a través de una comunión íntima con Dios.

Las palabras de este emergente teólogo atrajeron a Herman a tal punto que, además de tener un póster de Abraham Kuyper en su cuarto, lo llevaron a comprender las profundas implicancias que tenía la teología reformada en todo orden de cosas. De hecho, las palabras de un joven Kuyper deberían ser consideradas por aquellos que de una u otra manera abrazamos la tradición reformada, en especial, en nuestros contextos.

La teología cristiana y reformada debe continuar desarrollándose en los lugares donde cada uno de nosotros nos encontramos. No basta con citar a antiguos e importantes teólogos. Sino que más bien, en total dependencia del Espíritu Santo, deberíamos orar y trabajar para que, a través de una teología centrada en Dios, seamos capaces de servir fielmente a Cristo y al prójimo en la iglesia y el vecindario donde Dios nos ha puesto.

En otras palabras, un buen «calvinista» (o, mejor dicho, un cristiano) no es aquel que meramente «copia y pega» lo antiguo, sino aquel que es capaz de glorificar a Dios y gozar de Él para siempre en el contexto en que se encuentra. Esto no supone abandonar los credos y confesiones, sino más bien, vivir de acuerdo con lo que creemos y confesamos. Para eso, necesitamos continuar aprendiendo. Quizás no solo eso, sino que fundamentalmente necesitamos ser convertidos por el Señor. De hecho, eso fue lo que experimentó Abraham Kuyper mientras era pastor.[16]

---

16. En una biografía de Herman Bavinck, es clave mencionar a Abraham Kuyper. Un hecho particular que deberíamos considerar es el cierto tipo de conversión que experimentó Kuyper al comienzo de su trabajo pastoral. Este hecho, y otros también, llevaron a Kuyper a desarrollar una cosmovisión holística bajo el principio de la soberanía del Dios trino.

El aprendizaje teológico jamás debe estar divorciado de una vida en continua santificación; una santificación que se experimenta en la familia, la iglesia y la localidad en las que el Señor nos ha puesto.

Fue a este pastor, Kuyper, convertido de un trasfondo más modernista liberal a un cristianismo más ortodoxo y experiencial, el que escuchó Bavinck durante su corto período de estudios en Kampen.

De hecho, Bavinck estuvo aproximadamente solo un año estudiando en la institución teológica de su denominación. El motivo de esto es bastante particular. En palabras de Bavinck, «luego de completar el *gymnasium*, estuve un año en la Escuela Teológica en Kampen, donde mi padre es ahora ministro. Pero la educación allí no me satisfizo».

¿Cuál fue el camino que posteriormente tomó el joven Herman? Continuando con la cita de su autobiografía de 1908, Bavinck nos relata el camino que tomó. «Entonces, en 1874, fui a Leiden a estudiar teología bajo los famosos profesores Scholten y Kuenen».[17] Así, Bavinck decidió estudiar teología en el mismo centro del modernismo o liberalismo teológico en Holanda.

¿Por qué Bavinck decidió dejar Kampen para luego ir a Leiden? ¿Debería este hecho ser visto como un abandono a la fe cristiana y ortodoxa recibida en su hogar e iglesia? La verdad es que no. No fue un abandono de la tradición reformada. De hecho, esta decisión fue apoyada por su padre, el cual, recordemos, era ministro en Kampen. Una de las motivaciones de Bavinck para ir a Leiden fue la profundización teológica en términos académicos y científicos que la universidad

---

17. Citado en Eglinton, *Bavinck*, 66.

de Leiden ofrecía, a diferencia de la Escuela Teológica en Kampen.[18]

El deseo de profundizar académicamente en los estudios teológicos no era algo novedoso para Bavinck. Por ejemplo, algunos estudiantes reformados del siglo XVII también ahondaban en sus estudios a través de una cierta «peregrinación teológica», donde incluso participaban de cátedras de profesores que a veces proponían enfoques contrarios a sus puntos de vistas teológicos. Así, los estudiantes pasaban tiempo bajo profesores ortodoxos, como también bajo teólogos que enseñaban cosas que posteriormente ellos rebatirían. Este fue el caso de, por ejemplo, el importante teólogo reformado (que en su obra magna expone una metodología escolástica reformada), Francis Turretín (1623-1687).[19]

En resumen, podemos decir que Bavinck tenía un doble propósito para ir a la universidad de Leiden: formación académica científica y conocer de primera fuente el modernismo teológico.[20]

No obstante, por sobre todas las cosas, el joven Herman debía guardar su corazón. Para esto, su comunión con el Señor era vital. De esta manera, el disfrute de los medios de gracia —en

---

18. En 1914, Herman escribe que, luego de terminar sus estudios en el *gymnasium*, él «albergaba un fuerte deseo de continuar mis estudios en Leiden y familiarizarme con la teología moderna de cerca. [...] me aferré al deseo de participar en una educación más científica que la que la Escuela Teológica podía ofrecer en ese momento; y así se acordó que iría a Leiden en septiembre de 1874». Citado en Eglinton, *Bavinck*, 67. En los próximos capítulos, exploraré de manera general el significado de ciencia y teología.

19. Por «escolasticismo reformado» me refiero a la metodología utilizada en las academias por parte de pastores/teólogos del período conocido como *Ortodoxia Reformada* (1560-1750, aprox.). Esta metodología buscaba clarificación y precisión doctrinal para defender y desarrollar la teología reformada.

20. Ver la nota 4 de este capítulo.

la iglesia local— se convertiría en un aspecto esencial tanto en su período en Leiden, como también a lo largo de toda su vida. Así, el joven Bavinck permanecería fiel al Señor en un ambiente que, en algunos puntos doctrinales esenciales, era totalmente contrario a lo que siempre había aprendido.

En Leiden

En vez de estar un año en Kampen, Bavinck estuvo aproximadamente seis años estudiando en Leiden, desde 1874 a 1880.

Al emprender esta nueva etapa en su vida, el joven Herman comenzó a escribir un nuevo *dagboek* o «diario de vida». Al comienzo de este, Bavinck escribió las siguientes palabras en latín: *ex animo et corpore*. Es decir, «desde el alma y cuerpo». Curiosamente, luego Bavinck añade *Alles Vergängliche is nur ein Gleichnis* o, en español: «todo lo transitorio es solo una semejanza [parábola]». Esta frase de la obra *Fausto* (1808 y 1832), del escritor alemán Johann Wolfgang von Goethe, trata sobre alguien que le vende su alma al diablo a cambio de conocimiento y placeres. Tal como indica James Eglinton, es dejado a nuestra especulación si el nuevo *dagboek* comienza con un recordatorio de que el autor —en este caso, Bavinck— no hará lo mismo que hizo Fausto.[21]

Tal como veremos a lo largo del libro, Bavinck no «vendió» su alma a la teología modernista. Las razones pueden ser diversas, pero una era clave: Entre él y Dios había un pacto, un pacto de pura gracia. Y eso quedaría sellado a través de una señal externa (sacramento) durante su período en Leiden. Aquella señal y sello del pacto sería experimentada a lo largo de su vida y le

---

21. *Ibid.*, 73.

recordaría para siempre que, en cuerpo y alma, en los estudios
y actividades extracurriculares, él le pertenecía al Señor. Por
sobre todo, el pacto de gracia le recordaba que el Señor era *su*
Dios íntimo y personal. En octubre de 1875, Herman participó
por primera vez del sacramento de la Santa Cena. Así, la Santa
Cena lo llevaría a madurar en Cristo, tal como posteriormente
escribió en su *Dogmática reformada*:

> El más importante [de los beneficios de la Cena del
> Señor] es el fortalecimiento de la comunión del
> creyente con Cristo. Los creyentes ya disfrutan de esta
> comunión por fe, y en la Cena no reciben otra comunión
> que aquella de la que disfrutan por fe. Pero cuando el
> propio Cristo, actuando por medio del ministro, les da,
> mediante los símbolos del pan y el vino, Su cuerpo para
> comer y Su sangre para beber, ellos son fortalecidos y
> confirmados en esa comunión por el Espíritu Santo, y
> unidos incluso más íntimamente en cuerpo y alma con
> el Cristo integral, tanto en Su naturaleza divina como en
> la humana. Porque «la ingesta del cuerpo de Cristo no es
> otra cosa que la unión más estrecha posible con Cristo»
> [Francis Junius]. En este sentido, la Cena del Señor se
> distingue del bautismo por el hecho de que este es el
> sacramento de incorporación, mientras que la Cena del
> Señor es el sacramento de maduración en comunión con
> Cristo.[22]

Fortaleza para ser un seguidor de Jesús

Los primeros días en Leiden presentaron todo un desafío para
Bavinck. De hecho, el joven Herman no se unió a la sociedad de
estudiantes (*studentencorps*) de dicha casa de estudio. La imagen

---

22. Bavinck, *DRC*, 901.

de ver a algunos miembros de la *studentencorps* animando a otros a beber alcohol en exceso, en conjunto con un lenguaje muy vulgar, sumado al consejo de un pastor que le propuso no unirse a dicha sociedad, fueron algunos de los motivos que llevaron a Herman a no ser un miembro de aquel grupo. Aunque él no fue el único en no unirse, los miembros de dicha sociedad se referirían a ellos como los «lechones».

Más que un choque cultural producido al llegar desde un pueblo a la ciudad (que ciertamente lo fue), el corazón del joven Herman se vio desafiado a fortalecer su lealtad y fidelidad al Señor en medio de un contexto que teológica y espiritualmente golpeaba los fundamentos y las experiencias con los que él había crecido.

Tal como también reflexionó posteriormente Kuyper como primer ministro de Holanda en 1904, «llegué a la academia como un joven religioso, pero después de un año y medio, mis convicciones habían cambiado al más absoluto racionalismo intelectual».[23] Ante ese panorama, Bavinck expresa los profundos deseos *ex animo*, es decir, «desde el alma». Estos deseos hablaban del anhelo de ser fiel a Cristo —con todo su ser— en sus estudios, aun en medio de una generación incrédula. El 3 de octubre de 1874, Herman deja registrado lo siguiente:

> Me siguen llamando la atención los deberes que yo, como cristiano en la academia, tengo que cumplir aquí. ¡Que Dios me dé la fuerza para hacerlo! Fortaleza para demostrar no solo con palabras, sino también con hechos, que soy un seguidor de Jesús.[24]

---

23. Jan de Bruijn, *Abraham Kuyper. A pictorial biography* (Grand Rapids: Eerdmans Publishing Co., 2014), 19.

24. Citado en Eglinton, *Bavinck*, 76.

«Fortaleza para demostrar no solo con palabras sino
también con hechos que soy un seguidor de Jesús».
Palabras y hechos. Confesión y práctica. En otras
palabras, la vida cristiana implica una vida y una
teología para la gloria de Dios.

Lo anterior significaba varias cosas; entre estas, ser sincero en
la confesión de sus luchas y tentaciones. En una oportunidad,
luego de escuchar un sermón por el reverendo Donner, Bavinck
describió su propia realidad de acuerdo a Romanos 7:

> ¿Cómo estuvo mi ánimo hoy? Por un breve momento,
> solamente sentí el deleite de [vivir en] servicio para Jesús,
> pero... ese pecado, ese pecado. Yo quería vivir para Jesús,
> pero [esto] era para ponerme a mí mismo en el trono,
> [más que] un sincero interés por el reino de Dios. No sé
> precisamente cómo expresarme, como si vivir para Jesús
> también debiera ser «recompensado» con honor y fama y
> consideración. ¡Y eso no es bueno! ¡No![25]

Aunque no podemos mirar directamente a su corazón, sus
escritos nos enseñan que nuestros corazones necesitan ser
santificados diariamente debido a los pensamientos manchados
por el pecado que todavía se esconden en lo profundo de
nuestras vidas.

En otra ocasión, Bavinck abre nuevamente su corazón para no
solamente confesar un pecado en particular, sino para pedir
a Dios que lo librara de sentimientos pecaminosos. Al visitar
una congregación reformada Secesionista de gente no tan
intelectual (a diferencia de la congregación Secesionista del
pastor Donner, donde, por ejemplo, asistían personas de clase
alta), Herman describe que «incluso un ligero sentimiento de

---

25. *Ibid.*, 77.

burla me invadía de vez en cuando. Debo tener cuidado con esto, porque es muy peligroso. La tentación viene vestida de muchas formas. ¡Que Dios me lo exponga y me libre de ello!».

Esencialmente, Bavinck pronto aprendería cosas significativas a través de aquellos que no tuvieron el mismo tipo de educación que él, pero que, sin embargo, mantenían una comunión viva con Dios.

Lo anterior nos enseña algo clave. Aquel que de una u otra manera se está preparando teológicamente debe ser capaz de reconocer sus pecados más secretos y clamar a Dios por la mortificación de estos. De igual manera, un estudiante de teología debe ser capaz de relacionarse con todo tipo de personas porque, finalmente, la teología es para todo tipo de personas, independiente del nivel socioeconómico o el trasfondo cultural. Como veremos, Bavinck fue consciente de esto al escribir posteriormente para todo tipo de gente.

Esta particular manera de confesar tanto sus pecados, como también su refugio en el Señor, era un medio para ser fiel a la resolución de servir a Cristo en palabras y en hechos. Para esto, la oración era clave. Su diario de vida es un registro de esto. Ahí hay registros de oraciones breves que reflejan la dependencia del Señor, como, por ejemplo, al orar por «el deseo de estudiar» y la protección divina. En una ocasión, al regresar a la ciudad de su universidad, Herman escribe: «Oh Dios ¡protégeme en Leiden». Sumado a lo anterior, otra de las maneras en que el Señor fortalecería al joven estudiante fue a través de la participación de los medios de gracia. En este caso, a través de la Santa Cena.

Tal como mencioné anteriormente, fue en Leiden donde Herman Bavinck participó de la Santa Cena. Después de un poco más de dos años de convertirse en miembro de la

Iglesia Cristiana Reformada en Zwolle, Herman se acercó
por primera vez a la mesa del Señor en la Iglesia Cristiana
Reformada del pastor Donner. Luego de escuchar las palabras
del Salmo 34:9 —«Teman al Señor, ustedes Sus santos, pues
nada les falta a aquellos que le temen»—, Bavinck realizó una
confesión.

Haciendo un símil paulino y agustiniano, Herman realizó una
doble confesión. Confesó tanto sus pecados como también la
esencia de la sublime gracia del Señor un 10 de octubre de 1875:

> Por primera vez en mi vida, declaré abiertamente mi
> confesión pública en la mesa del Señor, que estoy muerto
> en pecados y transgresiones, pero mi única esperanza está
> en la justicia de Cristo. ¡Oh, que no haya comido y bebido
> juicio sobre mí mismo! Oh, Dios, que el deseo de servirte
> sea en mi caso verdadero, y no de lamentar.[26]

Participar del cuerpo y la sangre de Cristo después de la palabra
predicada fue uno de los medios de gracia que Dios utilizó para
fortalecer la vida de Herman.

Sí, los ataques y las tentaciones continuaban, tal como revela
en mayo de 1876, luego de visitar Kampen y regresar a Leiden:
«1 de mayo. Regreso a Leiden. Continuación del estudio bajo
un ataque de duda». Sin embargo, es en ese contexto de luchas
internas donde Dios obra en nuestros corazones. Así, Herman
dice en la misma entrada: «pero también con un sentimiento de
la verdad interna revelada a través de Cristo».

**En medio de las dudas, tentaciones o momentos
difíciles, Dios envía Su Espíritu Santo para sellar en lo
más profundo de nuestro ser las verdades inmutables**

---

26. *Ibid.*, 83.

**del evangelio; aun cuando un ejército de incrédulos
se levante a declarar lo contrario, nuestro corazón
no temerá. Nuestros corazones no temerán porque
ciertamente el Dios inmutable del pacto está con
aquellos que se deleitan en Su presencia.**

Ese mismo año, mientras continuaba estudiando en Leiden,
Bavinck decidió tomar los exámenes literarios en la Escuela
Teológica de Kampen. El 11 y 12 de julio, Bavinck completó
aquellos exámenes registrando en su diario: «*Soli Deo Gloria
-et gratia*». Su ensayo sobre «el origen y valor de la mitología»
fue bien evaluado por los profesores del seminario de su
denominación.

Luego de cierta oposición por parte de algunos profesores del
seminario (por ejemplo, Anthony Brummelkamp (1811-1888),
Bavinck decidió regresar definitivamente a Leiden con el apoyo
de sus padres y de otros profesores de la Escuela Teológica
de Kampen (por ejemplo, Simon van Velzen (1808-1896).
Sin embargo, su amigo Henry Dosker, que se encontraba
estudiando en Michigan, expresó cierta preocupación por
Herman. Dos días previos a la Navidad de 1876, Henry escribió
las siguientes palabras:

Doy gracias a Dios que has permanecido de pie, entre
todos los ataques de incredulidad a tu alrededor. Qué
es lo que motiva a Herman a estudiar teología *allí* fue
la pregunta que, inevitablemente, surgió en mi mente.
Leiden, el punto focal del modernismo. Los nombres de
Kuenen, Scholten, etc., son, por desgracia, demasiado
conocidos. ¿Qué se puede buscar allí? Solo esto, en mi
opinión, un conocimiento profundo del plan de ataque,
el armamento y la fuerza del enemigo. Que Dios te ayude,
Herman, a permanecer firme en tu elección y elegir la clara
verdad de fe de nuestro cristianismo histórico por encima

de todos los rayos de luz parpadeantes de una ciencia enemiga. Y, aun así, arriesgas mucho... ¿Qué te motiva a estudiar en Leiden?...[27]

Leiden. La universidad de Leiden.

Aquella facultad que hace siglos tuvo grandes teólogos reformados que enseñaron de acuerdo con las grandes verdades bíblicas y confesionales, ya no era lo mismo. De ser un centro reformado ortodoxo, pasó a ser uno de los centros del modernismo teológico.

¿Quiénes eran Abraham Kuenen y Johannes H. Scholten, aquellos que previamente fueron los profesores modernistas de Kuyper y ahora de Bavinck? En palabras simples, la escuela modernista, influenciada por el liberalismo protestante alemán, desechaba la idea de un Dios personal que intervenía en la historia a través de milagros sobrenaturales. La ortodoxia clásica cristiana —que sostenía la doble naturaleza de Cristo en una persona—, además de conceptos fundamentales del cristianismo evangélico, fueron dejados de lado. Es decir, las predicaciones que exponían el pecado y magnificaban la gracia de Dios fueron reemplazadas por sermones de tipo más moralista.[28] De esta manera, la Biblia fue considerada meramente un libro de literatura antigua que, por lo tanto, dejaba de ser la autoridad y principio fundamental para hacer y enseñar teología. Estos fueron los profesores que tuvo el joven Herman.

---

27. *Ibid.*, 88.

28. En términos generales, el moralismo (en sus distintas formas) apunta a un tipo de obediencia que busca la aceptación de la sociedad, de una iglesia o incluso Dios, a través de la observancia de ciertas reglas sociales o de los Diez Mandamientos. En su esencia, el moralista deja de lado el significado transformador del evangelio de la gracia. En este caso, la escuela modernista abogaba por una ética que no estaba enraizada en la ortodoxia clásica y reformada.

A pesar de que Herman no encontró mucha «satisfacción» en algunas clases, mantuvo cierta relación con personas que no compartían sus principios teológicos. En su *dagboek*, Herman describe cómo disfrutó una cena en la casa del profesor Kuenen, como también de entablar una amistad (que duraría toda la vida) con Christiaan Snouck Hurgronje (1857-1936), un estudiante que posteriormente se convertiría en un experto en estudios islámicos.

Otra actividad que disfrutaba era predicar. De hecho, es en este período donde predicó por primera vez, usando un texto que lo influirá por el resto de su vida: 1 Juan 5:4b: «Y esta es la victoria que ha vencido al mundo: nuestra fe».

Sin embargo, no todo fue un disfrute. También hubo decepciones y desafíos.

Por un lado, a pesar de plasmar en su diario: «Amelia es mi amor. Estoy embriagado con ella», la relación no logró avanzar. Amelia no obtuvo el permiso de su padre para continuar la relación. Por otro lado, el desafío que Herman tenía ahora por delante era el de comenzar y terminar una tesis doctoral.

Varios temas le fueron propuestos, desde investigar y escribir sobre la historia de su propia denominación, la «Secesión de 1834», hasta una propuesta del mismo Kuyper con respecto a escribir una tesis relacionada al Antiguo Testamento (Kuyper estaba pensando en la facultad de profesores que tendría la futura Universidad Libre de Ámsterdam).

No obstante, Bavinck investigaría sobre otro tema y en otro lugar, dejando así su residencia en Leiden para escribir en Kampen.

La escritura para finalizar sus estudios teológicos

En una carta dirigida a Christiaan Snouck Hurgronje, Herman le indicó a su amigo el tema que abordaría en su investigación. Su tesis doctoral fue sobre la ética del reformador suizo Ulrico Zuinglio. Su supervisor fue Scholten, quien, para Herman, parecía ser una persona que no invertía mucho en sus estudiantes. De hecho, Bavinck mantuvo más interacción con Kuenen que con Scholten en el desarrollo de su tesis.

La primera obra teológica tendría algunas semillas que posteriormente crecerían en el pensamiento de Herman Bavinck, como, por ejemplo, la naturaleza de la fe y la importancia de las buenas obras. De hecho, una muy breve exposición de su tesis doctoral nos muestra que la lectura que Bavinck sostuvo de Zuinglio estaba más acorde con la clásica ortodoxia y ética reformada que con la visión que Scholten tenía del reformador en estudio.

En el capítulo 4 de su tesis, «La fuente de la vida cristiana: la fe», Herman describe la naturaleza de la fe en relación con lo religioso y ético. Para Zuinglio, la fe es el corazón de su teología y ética, y describe la fe como un «conocimiento de (*kennis van*)[29] y confianza en Dios».

La religión está muy ligada a la piedad, y se definen la verdadera piedad y la verdadera fe como una confianza firme en Dios, una absoluta dependencia en Dios donde nos rendimos completamente a Él. Esta íntima relación con Dios está estrechamente relacionada a la vez con la vida moral del hombre. De esta manera, para Zuinglio no existe una vida religiosa sin una vida moral.[30]

---

29. Destaco la palabra en holandés (*kennis*) porque, como veremos en los próximos capítulos, el conocimiento de Dios (*de kennis Gods*) será un aspecto vital en la teología de Bavinck.

30. Herman Bavinck, *De ethiek van Ulrich Zwingli* (Kampen: G. Ph. Zalsman, 1880), 48.

La conexión entre la doctrina de la elección y la fe es tratada en la investigación doctoral, donde la fe es el medio por el cual la elección se ejecuta en la vida.

En palabras de Zuinglio, *Signum electionis est Deum amare ac metuere*.[31] Es decir, «la señal de la elección es amar y temer a Dios». Al mismo tiempo, Bavinck describe que, de acuerdo con el reformador suizo, la fe se revela en buenas obras. La fe se debe revelar externamente, convirtiéndose en un poder que no solo controla la personalidad humana, sino también el Estado y la sociedad. Particularmente, Bavinck dice que esta visión es propia de la iglesia reformada. En sus palabras, «la historia de la Iglesia Reformada demuestra la verdad de esta declaración».[32]

La amplia visión de la fe y de las buenas obras se debe a que estas últimas son realizadas por Dios en la vida de los creyentes. Así, la centralidad de las buenas obras está en Dios porque Él es el *summum bonum* o, en español, el «bien supremo». Al mismo tiempo, se reconoce que todo lo bueno proviene de Aquel que es el bien mismo, Dios. Así, las palabras y las obras de las personas son buenas «solamente en comunión con Él [Dios]».[33]

Una potente implicación de lo anterior es que toda señal de flojera queda eliminada entre aquellos que sostienen una definición de fe desde una perspectiva reformada. En su tesis, Bavinck escribe que «si [Dios] mora en nuestros corazones por la fe, entonces no hay peligro de que esta doctrina de la fe convierta a los hombres [en] descuidados». Esta concepción de la fe no llevó a Zuinglio a retirarse del mundo para vivir una absoluta vida contemplativa, sino que la conciencia de estar unido a Dios fue un estímulo para una reforma holística, o, literalmente, una

---

31. *Ibid.*, 49.
32. *Ibid.*, 50.
33. *Ibid.*, 51.

«reforma de toda la vida». Así, la fe nos lleva a quebrar con el «principio del egoísmo», convirtiéndose al mismo tiempo en el «comienzo y el principio de una nueva vida».[34]

Debido a que la fe no es un asunto meramente intelectual, sino que involucra al hombre por completo en rendición a Dios, la hipocresía es altamente peligrosa para el teólogo cristiano. Bavinck escribe que «en la falsedad, que se adorna con la apariencia de piedad y que siempre nos aleja más de Dios, Zuinglio vio "el enemigo más cruel de la humanidad" (*atrocissimus hostis generis humani*) [...] el más dañino de todos los pecados, el más odiado por Dios y el más pernicioso para la vida cristiana».[35]

Debido a lo anterior, Herman habla de «hablar y vivir piadosamente». De hecho, uno de los principales requerimientos de un pastor es ser piadoso. Un punto que Jan Bavinck expresaría en un discurso cuando su hijo fuera instalado como profesor de la escuela teológica de Kampen posteriormente en 1883.

Al concluir su tesis, Bavinck muestra que el objetivo de Zuinglio fue traer al hombre de regreso a su destino, es decir, a Dios. Para esto, es necesaria la verdad, y esa verdad está en las Escrituras. De esta manera, la palabra de Dios debe dominar toda la vida.

La vida del cristiano supone una visión completa de la vida en general, reconociendo que «en la palabra de Dios, él [Zuinglio] vio la cura para todas las enfermedades, no solo de la Iglesia, sino también del Estado y la sociedad».[36]

---

34. *Ibid.*, 53.
35. *Ibid.*, 62.
36. *Ibid.*, 176.

Finalmente, en junio 1880, Bavinck recibió el grado de doctor en teología. Dejó registrado en su diario: «*Soli Deo Gloria*».

La publicación de su tesis como su primer libro fue bien recibida en sus círculos. El periódico de su denominación publicó: «Tomamos nota con mucha satisfacción: *La ética de Ulrico Zuinglio*, en el que nuestro joven amigo, el Dr. H. Bavinck, ha dado prueba de que su voz puede resonar entre los hombres de ciencia...». A pesar de manifestar una cierta amargura porque había estudiado en la facultad de teología de la Universidad de Leiden, el periódico expresó en la misma nota algo que no puede pasar desapercibido: «entendemos que a este joven doctor se le ha ofrecido una cátedra en la Universidad Libre Reformada, pero que la ha declinado».[37]

Así es, en mayo del mismo año, Abraham Kuyper le ofreció un puesto en la nueva Universidad Libre de Ámsterdam. Sin embargo, Bavinck declinó. De hecho, no sería la primera vez que rechazaría un puesto en dicha casa de estudios. Uno de los motivos lo veremos un poco más adelante.

Estando en Kampen, Bavinck se prepararía para ser ordenado como ministro del evangelio. A pesar de que su tiempo como pastor en la localidad de Franeker fue breve, su servicio a la iglesia se haría más tangible al ayudar en la formación teológica de los próximos ministros. En ese nuevo período de su vida, en Kampen, escribiría una importante obra que influiría, hasta el día de hoy, la formación teológica de los cristianos evangélicos y reformados alrededor de todo el mundo.

---

37. Citado en Eglinton, *Bavinck*, 103.

Conclusión

La vida de Jan y Herman Bavinck nos dan a conocer un tremendo desafío que experimenta cada cristiano: cómo ser fieles al Señor en la medida que abrazamos la fe dada una vez a los santos de todas las edades mientras que, al mismo tiempo, estamos comprometidos con proclamar las buenas nuevas en contextos de grandes cambios.

Sin duda, la educación y formación recibida por padres creyentes fue esencial. Esta formación involucraba primeramente la declaración de la exquisita realidad de que el Dios de los padres debe ser el Dios de los hijos. La comunión íntima de Jehová, en el pacto de gracia, es experimentada en familias consagradas al Señor. Para los Bavinck, esto no significó aislar a sus hijos de la sociedad, sino más bien integrarlos a un mundo que, en medio de las transformaciones sociales, necesitaba la verdadera transformación del corazón dada por el evangelio.

Pero ¿cómo una sociedad cambiante oirá el inmutable y hermoso mensaje del evangelio si no hay quién les predique? Y ¿cómo predicarán si no hay una buena formación teológica que esté enraizada en la Escritura y, que, a la vez, considere los credos y las confesiones de fe? Al mismo tiempo, ¿cómo predicarán si no conocen la cultura ni las personas que los rodean? Por último, ¿cómo predicarán sin corazones llenos y transformados por el Espíritu Santo?

Las decisiones que tomó Herman luego de terminar sus estudios teológicos nos ayudarán a responder estas preguntas. Esto lo veremos en los próximos capítulos, donde expondré las principales ideas de la teología y la ética del joven pastor y profesor Bavinck.

3
PASTOR Y [FUTURO] TEÓLOGO

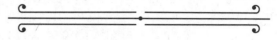

¿Cómo, pues, invocarán a Aquel en quien no han creído?
¿Y cómo creerán en Aquel de quien no han oído? ¿Y cómo
oirán sin haber quien les predique? ¿Y cómo predicarán si
no son enviados? Tal como está escrito:
«¡CUAN HERMOSOS SON LOS PIES DE LOS QUE ANUNCIAN
EL EVANGELIO DEL BIEN!».
—Pablo a los romanos[1]

El Señor ha unido Su bendición a la predicación
de Su Palabra. Es a través de esta predicación que la
iglesia es preservada y continúa históricamente.
A través de la predicación, en conexión con las
señales y los sellos del pacto [de gracia], la iglesia
es fortalecida y edificada en la santísima fe y es
incorporada en el cuerpo de Cristo.
—Herman Bavinck, *El servicio de la predicación*[2]

El apóstol Pablo fue un hombre transformado por la gracia del
Señor.

---

1. Romanos 10:14-15.

2. Herman Bavinck, «*De predikdienst*», en *Kennis en leven: opstellen en artikelen uit vroegere jaren*, compilado por Ds C.B. Bavinck (Kampen: J. H. Kok, 1922), 78-85. Traducción propia.

Aquella transformación produjo tal cambio en su corazón
que las verdades del evangelio no podían quedar encerradas
en las cuatro cavidades de su corazón; el evangelio debía ser
proclamado a todos, sin distinción de personas. Pablo sabía
que Cristo fue el predicador por excelencia, por lo tanto, como
cristiano no podía dejar de expresar aquello que abundaba en su
corazón. «Porque si predico el evangelio, no tengo nada de qué
gloriarme, pues estoy bajo el deber de hacerlo. Pues ¡ay de mí si
no predico el evangelio!» (1 Cor. 9:16).

La predicación no era un asunto opcional para Pablo. La riqueza
del conocimiento de la gloria de Cristo era el vestido, el agua, el
alimento, el aire, la roca y la vida misma que cada ser humano,
nacido muerto espiritualmente, necesitaba. Este mensaje era
libremente ofrecido principalmente a través del medio que
a Dios le agradó utilizar para la salvación de las personas: la
predicación del evangelio.

La predicación del evangelio es un deber y un honor
comisionado a cada persona que ha abrazado a Cristo el Señor.
En palabras de uno de los primeros pastores de la Iglesia
Libre de Escocia, Thomas Guthrie (1803-73), el privilegio de
compartir el evangelio «no está reservado [exclusivamente]
para los púlpitos». Esta hermosa responsabilidad es
compartida por «los jóvenes que [...] enseñan en las clases
dominicales; [por] la madre, con sus hijos reunidos alrededor
de ella, con una dulce solemnidad en su rostro y con una
Biblia abierta descansando en su rodilla; [por] el amigo; [y
por] cualquier hombre que amablemente toma a un pobre
pecador de la mano, y ofreciendo guiarlo, lo insta a ir al
Salvador».[3]

---

3. Thomas Guthrie, *The Gospel in Ezequiel Illustrated in a Series of Discourses*
(Edimburgo: Adam and Charles Black, 1861), 13. Este ejemplo lo adapté de una
parte del tercer capítulo de mi libro *Teología para toda la vida. La práctica pastoral de
John Knox, Samuel Rutherford y Thomas Guthrie* (Viña del Mar: Mediador Ediciones,
2021).

Sin embargo, debemos entender que, entre todas las personas, Dios comisiona a ciertos hombres para ser siervos o ministros del evangelio. En otras palabras, Dios aparta a hombres que presentan un llamado interno —confirmado por un llamado externo— para ser ministros de la Palabra y los sacramentos en el poder del Espíritu Santo.

Dios aparta a hombres de Dios para servir al pueblo de Dios en el poder del Espíritu de Dios.

Históricamente, en las iglesias cristianas reformadas hay un proceso que los candidatos al sagrado ministerio deben seguir. Aparte de sus estudios, los candidatos se preparan para tomar exámenes teológicos en sus respectivas denominaciones. En el caso de Herman, él tomó sus exámenes en 1880, donde además de los miembros de la junta de la Escuela Teológica de Kampen, familiares y amigos también podían asistir al evento. Luego de aprobar sus exámenes, Bavinck tomó dos decisiones. Su diario registra lo siguiente:

> 1 de noviembre, nueve de la mañana: a Leiden nuevamente para hablar con el reverendo Donner sobre la publicación de *Synopsis*. Esta edición aparecerá bajo mi dirección [...] por la tarde a Kampen nuevamente.

> 2 de noviembre: Acepté el llamado a [la iglesia de] Franeker y decliné [el llamado] de Broek op Langendijk.[4]

Estas dos notas del mes de noviembre nos demuestran que él quería continuar desarrollando el espíritu de un teólogo académico a través de la edición de *Synopsis* en una ciudad que ya no contaba con la famosa universidad de Franeker.[5] Además,

---

4. Citado en Eglinton, *Bavinck*, 112-13.

5. La universidad había contado con importantes teólogos reformados, como William Ames y Johannes Bogerman (presidente del Sínodo de Dort), además de filósofos como René Descartes. Esta universidad dejó de funcionar en 1843.

en Franeker, Bavinck desarrollaría un breve ministerio pastoral donde, al mismo tiempo, continuaría formándose como ministro y teólogo reformado a través de la clásica republicación de la *Synopsis Purioris Theologiae*.

Ahora, ¿qué es la *Synopsis* y por qué Bavinck consideró trabajar en la edición de esta vieja «teología sistemática»?

La *Synopsis Purioris Theologiae*, o «la sinopsis de teología pura», representa parte de la consolidación de la teología reformada holandesa después del Sínodo de Dort (1618-19).

Desde 1620 hasta 1624, cuatro profesores de la universidad de Leiden mantuvieron un ciclo de disputas en torno a distintos temas doctrinales. ¿El resultado? En 1625, estos cuatro profesores —Antonius Thysius (1565-1640), Johannes Polyander (1568-1646), Antonius Walaeus (1572-1639) y Andreas Rivetus (1573-1651) publican cincuenta y dos disputas en un libro que durante cincuenta años se convirtió en un manual leído y estudiado por aquellos que estaban recibiendo una educación teológica reformada. En otras palabras, la *Synopsis* fue un importante tratado teológico consultado por ministros y teólogos a mediados del siglo XVII.

Después de su quinta edición en 1658, la *Synopsis* fue decayendo en uso. Sin embargo, en 1881, una nueva y sexta edición vio la luz bajo la mano editorial del joven doctor Bavinck.

La primera disputa (o el primer capítulo) de la *Synopsis* nos vuelve a recordar un aspecto clave de la teología reformada y que era justamente desarrollada en la academia: la relación entre piedad y teología.

Uno de sus autores —Polyander— define la teología como «el conocimiento [*scientiam*] o sabiduría [*sapientia*] de los asuntos divinos que Dios ha revelado a Su pueblo en este mundo a través de los ministros de Su Palabra [...] para guiarlos al conocimiento de la verdad que es de acuerdo con la piedad [*secundum pietatem*]».⁶ Indudablemente, al ser un tratado reformado, la *Synopsis* describe la gloria de Dios como el fin principal de la teología (*ultimus theologiae finis*). Debido a que la teología posee una naturaleza teórico-práctica, la piedad es «puesta al servicio de nuestra felicidad y de la gloria de Dios».⁷

Al editar este importante libro de ortodoxia reformada, Bavinck le mostró al mundo que haber estudiado en Leiden (escuela modernista) no significaba que él abrazara la teología modernista liberal. Todo lo contrario. La edición de esta obra le permitió profundizar más en la ortodoxia clásica reformada.

En una carta a su amigo Christiaan Snouck Hurgronje, fechada en 1882, Bavinck le escribe que él editó la *Synopsis* «para al mismo tiempo, estudiar un poco de teología reformada. Estoy mejor versado en ella ahora que antes. Y ha tenido una gran influencia en mi propia perspectiva teológica. A mi modo de ver, una positiva».⁸

En una previa carta a Snouck Hurgronje, escrita en 1881, Bavinck realiza un comentario similar donde indica que, al leer este tipo de material, se estaba volviendo «más y más reformado», algo que afectaba no solo su teología, sino también su carácter, y que se estaba volviendo «más modesto» en sus

---

6. *Synopsis of a Purer Theology*. Texto en latín y traducción al inglés. Volumen 1/ disputas 1-23. Editado por Dolf te Velde, traducido por Riemer A. Faber (Leiden: BRILL, 2015), 35.

7. *Ibid.*, 43.

8. Citado en Henk van den Belt y Mathilde de Vries-van Ude, «*Herman Bavinck's Preface to the Synopsis Purioris Theologiae*», en *TBR* 8 (2017): 101–114.

convicciones, lo cual lo llevaba a bajar de la «posición orgullosa de juzgar todo según mi mente y mi razón».[9]

Sin embargo, de una u otra manera, los años de estudio en la academia modernista afectaron su vida, revelando un tipo de tensión en su espiritualidad.

En enero de 1881, a solo unos meses de ser instalado como pastor en Franeker, Bavinck abre su corazón para expresar que «algo debía permanecer» si «la verdad ha de ser dulce y preciosa». Esto no solamente hacía referencia a querer continuar estudiando, sino a cómo las convicciones del corazón se expresan en la labor ministerial. En esta carta, también dirigida a Snouck Hurgronje, habla de las influencias de sus profesores modernistas Kuenen y Scholten:

> Quizás la interacción con la congregación, con gente
> sencilla y piadosa, me dará lo que el estudio no puede.
> No, es verdad, Kuenen y Scholten no han tenido mucha
> influencia en mí [...], si con eso te refieres a la pérdida
> de las verdades de fe, y la adopción de otras, [como] de las
> suyas [Kuenen y Scholten]. Pero [ellos] han influido (como
> no podía ser de otra manera) en la fuerza y la manera en que
> yo abrazo estas verdades. La ingenuidad de la fe infantil, de
> la confianza sin límites en la verdad que me infundieron, ya
> ves, [eso] es lo que yo he perdido, y eso es mucho, mucho;
> de esta manera, esa influencia ha sido grande y fuerte.

> Y ahora lo sé, que nunca recuperaré eso. Incluso encuentro
> esto bueno, y estoy verdadera y sinceramente agradecido de
> haberla perdido. También había mucho en esa ingenuidad
> que era falso y necesitaba ser purificado. Pero, aun así, hay
> en esa ingenuidad (no conozco mejor palabra), algo que
> es bueno, que es un consuelo; algo que debe permanecer,

---

9. *Ibid.*

si la verdad ha de ser dulce y preciosa para nosotros. Y si a veces —muy ocasionalmente, porque, oh, ¿dónde está la fe sólida como una roca de antaño en nuestra era?— me encuentro con personas en la congregación que tienen esto, y están tan bien ahí y son tan felices, ahora, no puedo evitar desear volver a creer como ellos, tan felices y alegres; y luego siento que, si tuviera eso, y pudiera predicar así, inspirado, cálido, siempre plenamente convencido de lo que digo, sí, como uno de ellos, oh creo, entonces sería fuerte, poderoso, entonces podría ser útil; yo mismo vivo, podría vivir para los demás.[10]

Bavinck confiesa que las verdades ortodoxas no fueron derribadas en él. Sin embargo, sus profesores sí afectaron cómo estas verdades eran atesoradas por Herman.

La lectura de esta carta nos muestra que, de una u otra manera, somos afectados por quienes nos están enseñando. Quizás podemos estar agradecidos por algunas enseñanzas falsas que hemos dejado en nuestro peregrinaje cristiano y que, a la vez, estaban mezcladas con la devoción al Señor. Sin embargo, el último punto es lo que nunca debemos perder: la devoción y la pasión por la gloria de Dios.

Necesitamos que, en el poder del Espíritu Santo, la teología que estamos aprendiendo sea un instrumento utilizado por Dios para avivar nuestros corazones en nuestro amor por Dios y el prójimo.

En otras palabras, necesitamos una teología viva. Bavinck se dio cuenta de eso, y como veremos más adelante, esa fue la teología que él desarrolló, una teología para toda la vida en servicio al Rey Jesucristo y Su reino.

---

10. Citado en Eglinton, *Bavinck*, 116.

El reino de Dios, el bien supremo

3 de febrero [1881], tarde del jueves, desde las siete y media hasta las diez: Di una conferencia para los estudiantes sobre «el reino de Dios, el bien supremo».[11]

Un poco antes de comenzar su trabajo pastoral en Franeker, Bavinck se reunió en Kampen con los estudiantes y profesores —junto a sus esposas— en la Escuela Teológica de su denominación para exponer sobre un particular tema: el reino de Dios. Es clave mencionar que esta charla contiene los elementos básicos que formarán parte del pensamiento reformado y neocalvinista de un Bavinck ya más maduro.

El neocalvinismo

Pienso que es importante detenernos aquí para explicar de manera general qué es el neocalvinismo y, así, no confundirlo con otros movimientos ni tampoco reducirlo a lo que dijo exclusivamente un hombre, como Abraham Kuyper, por ejemplo. En otras palabras, el neocalvinismo no puede ser completamente reducido al pensamiento de un solo hombre, ni puede ser igualado a movimientos desarrollados más adelante y que recibieron inspiración del neocalvinismo, tales como la «filosofía reformacional» o el *new calvinism* (nuevo calvinismo), desarrollados en América del Norte.

En términos históricos, el neocalvinismo fue un movimiento que comenzó en la segunda mitad del siglo xix y que terminó en los primeros años de la segunda década del siglo xx en Holanda, con la muerte de sus principales líderes (Bavinck y Kuyper).

---

11. *Ibid.*, 117.

Frente al modernismo y el liberalismo teológico que atacaban la ortodoxia cristiana de los seminarios reformados, Kuyper y Bavinck desarrollaron una teología y una cosmovisión basadas en la *esencia* de las *viejas* verdades cristianas y reformadas que, al mismo tiempo, eran comunicadas y desarrolladas en una nueva *forma* que correspondía al *nuevo* contexto en que ellos se encontraban. Estas convicciones recuperaron y aplicaron la visión y confesionalidad del cristianismo reformado clásico, frente a los desafíos que planteaba el nuevo contexto social de la modernidad tardía. Los profesores Cory Brock y Nathaniel Gray Sutanto definen este movimiento de la siguiente manera:

> El neocalvinismo fue un avivamiento de la teología confesional reformada en los Países Bajos que comenzó aproximadamente con el ascenso de Kuyper como teólogo, con la fundación de la *Vrije Universiteit* [Universidad Libre de Ámsterdam] en 1880, la formación de *Gereformeerde Kerken* [Iglesias Reformadas] en 1892 y su sistematización en la producción teológica de Herman Bavinck.

> Su distintivo más maduro no fue primero en la teología política, la filosofía reformacional o los modelos teológicos públicos para la relación entre la iglesia y el orden social, sino en su matrimonio cuidadoso, matizado y único entre la dogmática confesional reformada clásica y la filosofía y teología modernas que le permitió hablar la dogmática reformada a un mundo moderno europeo en particular.[12]

---

12. Cory Brock y Nathaniel Gray Sutanto, *Neo-Calvinism. A Theological Introduction* (Bellingham: Lexham Press, 2022), 4. Una frase que resume la cosmovisión reformada del neocalvinismo nace justamente en la Universidad fundada por el propio Abraham Kuyper. En octubre de 1880, en plena inauguración de la Universidad Libre de Ámsterdam, Kuyper declaró que «no hay una pulgada cuadrada en todo el campo de la existencia humana sobre la que Cristo, que es Señor sobre todo, no clame "¡mío!"». Fue en esta universidad donde a partir de 1902 Herman Bavinck comienza a enseñar dogmática.

Es notable la segunda observación de Brock y Sutanto. Toda la
cosmovisión y la aplicación de las ideas neocalvinistas en las
distintas esferas de la vida (familia, ciencia, cultura, educación,
arte, etc.) son correctamente formuladas si en primer lugar
consideramos el potente fundamento teológico cristiano y
reformado de este movimiento; es decir, el neocalvinismo fue
un movimiento teológicamente centrado en Dios y Su reino. A
la vez, la forma de comunicar y aplicar estas verdades fue acorde
a la época en la que Kuyper y Bavinck estaban viviendo. Ellos no
repristinaron (es decir, restaurar o copiar de manera exacta)
las viejas *formas* del siglo XVI o XVII; sino más bien conservaron
la *esencia* de la ortodoxia cristiana y reformada mientras que
al mismo tiempo, *contextualizaron* la manera de comunicar y
aplicar estas verdades.

Neocalvinismo

No es idéntico a:
New calvinism o nuevo calvinismo

Siglo XIX   *Siglo XX*

1880-1921

Recupera   **Desarrolla y contextualiza**
Teología cristiana   Teología para todas las
trinitaria y ortodoxia   esferas de la vida:
reformada expresada
en credos, confesiones   - devocional   - política
de fe y catecismos   - familiar   - educación
                                       - eclesiástica   - cultura
                                       - ciencia

sobre la base de

Fundamento teológico
bíblico-trinitario

El génesis de las ideas neocalvinistas del joven Herman puede ser detectado en la charla que dio para los estudiantes del seminario reformado de su denominación en Kampen. El nuevo rector del seminario, Maarten Noordtzij (1840-1915) también era parte de aquellos que estaban siguiendo el camino «desde la separación a la integración». De una u otra manera, esto fue atrayendo a Bavinck para unirse a un seminario que estaba siguiendo esa ruta. La visión de Bavinck y el seminario reformado apuntaba a aquello que debía ser el bien supremo para los estudiantes y profesores de teología: Dios y Su reino.

La charla, que posteriormente fue publicada, se divide en cuatro puntos principales. El primero trata de la esencia del reino de Dios; el segundo, de la relación entre el individuo y el reino; el tercero, del reino y la comunidad. El último encabezado desarrolla la consumación del reino de Dios.

Una de las cosas que debemos tener en cuenta a la hora de estudiar a Bavinck es la importancia del concepto de unidad.[13] Este concepto lo trata en la primera parte con respecto a la esencia del reino. El bien constituye una unidad. Por el contrario, el pecado disuelve. Para Herman, el pecado es lo que propaga el «individualismo hacia el extremo».

Posteriormente, en sus clases de ética enseñaría que la «mirada atomista fue el error de los filósofos franceses como Rousseau, y es el error fundamental del pensamiento revolucionario [...]. Nuestros padres no conocieron la palabra "individualismo" porque para ellos no existían meros individuos; ser humano fue siempre ser la imagen de Dios, un miembro de la raza

---

13. Algunos de los párrafos de esta sección fueron modificados a partir del prólogo que escribí para la traducción al español de Herman Bavinck, *El reino de Dios, el bien supremo* (Santiago de Cali: Editorial Monte Alto, 2021). Abreviado de ahora en adelante como *RDBS*.

humana».[14] Contrario al pensamiento revolucionario, Bavinck postula que el bien constituye una unidad. Además, lo bueno es al mismo tiempo hermoso, y dirige nuestros corazones a Aquel que en sí mismo es la bondad y la hermosura misma. Así, «el reino de Dios en su perfección es la unidad de todos los bienes morales».[15]

Otro punto que marcaría la teología de Bavinck es su discrepancia sobre la separación dualista que se contrapone a la unidad. Este dualismo es identificado en distintos grupos, tales como en el liberalismo teológico, como también en algunas tendencias pietistas separatistas que incluso Bavinck ve en algunas personas de su propia tradición. Este dualismo tiene que ver, por ejemplo, con la separación o el conflicto entre las obras de Dios en la creación (naturaleza) y Sus obras en la salvación (gracia). Si bien Bavinck distingue entre estas obras, esta distinción no se traduce en una separación o conflicto que, en distintos grados, algunos grupos dualistas postulan.

Para Herman, el reino consiste en la totalidad de los bienes visibles e invisibles.[16] Esta diversidad (entre lo visible e invisible, terrenal y espiritual) en la unidad lleva a entender el reino de Dios como un organismo cuya cabeza o rey es Cristo. En otras palabras, Bavinck se opone a un dualismo separatista, mientras que, al mismo tiempo, celebra la *diversidad en la unidad*.

El carácter orgánico del reino comprende el carácter católico o universal de este. Es decir, el reino no está atado a lugares o tiempos específicos, sino que se extiende a todos los tiempos, alcanzando gente de toda tribu, lengua y nación.

---

14. Herman Bavinck, *Reformed Ethics. Volume One*. Editado por John Bolt (Grand Rapids: Baker Academic, 2019), 49. De aquí en adelante, abreviado como *RE I*.

15. *RDBS*, 39.

16. *Ibid.*, 38.

La riqueza de esta catolicidad también abarca todas las áreas del conocimiento humano. Particularmente, y para destacar que el neocalvinismo es un movimiento teológico en primer lugar. Por lo tanto, y a modo de ejemplo, una correcta cristología (es decir, lo relacionado a la persona y obra de Cristo) es vital para tener un correcto acercamiento a las ciencias, por ejemplo. De acuerdo con Bavinck, «la encarnación del Verbo, hecho primordial y principio fundamental de toda ciencia, es también el comienzo y el principio permanente del reino de Dios».[17] De esta manera entendemos que Cristo es soberano tanto en la salvación como también en todas las ciencias.

En el segundo punto, Bavinck se enfoca en el individuo. Si bien Herman se opone a todo tipo de individualismo, esto no significaba un rechazo a la belleza que tiene cada individuo en particular. De hecho, el reino de Dios está constituido por personalidades libres que han rendido sus vidas al señorío de Cristo, y que, por lo tanto, viven de acuerdo con la voluntad de Dios expresada en Su ley.

Esta rendición a Cristo se realiza de manera consciente, con todas las fuerzas y de manera permanente. Aquí, Bavinck enfatiza la realización de cada vocación terrenal en el ejercicio del llamado celestial. Así, el joven teólogo se opone a las tendencias de extremos ascéticos/pietistas, como también los extremos teóricos/materialistas. En otras palabras, el cristianismo no plantea un conflicto entre las vocaciones terrenales y el llamado a la patria celestial.

En el tercer capítulo, Bavinck pone al individuo junto a otros individuos. De esta manera, el individualismo de cada individuo es mortificado, mientras que la personalidad del

---

17. *Ibid.*, 46.

individuo se desarrolla en un contexto muy enriquecedor: la comunidad. En palabras de Bavinck:

> El reino de Dios es el bien supremo, no solo para el individuo sino también para toda la humanidad. Es un proyecto comunitario que solo puede realizarse mediante la unión de fuerzas. Es el bien más universal imaginable y, por lo tanto, también el destino y la meta de todas las esferas de vida que existen en una sociedad.[18]

Dentro del aspecto comunitario, Bavinck identifica tres grupos que ayudan al desarrollo de la personalidad humana en el reino de Dios: el Estado, la Iglesia y la cultura. El Estado «regula las relaciones mutuas; la Iglesia norma su relación con Dios y la cultura gobierna las relaciones con el cosmos o el mundo». Es interesante que la familia no es una cuarta esfera al lado de las otras tres, sino más bien, «el fundamento o modelo» de ellas. Es en la familia donde apreciamos un reflejo de cada una de estas esferas, siendo esta un «pequeño reino» que existe para el mayor bien, el reino de Dios.

En el punto anterior, podemos ver la influencia de Abraham Kuyper en Bavinck con respecto a la idea de «la soberanía de las esferas».[19] Es decir, la independencia que existe entre las esferas del Estado, Iglesia y cultura, y, al mismo tiempo, la

---

18. *Ibid.*, 61.

19. La idea de la soberanía de las esferas, postulada por Kuyper principalmente, se refiere a la comprensión de que Cristo es el soberano en toda la creación. Es decir, soberano en todas las esferas de la creación. Por ejemplo, en esta charla, Bavinck habla de cuatro esferas principales (familia, iglesia, estado y cultura). Al mismo tiempo, Cristo el Soberano «ha dado autoridad relativa y libertad a cada dominio de la vida». Así, las esferas son independientes unas de otras, mientras que, al ser absolutamente dependientes de Cristo, estas esferas se relacionan sanamente entre sí sin ejercer dominio entre ellas. Tal como Brock y Sutanto mencionan, «la división de las esferas y la separación de autoridades es la obra de Dios para impedir que cualquier ser humano posea el poder absoluto». Ver Brock y Sutanto, *Neo-Calvinism*, 272-278.

dependencia y sujeción de estas esferas al señorío de Cristo. En la misma línea, y con respecto a la relación entre Iglesia y reino de Dios, Bavinck es capaz de distinguir entre ambos.

Es importante considerar que Herman distingue y no separa. Esto es porque, si bien «la iglesia no es en sí misma el reino de Dios en su totalidad», sin embargo, «es el fundamento indispensable del reino de Dios, el preeminente y mejor instrumento [...], el corazón, el núcleo, el centro vivo del reino de Dios». De esta manera, la iglesia consagra la vida religiosa del pueblo, y a partir de esa santificación, toda la vida cívica, política y moral de la persona es consagrada para el servicio del Rey. Así, el domingo es guardado para luego santificar todo el resto de la semana.

La teología reformada de Bavinck desarrolla una piedad y una cosmovisión que se extienden a todas las áreas de la vida, nutriendo tanto el *culto* como la *cultura*. Así, nos preparamos para glorificar a Dios aquí y en la eternidad.

Es importante preguntarnos cuál es el fundamento de este reino, y, a la vez, de dónde obtenemos sus principios. Para Bavinck, la respuesta se encuentra en la Escritura. La Biblia es el libro del reino de Dios que, a la vez, es la palabra de Dios escrita dirigida a todas las naciones en cada tiempo.

Del mismo modo que el reino de Dios no se desarrolla al lado y por encima de la historia, sino en y a través de la historia del mundo, la Escritura debe ponerse en relación con toda nuestra vida, con la vida de todo el género humano.

Para que esto sea una realidad en las vidas de las personas, es justamente la palabra de Dios la que debe ser predicada. Herman Bavinck se uniría a una importante lista de individuos que, aparte de ser teólogos, eran predicadores. Bavinck fue un predicador porque fue ordenado como ministro de la palabra de Dios.

Bavinck, el predicador

En marzo de 1881, aproximadamente un mes después de dar la charla sobre el reino de Dios, Bavinck se trasladó a Franeker para comenzar con sus labores ministeriales luego de aceptar el llamado de la iglesia en noviembre de 1880. En esta etapa, Herman experimentó cierta soledad. Sin padres ni esposa, el joven pastor de veintiséis años le expresó a su amigo Cristiaan que, en casa, se encontraba «solo», mientras que fuera de casa, era solamente «el ministro».

Bavinck quería tener una esposa, y entablar también conversaciones en un tono más familiar con aquellos que lo rodeaban. La situación fue cambiando poco a poco, tal como dejó por escrito en su diario cuando personas de su congregación lo visitaron con algunos regalos para el día de su cumpleaños. A la vez, como iglesia —que no tuvieron buenas experiencias con los pastores previos a Herman— fueron creciendo en número. Algo que también Bavinck dejó por escrito en una carta a Cristiaan fue que la congregación había «estado satisfecha con mi predicación».

¿Cuáles son los principios que Bavinck menciona que deberían tener los ministros a la hora de predicar? En enero de 1883, Bavinck publicó un artículo en el periódico *De Vrije Kerk* [La Iglesia libre] llamado *De Predikdienst*. Ahí, Herman vuelve a recordar la vital tarea de cada ministro del evangelio: predicar el evangelio en demostración de Espíritu y de poder.

El servicio de la predicación

> Me consuelo con esto, que yo, en mi posición de
> predicador, no trabajo sin bendición. Cuando los viejos
> piadosos vienen a mí, y me dicen cómo son fortalecidos
> y consolados a través de mi palabra, u otros, que ahora
> conocen y llevan una vida totalmente diferente [que
> antes], eso me anima y recibo la impresión de que no
> he vivido ni sigo viviendo en esta tierra de una manera
> totalmente inútil. Y tales momentos no tienen precio y no
> podrían ser compensados por nada más.[20]

Como hemos visto, las cartas de Herman a su amigo Cristiaan
nos muestran un destello más íntimo del pastor y teólogo.
Para Bavinck, era un motivo de consuelo ver cómo los demás
eran transformados por la predicación del evangelio. Si bien
es cierto que solamente hay un sermón publicado de Herman,
su diario nos muestra que esta era una actividad recurrente
en él.

Es clave destacar un detalle de la carta anterior. Las personas
crecían en su proceso personal de santificación a través de la
predicación. Para Bavinck, una de las cosas que las iglesias
cristianas (y en este caso, reformadas) tenían que hacer era
crecer en humildad. Y para crecer en humildad, los cristianos
debían prestar más atención a la importancia de la palabra
predicada. Es así como comienza su artículo *De Predikdienst*,
que en español puede ser traducido como el «servicio de la
predicación»:

> Siempre lleva a la melancolía pensar cuánto todavía
> nos falta en la práctica de nuestra confesión cristiana

---

20. Jan de Bruijn y George Harinck, editores, *Een Leidse vriendschap Herman
Bavinck en Christiaan Snouck Hurgronje over christendom, islam en westerse beschaving*
(Hilversum: Uitgeverij Verloren, 2021), 89.

[...]. Para aquellos que confiesan a Jesús el Cristo —en particular, aquellos que son miembros de nuestra Iglesia—, una enseñanza debe ser continuamente mantenida: no sean soberbios, sino más bien, teman. Sean vestidos de humildad.

La humildad, como es correctamente mencionada, es la vestidura que siempre nos encaja, que solamente nos cubre, que exclusivamente nos adorna [...]. Para cultivar aquella humildad cristiana, es necesario prestar mucha atención a las cosas que todavía nos faltan y que pueden guardarnos de jactarnos.

Piensa solamente en el servicio de la predicación. La era del poder del púlpito ya ha pasado...[21]

Así como la humildad es vital en la vida del cristiano, la predicación es vital para cultivar la humildad.

En otras palabras, la falta de humildad en la vida del cristiano tiene parte de su origen en una falta de interés en la predicación y el servicio que se realiza en el día del Señor. Bavinck reconoce que uno de los problemas que enfrentan los cristianos de su época es la falta de asistencia a los dos cultos cada domingo.[22] A la vez, lamentablemente el espíritu de la época ha llevado a que los cristianos no solamente piensen erróneamente que cada domingo tan solo «van a la iglesia», sino también que el activismo ha permeado la actitud de los creyentes. Según Bavinck, «vivimos en una época de extraordinaria actividad. Un siglo de vapor y poder [...]. Ya no pensamos en el descanso, el silencio y la calma [...] el tiempo es oro y el oro es el alma de

---

21. Bavinck, *De Predikdienst*, 78.

22. Generalmente, en las iglesias presbiterianas y reformadas hay dos cultos en el día del Señor. En el caso de las iglesias de tradición reformada holandesa, en el culto de la tarde se predica la Palabra del Señor siguiendo las preguntas y respuestas del Catecismo de Heidelberg (1563).

los negocios. Qué es lo que da o para qué sirve es la pregunta del día».[23]

Números, resultados, activismo y falta de contemplación caracterizaban a la sociedad moderna. Lamentablemente, para los cristianos ya no se trataba de sentarse quietos ante la Palabra, sino de enfatizar o mostrar la fe por las obras: «decir lo que haces, lo que das [y] lo que has alcanzado».[24] ¿Cuál es el resultado de esto? La falta del ejercicio de examinarnos a nosotros mismos. Si bien es cierto que en otros escritos Bavinck se opone al excesivo ejercicio de la «autoexaminación» que se realiza en una actitud más bien legalista, aquí se destaca la importancia del sano ejercicio espiritual. El activismo lleva a que:

> todo lo que pertenece a la vida quieta de la fe quede en segundo plano y se desvanezca. En el presente, uno ya no puede dedicarse más a la atenta examinación de los «pasos» de la vida espiritual, a la fina y precisa distinción de la verdadera y falsa fe y vida, al amplio resumen de las marcas y características de la verdadera vida cristiana. Hay algo más que hacer. [Lamentablemente] el cristianismo debe desplegar su poder no en la profundidad, sino en lo largo y ancho. Y, entonces, uno ya no tiene el tiempo ni el deseo de ir a la iglesia dos veces en el día de reposo [domingo] para escuchar a veces una predicación por una hora, viniendo de la boca de un maestro que uno ha escuchado tan a menudo.[25]

La radiografía de Bavinck es tal que también menciona que los cristianos estarían más dispuestos a escuchar una cátedra o una

---

23. Bavinck, *De Predikdienst*, 79.

24. *Ibid.*

25. *Ibid.*

charla popular sobre «colegios y educación» o «misiones» de un «celebrado orador», es decir, de alguien del quien podamos aprender algo «nuevo» y «asombroso». Pero escuchar un sermón que trata del mismo tema, el cual carece de todo el «atractivo de lo nuevo», no puede esperarse de una generación impaciente.[26]

El porqué vamos a la iglesia, el motivo de participar del culto público en el día del Señor, parece olvidado. La idea de que Dios nos ha hecho sacerdotes, y que debemos servir al Señor, parecía ser mal entendida por algunos de la generación descrita por Herman.

¿De qué se trata entonces el sacrificio espiritual que deben realizar los cristianos cada domingo hasta que Él venga? Bavinck responde en su artículo: «este sacrificio consiste en la confesión del nombre de Cristo, en la adoración a Dios, en la comunión de la intercesión de Cristo y en la presentación de los dones para el servicio de la obra de Dios y de los pobres hermanos de Cristo».[27]

En la descripción de Bavinck, vemos la dimensión comunitaria del culto cristiano donde existe una comunión con Dios en Cristo, y a la vez con los hermanos. Toda idea individualista es descartada de inmediato. Dios desea ser invocado «abiertamente» y «colectivamente». Dios debe ser confesado abiertamente debido a dos principales motivos. El primero, debido a Su dignidad; el segundo, porque al mundo le corresponde escuchar que Dios es reconocido como el Dios de Su pueblo. Todo esto se debe realizar colectivamente en el contexto de la relación de pacto que Dios tiene con Su pueblo. Así, el culto público cristiano es colectivo porque:

---

26. *Ibid.*, 80.

27. *Ibid.*

Dios solamente desea y reconoce a los creyentes como
el cuerpo de Cristo, como completamente organizados
en Cristo, y Dios no quiere tener comunión con aquel
individuo que está fuera del cuerpo, es decir, fuera de
Cristo, como en los tiempos antiguos, cuando un israelita
se separaba a sí mismo de Israel. Para esto es la reunión
de los creyentes en el día de reposo. Cada congregación
local representa el cuerpo de Cristo. Sus miembros son
llamados al servicio sacerdotal en la congregación, es
decir, en el santuario de Dios. Como sacerdotes, ellos se
reúnen, ofreciendo a Dios los sacrificios de alabanza y
agradecimiento, peticiones y súplicas; ofrecen sus dones
para el santuario y sus hermanos. Esta es la esencia, el
glorioso propósito, el deleite de nuestras reuniones los
domingos, o cuando sea.[28]

La visión global que tiene Bavinck con respecto a aquellos
que adoran a Dios es tal que no se queda solamente con los
miembros de la congregación local, sino que se extiende a una
Iglesia que incluso abarca la congregación celestial. Toda la
Iglesia adora al Señor.

He ahí la importancia del llamado que tiene el predicador.
Él debe enseñar a la congregación el significado del culto
cristiano. Es decir, que los creyentes no asisten al culto como
simples y pasivos oidores de la Palabra predicada, sino que
juntos, sirven como sacerdotes que ofrecen sus dones y alabanza
a Dios.

Si lo anterior no es entendido, esto no se debe solamente a
una falta en los miembros de la congregación, sino también
a una falta de los propios ministros o predicadores. Si bien el
sermón no es el único elemento, o el trabajo principal de la

---

28. *Ibid.*, 81-2.

adoración colectiva, es, sin embargo, el punto más importante de la reunión y la adoración. Cristo gobierna Su Iglesia a través de Su Palabra y Espíritu, particularmente a través de la Palabra predicada; no a través de la «Palabra leída o cantada, sino a través de la Palabra hablada».[29]

Para Bavinck, es vital entender que Cristo ha unido Su bendición a la «predicación de Su Palabra». Si queremos ver iglesias fortalecidas, debemos volver a considerar la importancia de la predicación en conjunto con otros medios de gracia, tales como los sacramentos u ordenanzas. De esta manera, es «a través de esta predicación que la iglesia es preservada y continúa históricamente. A través de la predicación, en conexión con las señales y sellos del pacto [de gracia], la iglesia es fortalecida y edificada en la santísima fe y es incorporada en el cuerpo de Cristo».[30] La predicación del evangelio —es decir, la predicación de la palabra de Dios ungida con el Espíritu de Dios— protegerá, animará y sanará las congregaciones. En palabras de Herman:

> **A través de [la predicación], la iglesia es preservada en su pureza, animada en su lucha, santificada en su sufrimiento y confirmada en su confesión. También a través de la predicación, la gente permanece con la iglesia y la iglesia con la gente, creciendo en autoridad, estima y reverencia.**

De esta manera, aquel que tiene el oficio de predicador (al ser un *verbi divini minister,* un siervo o ministro de la palabra divina) debe entender que posee una gran responsabilidad. Bavinck pregunta: «¿a qué posición terrenal lo podríamos comparar?». Debido al significado del llamamiento al sagrado ministerio

---

29. *Ibid.*, 82.

30. *Ibid.*, 82.

de la Palabra, los predicadores deben considerar seriamente los dones que les han sido dados. Más allá de la diversidad de predicadores, o que no siempre están «como nuevos» o «frescos» para realizar las otras actividades pastorales (debido a que predican dos veces cada domingo y también enseñan durante la semana), los ministros deben poner atención a la «forma» y al «contenido» de la predicación.

El problema entre algunos predicadores no está en que uno tiene más dones que otro, sino en que los dones no son usados de la mejor manera. En palabras de Bavinck: «¡Cuántos desperdician o usan mal los dones!». A veces, hay tonos o acentos falsos, gestos o posturas no naturales. En materia del contenido del sermón, a menudo «se descubre una falta de preparación seria, de simplicidad y verdad, de movimiento y pensamiento; de fe e inspiración, y por sobre todo, de consagración y unción».[31]

Ante esta situación, si queremos tener predicadores con demostración de Espíritu y de poder, debemos volver a la Palabra. Específicamente a escudriñar, estudiar e investigar la Santa Escritura.

De hecho, de eso carece la predicación contemporánea: «no es extraída de las Escrituras, no ha sido bautizada con su espíritu». Particularmente, la investigación de las Escrituras a la cual se refiere Bavinck no hace referencia a aquella que se realiza exclusivamente en las academias. Incluso él, como teólogo que estudió en un seminario y en la universidad —y que después enseñaría en un seminario y una universidad—, reconoce esto.

Sí, por supuesto que debe haber investigación bíblica y teológica en las academias. Sí, estas investigaciones pueden ser

---

31. *Ibid.*, 83.

importantes herramientas a la hora de preparar un sermón.
Sin embargo, esa no es la única investigación que Bavinck
tiene en mente aquí. En el contexto de la predicación, la mera
investigación académica no es «investigación auténtica»
debido a que, aun cuando presenta algunas ventajas, ese tipo
de investigación no nos lleva a la «riqueza y profundidad, [a la]
unidad y diversidad» de las Escrituras.

Esto presenta un serio desafío. Si no hay verdadera
investigación, entonces la predicación será vana, aunque esté
dividida en tres puntos. Insisto, la investigación teológica
es importante. Pero el predicador no se debe quedar ahí.
Entonces, ¿a qué hace referencia Bavinck con el verdadero
estudio de las Escrituras, y qué lugar tiene este para el
predicador? Así lo desarrolla y responde el pastor-teólogo:

> El estudio de la Escritura es, por lo tanto, el primer y más
> importante requerimiento para el predicador. Un estudio
> regular, continuado y persistente de la Santa Escritura [...]
> con una mirada clara, con un corazón que ora, que se abre
> a los miembros y discípulos del Espíritu Santo, con un
> alma piadosa y receptiva, con una conciencia santificada y
> purificada.[32]

Luego de esta reflexión, Bavinck reconoce, en una especie de
confesión: «Oh, todavía sabemos tan poco de la Santa Escritura.
Entendemos una pequeña parte de ella».[33]

El llamado es claro. Los predicadores deben conocer la Palabra
de Dios en lo más profundo de sus corazones. Solo así los
ministros harán conocida la Palabra de Dios al pueblo de Dios.
Con esto en mente, podemos reflexionar en lo siguiente: a

---

32. *Ibid.*

33. *Ibid.*

la hora de preparar sermones (o incluso estudios bíblicos),
necesitamos buenas herramientas para profundizar en nuestra
investigación; sin embargo, la verdadera investigación de
la Palabra de Dios se desarrolla cuando el Espíritu de Dios
aplica Su Palabra a nuestras conciencias y transforma nuestros
corazones.

**Los corazones que sobreabundan con la Palabra y el
Espíritu de Dios predicarán sobre la gloria de Dios al
pueblo de Dios.**

Al mismo tiempo, y para que la congregación sea guardada de
la incredulidad del tiempo en el que vive como también para
que las futuras congregaciones estén cimentadas en la verdad,
los predicadores deben mostrar la coherencia y la unidad
de la Biblia. «La Escritura debe ser mejor entendida por la
congregación, sentida con más claridad, ser más comprendida
en más coherencia y conexión orgánica».[34]

Los predicadores tienen un deber hacia la congregación. Ellos
son ministros, es decir, *siervos*. Por lo tanto, la iglesia tiene el
«derecho» a ser alimentada y refrescada espiritualmente cada
domingo. La iglesia debe ser nutrida con la comida que nos da
la Palabra de Dios. De igual manera, la forma de la predicación
importa. Todos aquellos que seriamente estudian la Palabra de
Dios deben dejar de lado toda «pomposidad», «superioridad» y
«vana filosofía».

Por último, la predicación de la Palabra de Dios debe ser hecha
en el poder del Espíritu de Dios. Así, Él hará que las «cuerdas
del alma tiemblen». Para que nuestra predicación sea una con la
Palabra de Dios, necesitamos al Espíritu de Dios. En palabras de
Bavinck:

---

34. *Ibid.*, 84.

Entonces nuestro lenguaje será formado por [el Espíritu Santo], sí, será uno con el lenguaje del Espíritu Santo, que es el lenguaje del mejor Predicador, del único Maestro, del *Doctor et Consolator Ecclesiae* [Doctor y Consolador de la Iglesia], del Espíritu Santo. Entonces, hablaremos a la gente, no para que ser admirados, sino para ser comprendidos. Entonces, hablaremos no para nuestro bien, sino para el bien de la gente. Entonces ya no predicaremos de manera aburrida, monótona y desagradable, sino que hablaremos llenos del Espíritu Santo, con demostración de poder; entonces no hablamos palabras de sabiduría humana, sino la Palabra eterna y permanente de nuestro Dios. Y el fruto de tal predicación no puede faltar. Su Palabra nunca vuelve vacía.[35]

Así es, la Palabra nunca vuelve vacía. La congregación es edificada y, mientras es edificada en la fe, ofrece sacrificios de alabanza al Señor. Los frutos no solamente son cosechados por los miembros de la iglesia, sino también por el predicador, en especial en lo que respecta al cariño de la gente hacia su pastor. Sí, el amor del ministro hacia la congregación es expresado de muchas maneras (visitación, catequización, acompañamiento), y una de ellas, de las principales, es la preparación y la entrega del sermón.

Cuando la congregación ve que «estamos trabajando por su salvación espiritual, ella no nos dejará sin apoyo físico». Es decir, los miembros de la iglesia se preocuparán del bienestar material, físico y mental de aquel que tiene la responsabilidad de predicar la Palabra de Dios. Dicho sea de paso, la congregación notará que no estamos predicando por ganancia propia, sino para que Cristo sea exaltado en la comunidad. Predicamos por el honor de Cristo, no por nuestro honor. «La

---

35. *Ibid.*, 84-5.

congregación no será desagradecida mientras nosotros, los pastores, la guiamos en la búsqueda de la gloria de Dios y la salvación de sus almas»[36].

En resumen, es la predicación de la Palabra de Dios «pura», «sin adulterar», en «sencillez y verdad» y en «fe» la que preservará y garantizará el bienestar de la Iglesia.

Adiós Franeker

En su período como pastor en Franeker, Bavinck no solamente se dedicó a predicar. Sus actividades públicas y académicas mostraban una de las intenciones del joven pastor: ayudar en la preparación teológica de los futuros predicadores, pastores y teólogos.

Es en ese contexto que Bavinck recibe dos invitaciones de la capital de Holanda, Ámsterdam. En febrero de 1882, Herman recibe una carta del presidente de la junta de la Universidad Libre de Ámsterdam para enseñar en dicha casa de estudios (que recordemos, fue fundada por el propio Abraham Kuyper).

Sin embargo, nuevamente Bavinck declina la invitación. Un importante motivo de esta decisión fue, en sus propias palabras, el amor a su iglesia: «Amo mi iglesia. Prefiero trabajar en edificarla. El florecimiento de su Escuela Teológica es una profunda preocupación para mí».[37] Herman deseaba ser parte del desarrollo de la educación teológica en Kampen.

Al mismo tiempo, recibió una carta de una congregación reformada en Ámsterdam. Mediante la votación de una amplia

---

36. *Ibid.*, 85.

37. Citado en Eglinton, *Bavinck*, 125.

mayoría, los miembros de la iglesia cristiana reformada de la capital lo estaban nominando para ser su nuevo pastor. A pesar de que ellos estaban proponiendo un salario casi el doble de lo que recibía en Franeker, Bavinck también declinó el llamado a esa iglesia particular. Su corazón seguía estando en Kampen.

Bavinck sabía que el seminario de su denominación necesitaba crecer sólidamente. Así, en el sínodo de la iglesia reformada de octubre de 1882, todo quedó resuelto. Mientras que Adriaan Stekeete era despedido, el sínodo eligió a los siguientes profesores mediante la mayoría de los votos: Douwe Klazes Wielenga (1841-1902), Lucas Lindeboom (1845-1933) y Herman Bavinck.

La providencia de Dios fue experimentada significativamente por Jan y su hijo Herman. Cuando Jan Bavinck tenía 28 años, rechazó la oportunidad de ser profesor en Kampen, lo que había traído cierto dolor a su vida debido a la forma en que había declinado (echando suertes). Ahora, su hijo de 28 años aceptaba el importante llamado a ser profesor de teología. En palabras de Herman, fue «un impactante momento para mí y mi padre».

La resolución del sínodo tendría que informarse a la congregación en Franeker. No sería algo fácil. Herman estaba «muy exhausto». De hecho, fue el reverendo Eerdmans quien comunicó las noticias. Ese mismo mes, Herman se dedicó a visitar a los miembros de su congregación que, a la vez, tenían una gran estima por el joven pastor.

Finalmente, el 8 de octubre predicó ante un «increíble número de personas» sobre 2 Timoteo 3:14-15 a la mañana y sobre Juan 17:17 por la tarde. Para Bavinck, fue «un día inolvidable». Luego de tener sus libros y cosas empacadas, Herman regresó al pueblo donde su padre era pastor y donde, además, se encontraba el seminario de su denominación.

Herman Bavinck regresaba a Kampen para comenzar un nuevo período en su vida, ahora como profesor de teología. Los frutos de su trabajo en ese lugar serían disfrutados por muchos hasta el día de hoy, como veremos en los próximos capítulos.

Conclusión

La predicación del evangelio es vital para el sano desarrollo y crecimiento de nuestras vidas, familias e iglesias. Por lo tanto, los predicadores deben estar llenos de la Palabra de Dios y del Espíritu de Dios. Así también, los predicadores deben hacer un buen uso de los dones que Dios les ha otorgado para servir a los demás.

Para crecer en el oficio de predicador, es clave considerar una continua e interminable profundización teológica. No solamente los pastores, sino también los ancianos, maestros, misioneros, jóvenes, padres, madres y abuelas que tal vez enseñan en casa deben recibir —en distintas maneras y en diversos grados— una educación teológica sana. Más allá de las demandas y desafíos que estamos viviendo, el estudio teológico debe ser un hermoso medio para ir conociendo más y más, de manera íntima, a Dios y Sus obras. De hecho, el estudio teológico debería traer gozo al corazón debido al contexto en que se realiza: en adoración a Dios.

Para la tradición cristiana reformada, y para Bavinck, la seriedad de los estudios teológicos estaba fuertemente unida a una vida de piedad. Es más, un fruto de que estamos verdadera y sanamente estudiando teología (ya sea estudiando la Biblia misma, interpretación bíblica, historia de la Iglesia, teología bíblica, práctica o dogmática) es la humildad. La sana profundización teológica lleva a que los corazones sean más humildes al contemplar y adorar al Dios que en Su trono está.

Al mismo tiempo, mientras estamos aprendiendo, es significativo considerar bajo quiénes estamos aprendiendo. Como vimos, de una u otra manera, los profesores en Leiden influyeron en la manera en cómo Bavinck abrazó esas verdades. Herman lo pudo reconocer. Esto nos debe llevar a reflexionar en *cómo* estamos aprendiendo y, a la vez, bajo *quiénes* estamos aprendiendo. Es decir, en la forma, las intenciones y el espíritu de cómo estamos aprendiendo, y, también, de cómo estamos enseñando.

¿Hay un verdadero deseo de que tanto los profesores como los alumnos conozcan lo que significa glorificar a Dios y gozar de Él para siempre? En otras palabras, no solamente importa una sana doctrina, sino que también es fundamental que estemos enseñando y aprendiendo de una manera sana.

Cuando nuestros corazones estén llenos de la Palabra y del Espíritu, podremos comprender que el mensaje del evangelio es poder para transformar nuestros corazones, como también familias y sociedades. Esto fue lo que Bavinck comenzó a desarrollar en esta etapa de su vida.

Sin embargo, todavía faltaba articular una teología que, cimentada en la Palabra de Dios y nutrida en la ortodoxia cristiana y reformada, pudiera responder al contexto de finales del siglo xix. Es en su período en Kampen donde Bavinck escribiría su *magnum opus*, su *Dogmática reformada*. Interesantemente, su *dogmática* estaría acompañada de una *ética*.

Como veremos en los siguientes capítulos, una buena teología reformada está siempre unida a una buena ética reformada.

4

EDUCACIÓN TEOLÓGICA PARA LA GLORIA DE DIOS

Porque de Él, por Él y para Él son todas las cosas.
A Él sea la gloria para siempre. Amén.
—Pablo a los romanos[1]

¿Qué otro contenido debe tener [la teología],
sino las cosas eternas e invisibles,
Dios mismo en el rostro de Cristo?
Ese es el contenido, el objeto de la teología.
—Herman Bavinck en
La ciencia de la sagrada teología[2]

El mensaje del evangelio es correcta y profundamente entendido cuando meditamos en que su origen y fin principal están en Dios. Así, la gloria del evangelio resplandece desde Génesis a Apocalipsis porque, en su esencia y manifestación, el evangelio es *teocéntrico* de principio a fin.

La majestuosa belleza de Dios se manifiesta en cada una de Sus obras. Tanto la Patagonia, la cordillera de los Andes, las selvas

---

1. Romanos 11:36.

2. Bavinck, *OT*, 46.

del Amazonas como también un atardecer en las tierras altas de Escocia pueden ser descritos con una sola palabra: hermosura.

¿Te has preguntado por qué la naturaleza de cada rincón del planeta es tan hermosa?, ¿por qué la diversidad de colores y formas de un bosque en otoño despierta nuestros sentidos para contemplar su distintiva belleza?, ¿por qué el universo es tan sublime? Podemos decir que la creación es tan hermosa porque tiene un Creador sublimemente hermoso. Así, aunque la belleza del universo sea espectacular e increíblemente grande, esa belleza es absolutamente pequeñísima comparada con la indescriptible belleza del Creador. En conclusión, la creación cuenta que tenemos un Dios infinitamente glorioso.

El principio sobre el cual Herman Bavinck desarrolló su vocación como profesor de teología fue la gloria de Dios.

Tal como Pablo menciona, todas las cosas pertenecen a Dios, porque fueron creadas por Dios y tienen su fin en Dios. Esta declaración también la encontramos en el Antiguo Testamento, cuando Dios nos dice en el libro de Isaías: «todos los llamados de mi nombre; para gloria mía los he creado, los formé y los hice» (Isa. 43:7, RVR1960). Debido a que la gloria de Dios es el fin principal tanto de nuestra creación como también de nuestra redención, la teología debe tener el mismo fundamento y propósito: el honor de Dios.

En este capítulo, describiré de manera general los primeros años de Herman Bavinck como profesor de teología en el seminario teológico de su denominación: la Escuela Teológica de Kampen.

Particularmente, me centraré en dar a conocer tres publicaciones que nos ayudarán a comprender algunas directrices teórico-prácticas de su pensamiento reformado.

Las directrices apuntan a la íntima relación que debe existir, de acuerdo con Bavinck, entre la doctrina y la práctica. Estos artículos son «La ciencia de la sagrada teología» (*De wetenschap der H. Godgeleerdheid*), «La imitación de Cristo» (*De Navolging van Christus*) y finalmente, «La catolicidad del cristianismo y de la iglesia» (*De katholiciteit van christendom en kerk*).

Antes de recorrer los primeros años de Herman Bavinck como profesor de teología, quisiera recordar mi invitación a reflexionar continuamente a medida que avanzas en tu lectura.

Mi objetivo no es solo describir hechos o piezas teológicas escritos bajo el lápiz de Herman; más bien, quiero invitarte a meditar sobre lo que significa vivir para la gloria de Dios en todas las áreas de la vida mientras estamos cimentados y nutridos en un sólido principio teológico.

Por lo tanto, mientras presento fuentes primarias (y secundarias), estas irán acompañadas de reflexiones basadas en lo que Bavinck nos enseña, para así aplicarlas a nuestras distintas realidades y glorificar a Dios de acuerdo con los desafíos que estamos viviendo hoy día.

El nuevo profesor de teología

El breve tiempo que Herman estuvo como pastor de la congregación en Franeker ayudó al crecimiento espiritual del joven profesor. Si sus profesores modernistas en cierto grado «apagaron» algunos afectos en su corazón, su congregación lo ayudó a «reavivar» estos afectos a través del cariño y el servicio pastoral expresado en la predicación y la visitación.

En una carta dirigida a Christiaan, estando en Kampen (luego de dejar Franeker), Herman le dio a conocer el tipo de aprendizaje adquirido en su tiempo como ministro de aquella congregación. A pesar de «anhelar algo diferente» (ser un profesor de teología), Bavinck atesoró el significado del trabajo pastoral:

Ahora estoy en Kampen, en casa con mis padres. Los periódicos te han informado que el Sínodo de nuestra iglesia, realizado en agosto en Zwolle, me nombró por unanimidad de votos como profesor en su Escuela Teológica. Casi esperaba esto; aun así, antes de ese momento, a menudo tenía miedo de que no sucediera. Entiendes que lo había anhelado en silencio […]. La congregación a la que servía me era agradable; el amor y la estima que recibí dentro y fuera de ella fueron grandes. Los domingos venía mucha, muchísima gente a escucharme, de modo que la iglesia pronto quedó pequeña. Y lo más importante es que yo no trabajé ahí sin fruto alguno; la bendición se disfrutaba bajo el ministerio de la Palabra. Aun así, fue una posición difícil. Era una gran congregación. Y solo predicar no era suficiente; debían realizarse visitaciones a los hogares para consolar a los que estaban de luto, para animar a los enfermos, para preparar a los que estaban muriendo, para levantar a los débiles y abatidos y para exhortar a los fuertes a la humildad. Hice esto con amor, con fruto, también por mi propio corazón y vida […]. Después de la nominación, me quedé en la congregación por algunas semanas. Estas últimas semanas fueron pesadas en muchos aspectos. La congregación estaba muy apegada a mí. Viejos y jóvenes, ricos y pobres, dentro y fuera de la congregación, todos lamentaron que me fuera. A veces me afectaba y me hacía preguntarme si mi anhelo había sido bueno y puro […]. Aprendí mucho en estas últimas semanas, mi vida se ha enriquecido con ellas. Estoy feliz de haber trabajado en una congregación durante alrededor de un año y medio, y he llegado a conocer a la gente en sus diversas imperfecciones, sí, pero también en su profunda piedad y noble sentido de lo que es bueno y verdadero.[3]

El párrafo anterior nos describe la relación viva que existía entre el ministro y la congregación. La bendición de Dios era «disfrutada bajo el ministerio de la Palabra». Particularmente, también su vida fue enriquecida antes de partir a Kampen. Nuevamente, la piedad fue un aspecto que marcó su vida. En este caso, la «profunda piedad» de los miembros de su iglesia. Ahora, nuevos tiempos comenzaban.

Esta nueva etapa apuntaba a la preparación de aquellos que prontamente serían llamados a servir como ministros del evangelio desde una confesionalidad cristiana y reformada dentro del contexto moderno. Para ello, el entrenamiento teológico sería vital. No obstante, para que la teología en sí esté viva, necesita de principios sólidos que, al mismo tiempo, la nutran constantemente. Estos principios los dará a conocer en su primer discurso como profesor.

Si bien Bavinck fue nominado como profesor en septiembre de 1882, su instalación tomaría efecto cuatro meses después. Durante este tiempo, uno de los asuntos que ocupó su pensamiento fue la preparación de la charla inaugural que él daría en su instalación. En la misma carta de arriba, fechada el 10 de noviembre de 1882, Bavinck le dijo a su amigo cuál era el tema probable de su charla: «el carácter (esencia) de la teología».

¿Por qué es importante mencionar este discurso? Porque nos muestra la naturaleza del proyecto teológico que se desarrollará a lo largo de toda la carrera de Herman Bavinck: una *teología teológica*.[4]

---

3. Citado en Eglinton, *Bavinck*, 134-35.

4. John Webster (1995-2016), en su escrito *What makes theology theological?* [¿Qué hace que la teología sea teológica?], indica que el objeto de la teología es

Teología teológica. No, esto no es mera repetición, un cliché ni una especie de trabalenguas. Como veremos, para el joven profesor, la teología tenía el mismo origen y finalidad: Dios mismo. Es Dios quien nos da la teología para conocerlo a Él y así, glorificarlo en nuestras distintas vocaciones.

La teología de Bavinck no era una teología *esencialmente* moldeada por una cultura cambiante. Por el contrario, era una teología esencialmente fundamentada en Dios, cuyo fin es la *gloria de Dios*. De ahí que la *teología* cristiana reformada es *teológica* (del griego θεός, *Theos*, que significa «Dios»). Además, en su *forma* y lenguaje, respondía a los desafíos teológicos, sociales y culturales.

Pero ¿qué es teología? y ¿qué es un teólogo? En su charla inaugural, Bavinck respondería esas preguntas para los profesores y para los estudiantes que se prepararían para ser pastores o teólogos.

Teología cristiana como una ciencia sagrada

El 9 de enero de 1883, Bavinck comenzó oficialmente su profesorado. A la vez, no fue el único maestro que comenzaba a enseñar. Dos personas más se unirían al equipo de profesores, Douwe Wielenga y Lucas Lindeboom (1845-1933).[5] Wielenga dio su discurso el mismo día de su instalación, mientras que Lindeboom y Bavinck lo hicieron el día posterior, el 10 de enero.

---

doble; principalmente, el Dios trino y, de manera derivada, todas las cosas en relación a Dios.

5. Sin embargo, los tres nuevos integrantes tenían opiniones distintas de la figura de Abraham Kuyper. Mientras Bavinck, Wielenga y el nuevo rector Maarten Noordtzij mostraban una simpatía por el fundador de la Universidad Libre de Amsterdam, Lindeboom manifestaba una cierta antipatía por algunas opiniones de Kuyper. Ver Eglinton, *Bavinck*, 136. Posteriormente, Bavinck y Lindeboom mostrarían algunas diferencias de opinión entre ellos con respecto al neocalvinismo de Kuyper.

Notablemente, esta fue la ocasión donde el padre de Herman —Jan Bavinck— también se dirigió a los presentes para decir:

> Esta iglesia [reformada] tiene necesidad, una gran necesidad de ministros del evangelio piadosos, sólidos y científicamente formados. Intencionalmente, pongo la «piedad» en el primer lugar, porque creo que una verdadera y genuina piedad es un requerimiento principal en aquel que proclama el evangelio como un ministro de Cristo.[6]

Luego de presuponer un cristianismo experiencial en la vida del futuro ministro, Jan remarca que, además de la piedad, se debía poseer «un conocimiento científico sustancial y sólido». En otras palabras, la piedad se desarrollaba en la vida del ministro cuando el estudio también era tomado en serio. Esto se debía a la naturaleza de esta ciencia.[7]

La idea de la teología como una «ciencia» es la que desarrolló Herman el día después de la charla de su padre. El discurso del joven profesor se tituló «la ciencia de la sagrada teología». Tal como menciona James Eglinton, si la charla «el reino de Dios, el bien supremo» funcionó como «un manifiesto para la iniciativa teológica que posteriormente sería reconocida como neocalvinismo, "la ciencia de la sagrada teología" le siguió con una definición de la *teología* en sí».[8]

---

6. Jan Bavinck, *De Christ. Geref. Kerk en De Theologische School*, 19.

7. Tal vez, al pensar en «ciencia», viene a tu mente la imagen de un científico realizando experimentos dentro de un laboratorio. En otras palabras, piensas en la ciencia como algo puramente empírico. Sin embargo, en el contexto europeo de Bavinck, ciencia (*wetenschap*, en holandés) se refiere a todas las formas de conocimiento crítico y reflexivo que se desarrollan en contextos más bien académicos. Para profundizar en este tema, recomiendo el libro de Bavinck *Christianity and Science* [Cristianismo y ciencia] (Wheaton: Crossway, 2023), traducido al inglés por James Eglinton, Cory Brock y Nathaniel Gray Sutanto.

8. Ver Eglinton, *Bavinck*, 137.

Este discurso se dividió en tres partes. Notablemente, al introducir el tema, Herman comenzó de inmediato marcando una antítesis.

La visión teológica de Bavinck se contraponía a la dirección que, según Lodewijk Rauwenhoff (1828-89), los estudios teológicos deberían tomar. Rauwenhoff —quien hasta su muerte ocupó la cátedra de Historia de la iglesia, historia del dogma y enciclopedia teológica en la Universidad de Leiden— argumentaba a favor de la «secularización» de la teología.

Herman Bavinck comenzó su discurso citando las palabras de Rauwenhoff: «La teología debe ser secularizada».[9] Tal como vimos en el capítulo anterior, Bavinck conocía de primera fuente el significado de la teología modernista que se enseñaba en Leiden. Quizás algunas personas pensaban que Herman traería ese tipo de visión al seminario. Sin embargo, eso no sería así. Bavinck fue categórico. Para el joven teólogo, secularizar la teología sería nada menos que «la sentencia de muerte de la teología». Por lo tanto, para que esta permanezca viva, debería mantener un carácter «santo».[10]

A través de este discurso, Bavinck comienza a mencionar una idea que se repetiría a futuro: «no repristinar». Herman le recuerda a su audiencia que la Iglesia a la que ellos pertenecen —como hijos de la Secesión de 1834— no nació por un deseo de «repristinación», sino por un amor a la verdad. Es decir, ellos, como cristianos reformados, no deseaban copiar de manera exacta la *forma* de cómo las cosas se hacían hace siglos atrás. La *esencia* se mantiene, pero la *forma* de su tradición debía ser correctamente contextualizada.

---

9. Bavinck, *OT*, 30.

10. *Ibid.*

Esencialmente, esta contextualización no suponía
secularización, sino más bien santificación. En sus palabras, «la
preservación de la teología no está en la secularización, sino en
la santidad de aquello que es sagrado».[11] La teología es sagrada,
por lo tanto, no puede ser secularizada sobre la base de ideas
que se opongan a los principios bíblicos.

Es fundamental destacar esto. La contextualización teológica
jamás supone el abandono de las doctrinas esenciales de la fe
cristiana. Todo lo contrario. Una contextualización sana nace
del deseo de comunicar y aplicar, de manera afectiva, el rico
tesoro doctrinal que a lo largo de los siglos ha ido creciendo. Ese
deseo nace de un corazón que constantemente busca el rostro
de Dios, y que, a la vez, desea conocer el rostro de la sociedad
donde vive.

Luego de hablar del carácter santo de esta ciencia, Bavinck
desarrolla tres puntos. El *principio*, el *contenido* y la *finalidad* de
la teología.

Principios teológicos

La teología debe tener un fundamento. Para Bavinck, este
principio fundamental se encuentra en la Escritura. Es decir,
«solo la Santa Escritura es el *principium*» de la teología.[12]
Esto quiere decir que la Biblia es el fundamento desde donde
comienza la teología, el corazón desde donde crece.

Significativamente, Bavinck siempre relaciona la persona y
la obra del Espíritu Santo en conexión con la palabra de Dios
como el cimiento de la teología. En sus palabras, «toda teología

---

11. *Ibid.*, 31.
12. *Ibid.*, 33.

genuina, que es verdaderamente digna de ese nombre, bajo la guía del Espíritu, ha germinado de la Sagrada Escritura y se ha edificado sobre su fundamento. No hay otra fuente epistémica».[13]

«No hay otra fuente *epistémica*». ¿Qué quiere decir Bavinck con esto? En otras palabras, la Biblia es el fundamento de los principios del *conocimiento* humano; a eso se refiere Herman con *epistemología*.

El punto anterior es cardinal. Debido a que la teología trata sobre el conocimiento de Dios, Dios mismo debe ser el principio *esencial* u *ontológico* de la teología.[14] En lenguaje más técnico, Dios es el *principium essendi* o «fundamento esencial» del estudio teológico. No es el hombre, no es la cultura, no es una determinada filosofía, ni siquiera es la experiencia cristiana la que determina la esencia de la teología. Más bien, es Dios mismo —la Roca fuerte— el cimiento donde se construye una teología firme.

Debido a que Dios (principio esencial) se ha revelado de manera especial en las Escrituras, la Biblia es considerada el principio por el cual el conocimiento revelado de Dios es abrazado por nosotros. Así, la Escritura es el *principium cognoscendi* (fundamento epistemológico o del *conocimiento*) que nos revela a Aquel que es el *principium essendi* (fundamento *esencial*) de la teología, es decir, Dios mismo.

Ahora, este principio no puede quedar fuera de nuestras conciencias y corazones. Incluso cuando, tal vez, el párrafo anterior sacó un poco de humo de nuestras cabezas, esto no quiere decir que la teología deba ser considerada un ejercicio

---

13. *Ibid.*, 33-34.

14. *Ontología* se refiere al estudio de la esencia de las cosas o del «ser» (*ontos*).

meramente racional. Así también, los tesoros del conocimiento de Dios no pueden ser descubiertos ni disfrutados de una manera simplemente emocional o activista.

Como veremos en los capítulos que quedan, tanto la razón como los afectos y la voluntad son importantes en nuestra actividad teológica. Sin embargo, quien trae la belleza de la Escritura a lo más profundo de nuestras conciencias, a lo más interno de nuestra vida y que a la vez nos transforma, es Dios mismo. En este caso, el Espíritu Santo. Por lo tanto, no solamente tenemos un *fundamento externo* a la hora de hacer teología (la Escritura), sino también un *fundamento interno*. En palabras de Bavinck: «Nosotros no solo tenemos un *principium externum*, es decir, la Santa Escritura, sino también un *principium internum*, es decir, el Espíritu Santo, quien, al morar en la iglesia, le hace comprender las cosas del reino».[15]

En términos de su propia tradición, Bavinck no está argumentando nada nuevo. Es decir, la vital y suprema importancia del Espíritu Santo en relación con la Palabra ha sido un aspecto esencial en la tradición cristiana y reformada.[16]

Si el Espíritu Santo está íntimamente ligado a la Palabra, y si la Palabra es el fundamento de la teología, entonces el Espíritu Santo debe obrar íntimamente en el corazón del teólogo. No hay teología ni existen los teólogos si el Espíritu Santo no obra en

---

15. Bavinck, *OT*, 36.

16. La *Confesión Belga* (1561), en su artículo 5, dice que todas las cosas contenidas en la Escritura son creídas no porque la iglesia las reciba como tales, sino que por «sobre todo» es el «Espíritu Santo [quien] testifica en nuestros corazones que [los libros o el canon de la Escritura] proceden de Dios». Así también, la respuesta 89 del *Catecismo Menor de Westminster* (1648) une la obra del Espíritu Santo con la Palabra: «El Espíritu de Dios hace que la lectura, y especialmente la predicación de la Palabra, sea un medio eficaz para convencer y convertir a los pecadores, y para edificarlos en santidad y consolación, por medio de la fe, para salvación». Para este último, ver *Confesión de Fe, Catecismo Menor de Westminster y algunos credos* (Edimburgo: El Estandarte de la Verdad, 2023), 104.

ellos. En palabras de Bavinck, «no hay teólogo sino aquel que es enseñado por [el Espíritu Santo], no hay teología sino aquella que es instruida por [el Espíritu Santo]».[17]

Recibir o aceptar que la Palabra de Dios es el principio de nuestra teología va en contra de nuestra naturaleza caída. Así, el rechazo de este fundamento manifiesta parte de la rebelión expresada a partir de nuestra naturaleza pecadora. Por lo tanto, para abrazar el principio Escritural, debe existir una poderosa obra del Espíritu Santo, donde a través de la regeneración, Él da vida a toda persona que está muerta en sus delitos y pecados. Esto incluye a quienes quieren entrar al campo del estudio teológico. Por lo tanto, «ese principio solo es reconocido por nosotros y establecido en nosotros con la nueva vida de la regeneración. Solo se implanta en nosotros en esa fe, es decir, [como] el fruto de la obra del Espíritu Santo».[18]

Para disfrutar de la esencia de la teología, debemos nacer de nuevo por la obra soberana del Espíritu Santo.

Es importante detenernos aquí. Para que la teología realmente nos lleve a contemplar a Dios, esta debe realizarse con corazones regenerados y constantemente santificados por el Espíritu Santo. Una cosa es adquirir un lenguaje teológico y otra cosa muy distinta es tener corazones teológicos, es decir, corazones renovados por Dios y para Dios. Nuestras iglesias serán tremendamente edificadas por aquellas personas que se propongan estudiar teología para la gloria de Dios y el bienestar de la iglesia. Para esto, necesitamos constantemente ser llenos de la Palabra de Dios y del Espíritu de Dios.

---

17. *Ibid.*

18. *Ibid.*, 39.

Contenido teológico

En la segunda sección de su discurso, Bavinck despliega la naturaleza teológica de su teología. Nuevamente, esto no es una redundancia de palabras, sino un énfasis en la naturaleza de la ciencia que estudiantes y pastores deben desarrollar. Así, el contenido de la teología se presupone por el mismo nombre que lleva. Es decir, se llama teología «no solo porque tiene a Dios como su origen, sino también porque lo tiene a Él como su objeto».[19]

La teología contempla al Dios infinito que adoramos. Debido a que el conocimiento de Dios es tan profundo, la teología es descrita como «organismo» que «crece gradualmente» y «naturalmente se desarrolla» porque cada vez va conociendo más y más a Dios.

Es significativo mencionar que Bavinck reafirma estos principios en un contexto de cambios. Mientras él estudiaba en Leiden, el Estado holandés promulgó una reforma educacional que afectó el ejercicio de hacer teología.

El Acta de Educación Superior (1876) llevó a que las facultades teológicas se convirtieran en «departamentos de estudios religiosos». Para Bavinck, lo anterior fue un error. Con esta nueva visión, la nueva teología se centraría en el estudio de la religión del hombre. Es decir, el nuevo objeto de la teología sería el hombre y su conciencia religiosa.

Para Herman, lo anterior «ya no es teología», sino más bien la «secularización de la teología». No solo Dios deja de ser el objeto de la teología, sino que también el *principium* escritural es removido y reemplazado por la «conciencia religiosa» de

---

19. *Ibid.*, 41.

todos los seres humanos con sus distintas religiones. Al carecer tanto de Dios como el objeto de la teología como de la Palabra como el principio específico de la ciencia sagrada, la teología se convierte «simplemente en antropología y Dios en un ideal, en una imagen fabricada por los seres humanos, es decir, en un ídolo».[20]

¿Quiere decir lo anterior que la teología no se preocupa de la antropología (estudio del hombre), o de la relación entre Dios y el hombre, la cual definimos como religión? ¡Por supuesto que la teología trata estos temas! De hecho, son tratados en profundidad porque, nuevamente, están cimentados en Dios y apuntan a Él. De esta manera, la antropología es una *antropología teológica* y la religión cristiana es una *religión teocéntrica*. Así, la Iglesia y el cristianismo no son considerados el objeto de la teología en sí, sino más bien el sujeto de la teología. Es decir, la Iglesia es el sujeto que hace teología desde una disposición que adora al Dios que se hace conocible y así, que puede ser disfrutado para siempre.

La teología es tan profunda que, incluso, también puede ser descrita en términos de relación con Dios. Para Bavinck, la teología «en sí misma es religión». A su vez, «la iglesia en sí misma es un teólogo, enseñada por Dios y sobre Dios».[21] De esta manera, la iglesia como teólogo solamente desea servir a Dios con toda su alma, mente y fuerzas. Una implicancia clave de esto es la relación de los teólogos con la vida de la iglesia. Es decir, los teólogos no deben estar fuera de la iglesia local.

Esto nos debe llevar a reflexionar profundamente en cuán sana es la teología que estamos enseñando o aprendiendo. Sin comunión con Cristo y Su iglesia, no hay sana teología.

---

20. *Ibid.*, 43.

21. *Ibid.*, 45.

Al contrario, solamente en comunión verdadera con Cristo y Su iglesia podemos disfrutar de una teología que nos llevará a deleitarnos junto con otros en el contenido de la teología: Dios mismo.

«¿Qué otro contenido debe tener [la teología], sino las cosas eternas e invisibles, Dios mismo en el rostro de Cristo? Ese es el contenido, el objeto de la teología».[22]

La frase anterior nos invitar a meditar en nuestro Dios. Especialmente en quién es Él. Es decir, en Su esencia, atributos y trinidad en Su ser. De manera fundamental, este conocimiento se traduce en vida, de tal manera que al conocer a Dios, lo estamos sirviendo, y de manera recíproca, mientras lo servimos, estaremos conociendo más y más al Dador de la vida.

Los profundos afectos involucrados en el ejercicio teológico llevan a que esta ciencia «teológica» y «teocéntrica» tenga fuertes implicancias para aquel que desea profundizar en ella. La teología nos demanda ser imitadores de Dios. Para esto, ella debe «conformarse» y «reformarse» de acuerdo con la imagen de Dios. Nuevamente, esto se da porque esta ciencia demanda todas nuestras facultades, es decir, nuestro intelecto, afectos y voluntad.

La teología nos lleva a querer conocer más a Dios a través de un conocimiento que procede de Dios mismo: «Es Él quien hace que nuestro corazón tenga sed del Dios vivo. Él quiere ser admirado, contemplado, conocido y amado por nosotros».[23] Así, la teología es la ciencia del conocimiento de Dios debido a que se establece una relación íntima entre el objeto y el sujeto. Es decir, entre Dios y el creyente.

---

22. *Ibid.*, 46.

23. *Ibid.*, 49.

Esta ciencia es tan vital para el ser humano que Bavinck, siguiendo con la antigua tradición cristiana, afirma que la teología es «*la* ciencia, la reina de las ciencias (*regina scientiarum*)». De esta manera, la teología, como ciencia,

> está por encima de todas las ciencias, porque ellas tienen solamente un área especial de la creación como objeto de su investigación. Ellas mismas están ocupadas con el mundo (*kosmos*) o el humano (*anthropos*) y, por lo tanto, relacionadas con la criatura. Pero esta, nuestra ciencia, las deja muy atrás al no fijar su mirada en la criatura, sino en el Creador. [La teología] nace de Dios, y tiene a Dios mismo como su objeto. [...] Es Dios mismo, damas y caballeros, quien a través de Su Palabra y Espíritu dona la teología a Su iglesia».[24]

No cabe duda de que, para Bavinck, esta sagrada ciencia está ricamente centrada en Dios. Por lo tanto, si Dios mismo ha regalado la teología a la Iglesia por medio de Su Palabra y Espíritu, esta teología debe producir efectos transformadores en la vida misma de cada integrante del cuerpo de Cristo.

Siguiendo lo que algunos teólogos escolásticos reformados proponen, Bavinck plantea que esta ciencia no es puramente teórica o práctica, sino más bien ambas. Es decir, la teología es una ciencia *teórico-práctica* que,[25] al estar enraizada en la vida, tiene la vida misma como su fin.

---

24. *Ibid.*

25. Sobre este punto, el lector podría estudiar la definición del importante escolástico reformado Francis Turretín (1623-1687), quien en su *Institución* escribe que «la teología no es simplemente teórica ni simplemente práctica, sino que es en parte teórica y en parte práctica, puesto que une la teoría de lo verdadero con la práctica de lo bueno. No obstante, es más práctica que teórica» Ver Francis Turretín, *Institución de la Teología Eléntica. Tomo I. Volumen I* (Ciudad de Guatemala: Dort Publicaciones, 2021), 70. Para continuar complementando este tema, recomiendo la lectura de *Theoretical and Practical Theology* [Teología teórica y práctica] del teólogo holandés Petrus van Mastricht (1630–1706), quien estudió bajo Gisbertus Voetius. El tratado de van Mastricht se convirtió en una de las lecturas favoritas de Jonathan Edwards (1703-1758).

¿Cuál es esa vida, sino la vida eterna, al conocer a Dios en el rostro de Cristo? De esta manera, la teología es una ciencia que tiene un aspecto teórico y práctico. Este último elemento es «la corona de teología». Así, las verdades extraídas de la «teología exegética, histórica y sistemática» pasan a la «vida». Para Bavinck, la *praxis* es tan importante que, sin ella, la teología deja de ser teología. «La teología que no se hace práctica no merece su nombre». Lo que debemos creer —los artículos de fe (*credenda*)— importan tanto como lo que debemos hacer (*agenda*).[26]

Esta magnífica, gloriosa y seria concepción de la teología lleva al joven Bavinck a postular en este discurso que, en esencia, no hay tal cosa como una «teología de los no regenerados» (*theologia irregenitorum*). Por lo tanto, para definir qué es un teólogo, Bavinck se remite a la definición de otro teólogo holandés de la *Nadere Reformatie*, Herman Witsius (1636-1708). De acuerdo con la definición de Witsius, un teólogo es:

> alguien que está instruido en el verdadero conocimiento de Dios y de las cosas divinas, siendo Dios mismo el Maestro, no solo en las palabras sino en toda la institución de su vida, que pone en práctica las virtudes admirables de Dios, y quien está completo para Su gloria.[27]

Al sostener la idea anterior, Bavinck identifica al teólogo como un sacerdote que sirve a Dios día y noche. La teología es algo tan experiencial que nuevamente Herman la identifica como religión, como un servicio a Dios. En resumen, tal como fue descrita por «nuestros teólogos», la teología es «adoración divina, vida divina y culto divino».[28]

---

26. Bavinck. *OT*, 54.

27. *Ibid.*, 55.

28. Con «nuestros teólogos», Bavinck hace referencia a teólogos reformados holandeses como Petrus van Mastrich y los autores de la *Synopsis Purioris Theologiae*.

Al ir terminando su discurso, Bavinck muestra que la tarea de
la teología es llevar a la iglesia a conocer y servir a Dios. Esto
no se transforma en una carga porque el fin de todo esto es
algo mucho mayor. Así, todo otro fin está subordinado al fin
principal del hombre, y, por lo tanto, de la sagrada ciencia. Es
decir, somos regenerados, hacemos teología y servimos a la
iglesia para «el mayor y más santo fin»: la gloria de Dios.

En conclusión, Dios es el bien supremo para el creyente y
teólogo. Es por eso que, al cerrar su charla, y luego de dirigirse
al comité del sínodo, a la junta directiva (donde su padre era
en ese entonces el presidente) y a sus colegas de la Escuela
Teológica de Kampen, el recién instalado profesor terminó
su discurso dirigiéndose a los *honorables estudiantes* con las
siguientes palabras:

> Vengo a ustedes con un corazón alegre y devoto. Pueden
> contar con el amor de mi corazón, con mi intención y
> celo para conducirlos al templo de la santa teología. Mi
> objetivo será inspirarlos a amar esta, la más bella de las
> ciencias, a amar a la iglesia que nos ha dado este lugar de
> cultivo y, sobre todo, a amar al Dios a quien ella nos da a
> conocer.
>
> Mi tarea, y también la de ustedes, es difícil. Mucho se
> esperará de ustedes y aún más se exigirá de ustedes. Deben
> trabajar duro, tienen que trabajar con todas sus fuerzas.
> Sin embargo, cuento con ustedes, con su celo, con su
> amor, con su devoción. Sostengo el eslogan que su propio
> club ha escrito como lema: *Fides quaerit intellectum* (fe
> que busca entendimiento). Confío en que serán teólogos
> enseñados por Dios, sacerdotes que lo declaran, profetas
> que proclaman Su alabanza. ¡Continuemos, pues, nuestro
> estudio juntos en confianza mutua! ¡Y, que, al mismo
> tiempo, sea siempre nuestro mayor honor ser estudiantes

del Maestro supremo, el único que puede guiar a toda la verdad![29]

De esta manera, el deseo del corazón «alegre y devoto» de Herman Bavinck estará dirigido a glorificar a Dios a través de la formación teológica que recibirán los futuros pastores y teólogos. Para esto, una sólida educación académica y piadosa era clave. A la vez, esto debía cultivarse en vidas que imitaran a Cristo y que consideraran un esencial elemento a la hora de hacer teología, la catolicidad.

A través de estos dos temas, imitación de Cristo y catolicidad, Bavinck irá marcando una disposición práctica en la primera generación del movimiento neocalvinista.

Imitar a Cristo en una sociedad cambiante

Después de aproximadamente dos años enseñando en el seminario de su denominación, Herman Bavinck publica un escrito titulado *De Navolging van Christus*, o en español, la «Imitación de Cristo».

Su título refleja el clásico libro de literatura devocional escrito por otro holandés, Tomás de Kempis (1380-1471). Sin embargo, y aunque Kempis es mencionado una sola vez en esta publicación, este libro presenta otra estructura en su forma. No trata de cortos párrafos que invitan a la meditación y práctica, como en el caso de Kempis. Más bien, este libro nos presentará una estructura que, en cierta manera, se verá reflejada en otros trabajos, como en su futura obra magna, la *Dogmática reformada*.

---

29. *Ibid. OT*, 60. Algunas secciones de este párrafo fueron traducidas directamente del holandés al español desde *De wetenschap der H. Godgeleerdheid: rede ter aanvaarding van het leeraarsambt aan de Theologische School te Kampen, uitgesproken den 10 Jan. 1883* (Kampen: G. Ph. Zalsman, 1883), 51-52.

Esta estructura está dada por el desarrollo histórico de un tema para luego presentar su propio punto de vista. Así, veremos que, en algunas oportunidades, Herman presenta una doctrina en conjunto con su desarrollo histórico. En otras palabras, la historia importa a la hora de estudiar doctrina.

«El llamado a negarse a uno mismo, tomar la cruz y seguirlo ocupa un rol central en la enseñanza de Jesús y de Sus discípulos».[30] Con estas palabras, Bavinck comienza su artículo publicado en cuatro partes en el periódico *De Vrije Kerk* («la iglesia libre») entre los años 1885 y 1886.

Si bien el llamado de Cristo a Sus seguidores parece ser simple y claro, Bavinck reconoce que al igual que otros aspectos doctrinales y prácticos del cristianismo, el desarrollo histórico de este tema nos muestra ciertos errores a la hora de su entendimiento. Si bien el lector podría profundizar en el estudio de los períodos que Bavinck presenta a continuación, hay ciertas ideas que podrían ayudarnos a reflexionar en torno al tema de la imitación de Cristo.

Bavinck reconoce cuatro maneras generales a lo largo de la historia sobre cómo se ha entendido el tema de la imitación de Cristo. En su período más temprano, el cristianismo trajo una revolución a la sociedad pagana de entonces con relación a la vida religiosa y ética. En otras palabras, el amor a Dios y al prójimo eran asuntos esenciales para cada cristiano. Citando la epístola a Diogneto (escrita a finales del siglo II), Bavinck presenta a los primeros cristianos de acuerdo a las diferencias y cosas en común que tenían con la sociedad de ese entonces:

---

30. Herman Bavinck, *The Imitation of Christ I* (1885/86) traducido al inglés por John Bolt y publicado en *A Theological Analysis of Herman Bavinck's Two Essays on the Imitatio Christi: Between Pietism and Modernism* (Ontario: The Edwin Mellen Press, 2013). De aquí en adelante, abreviado como *IC I*.

[Los cristianos] se casan como lo hacen los demás, tienen hijos, pero no destruyen su descendencia. Tienen una mesa en común, pero no una cama en común. [Los cristianos] aman a todos los hombres y son perseguidos por todos. Son desconocidos y condenados [...] para resumir, lo que el alma es al cuerpo, los cristianos son al mundo.[31]

Este era el entendimiento más temprano sobre la imitación de Cristo. Al entrar en mayor conflicto con el poder del Imperio romano, al proclamar que el cristianismo era la única religión verdadera, los creyentes sufrieron persecuciones que resultaron en miles de muertes.

Notablemente, los cristianos «entraban al combate con gozo» al poseer aquellas verdades del perdón de pecados y reconciliación con Dios. De aquí comienza a destacar la noción de «mártir», es decir, de «aquel que peleaba y sufría por la causa de Dios en la presencia de Dios y los ángeles».[32]

Sin embargo, dentro de los mismos mártires, y también dentro de aquellos que los honraban, se produjo una mezcla entre disposiciones puras y actitudes pecaminosas. La búsqueda de cierta «fama» pareciera explicar que algunos cristianos buscaran innecesaria y apasionadamente el honor del martirio al ir directamente al magistrado para ser condenados y ejecutados. De esta manera, el mártir se convirtió en el ideal del «supremo cristiano».

Al pasar el tiempo, el panorama fue cambiando. La Iglesia fue reconocida por el estado romano. A pesar de reconocer ciertas ventajas, Bavinck también identifica algunas desventajas. Entre

---

31. *Ibid.*, 373-74.
32. *Ibid.*, 376.

ellas, la Iglesia perdió su libertad al depender en ciertos puntos del estado. Siguiendo lo anterior, muchos se convirtieron en cristianos que carecían de convicciones. La pureza de la Iglesia se fue perdiendo y el ideal del cristianismo se degeneró al acomodarse a este nuevo contexto. Por este y otros factores, se levantaron grupos que protestaron contra la mentalidad «mundana» que estaba tomando el cristianismo.

De aquí se inician movimientos monásticos o comunidades de ascetas que toman tendencias contemplativas o prácticas, dependiendo de la localidad y tradición.[33] De esta manera, al querer morir al mundo y vivir completamente para Dios, los ermitaños y monjes se convirtieron en los sucesores de los mártires. El monasticismo se transformó en el verdadero ideal de cómo imitar a Cristo. Sin embargo, al querer alcanzar un mayor nivel de perfección que el que era posible en la vida ordinaria, un cierto dualismo comenzó a desarrollarse a través de, por ejemplo, dos tipos de moralidad. ¿El resultado? Orgullo, confianza en las obras y cierta indiferencia a los «ideales de santidad en el diario vivir práctico de la gente común».[34]

A pesar de que el monasticismo se encuentra en distintas religiones, Bavinck es tajante al decir que, en la cristiandad, la reforma protestante lo rechazó. Así, «una doble moralidad y una distintiva vida monástica están en un conflicto irreconciliable con el protestantismo».[35] No obstante, Bavinck indica que algunos vestigios de este monasticismo todavía permanecen en la manera en que muchos protestantes consideran la vida y las vocaciones en esta tierra.

---

33. *Ibid.*, 378-79.

34. *Ibid.*, 381-82.

35. *Ibid.*, 382. En un discurso titulado *Het Doctorenambt* («El oficio de doctor», 1899), Bavinck distingue entre el monasticismo oriental y el occidental. Ahí, Herman destaca algunos aspectos positivos del monasticismo occidental. Ver *OT*, 70-71.

Volviendo un poco más atrás, durante el período medieval también se levantaron grupos que apuntaban a una reforma y renovación de la Iglesia. Entre estos estaban, por ejemplo, los valdenses, quienes insistían en un regreso a las Escrituras. Bavinck menciona que el Sermón del Monte fue una de las enseñanzas a la cual se le dio gran valor en ese contexto. Así, las palabras de Cristo, y la vida misma de Él, se convirtieron en el modelo a imitar desde una comprensión más literal. De esta manera, los ministros de estos grupos daban sus posesiones a los más pobres llegando en algunos casos a renunciar al matrimonio. Lamentablemente, la Iglesia Católica Romana comenzó a perseguirlos y muchos de ellos llegaron a sufrir el martirio.

Paralelamente, el monasticismo entró a una nueva era bajo la influencia de Francisco de Asís (1182-1226) y Domingo de Guzmán (1170-1221), formando así órdenes monacales, como los franciscanos y dominicos. A pesar de que estos grupos se integraron más a la sociedad, ellos enfatizaron otro ideal: la pobreza. Así, «el monje ya no es un anacoreta, sino que se convierte en un mendigo».[36] El objetivo de ellos era una literal imitación de Cristo, es decir, una reflexión y repetición de Sus sufrimientos.[37] Es en este período donde la imitación de Cristo se convierte en un medio para enfatizar más la contemplación, la meditación y la práctica en la vida cristiana.[38] Esto se ve en figuras como Tomás de Kempis.

---

36. *Ibid.*, 387.

37. *Ibid.*, 388.

38. De manera general, podemos identificar una meditación saludable (bíblica) y otra no saludable. Por un lado, una meditación piadosa está centrada en Dios, en Sus obras y nuestra respuesta a Él (abarca el intelecto, los afectos y la voluntad). Esta meditación está fundamentada en la Palabra de Dios, nos lleva a profundizar en todo el consejo de Dios y está guiada por el Espíritu Santo. Por otro lado, una meditación errónea está caracterizada por un sobreénfasis en las emociones, y deja de lado el intelecto y la voluntad. Lamentablemente, algunos tipos de meditación invitan a «dejar la mente en blanco» debido a un desconocimiento del evangelio y de una antropología teológica sana.

Hasta aquí, podemos resumir tres formas generales de imitación a lo largo de la historia: el mártir, el monje y el místico. Sin embargo, Bavinck agrega una cuarta forma: el racionalista. Para este último, el énfasis recae en el *ejemplo* que da Jesús. Es decir, Cristo vino para mostrar un ejemplo de vida donde la imitación consiste en seguir Sus enseñanzas y mandamientos. Sin embargo, Bavinck detecta un problema: el hombre moderno en realidad no quiere imitar a Cristo. En palabras de Bavinck, «aquellos que no sienten necesidad de Jesucristo como redentor y reconciliador necesitan mucho menos Su ejemplo moral».[39]

¿Podemos ver una radiografía similar el día de hoy?

En nuestros distintos contextos, podemos ver un reflejo de esto. Quizás pensamos que la verdadera imitación de Cristo consiste solo en hacer algo realmente radical, algo que demande un potente sufrimiento y una renuncia voluntaria a todo lo que tenemos. Por ejemplo, tal vez creemos que estar «comprometidos» con la iglesia significa participar absolutamente de todas las actividades de la congregación local, al punto de dejar de lado las relaciones con nuestras familias y amigos. ¡Incluso dejamos de lado nuestra relación con Cristo al descuidar la vida devocional! Sin darnos cuenta, pasan los años y no descansamos. No hay pausas ni vacaciones. A veces, caemos presa de un activismo agobiante que nos hace pensar que estamos imitando a Cristo al sacrificar aspectos de nuestras vidas que el Señor nunca nos ha dicho que sacrifiquemos.

Por el contrario, ¿qué tal si un aspecto de la imitación de Cristo está marcado por un sano y verdadero compromiso con la iglesia local (y universal) que suponga tiempos de descanso y recreación con nuestras familias y amigos? Una sana imitación

---

39. Bavinck, *IC I*, 394.

de Cristo, reflejada en parte en la vida interna de la iglesia local, debería promover el uso de dones que lleven a los creyentes a crecer en Cristo al punto de servirse unos a otros con alegría.

De la misma manera, está bien apartar un tiempo para estudiar nuestros libros, pero ¿acaso nos transformaremos en personas que se aíslan de sus familias, amigos e iglesias con tal de apresuradamente adquirir más y más conocimiento? ¿No estamos creando así ciertas «órdenes monásticas» al relacionarnos exclusivamente con personas que tienen nuestros mismos hábitos (o tal vez, malos hábitos) de estudio, llevándonos a dejar de lado el discipulado, el servicio en la iglesia e incluso, también, el pasar tiempos de entretenimiento con nuestros hijos?

Así también, es importantísimo cerrar la puerta de nuestra habitación y buscar el rostro del Señor. Sin vida de oración, no hay vida cristiana. Sin embargo, el problema puede estar al salir de la pieza. El problema puede estar cuando desarrollamos un «orgullo espiritual» que se convierte en la vara de medida espiritual para todos aquellos que nos rodean. Pensamos que solamente nosotros somos más espirituales debido a la manera en que oramos o predicamos. Orgullo espiritual. El orgullo de proclamar a los cuatro vientos de las redes sociales que «pertenecemos» a Cristo (y no a «Pedro», «Pablo», «Agustín», «Calvino», «los puritanos» o «Bavinck»), cuando nuestras palabras y hechos muestran todo lo contrario.

Sí, Cristo nos dejó un ejemplo. Sin embargo, este ejemplo puede ser distorsionado cuando voluntariamente ignoramos la importancia de una sana cristología. Es decir, cuando no queremos saber nada de la persona y obra de Cristo. La imitación de Cristo se transforma en legalismo al no comprender que Cristo ya vivió la vida perfecta por nosotros. La imitación de Cristo se transforma en moralismo al rechazar el sacrificio perfecto que Él hizo por nuestros pecados. Así también, transformamos la imitación de Cristo en una angustia al no comprender que Cristo ya vivió la vida perfecta por nosotros.

Lamentablemente, una *imitación de Cristo* que rechaza tanto la *persona de Cristo* (proclamada en la Biblia y descrita en los credos universales), como también una *comunión personal con Cristo*, es una actividad que, de una u otra manera, terminará alejando a las personas de Aquel que vivió y murió por los pecadores.

Y nosotros ¿estamos imitando a Cristo? En la última sección de su artículo, Bavinck expone una visión cristiana y reformada de lo que implica este santo ejercicio.

Esta imitación no se entiende correctamente cuando es vista como una copia servil y estrecha de Sus palabras y hechos personales. Más bien, consiste en una aplicación libre y espiritual de los principios por los que Cristo vivió, cumpliendo completamente la ley moral.[40]

Para Herman Bavinck, la imitación de Cristo trata de algo profundo e íntimo. Por supuesto que no excluye lo externo. Sin embargo, hay un elemento primario. Este principio vivo es la *unión* y *comunión* con Cristo. En sus propias palabras, «así, esta unión mística, esta comunión espiritual y viva con Cristo es el elemento primario de la imitación de Cristo».[41]

El salmista dice: «la comunión íntima de Jehová es con los que le temen, y a ellos hará conocer su pacto» (Sal. 25:14, RVR1960). No podemos imitar a Cristo si no estamos

---

40. *Ibid.*, 396.

41. *Ibid.*, 397.

conociendo al Dios vivo, aquel Dios vivo que tomó una naturaleza humana y que ahora mismo está orando por cada uno de los suyos. La comunión con el Señor, en una vida de oración y estudio de la Palabra (de manera personal y comunitaria) tiene frutos en lo ético. Es decir, la obra interna del Señor en nuestras vidas se manifiesta en un corazón gentil, humilde, santo y paciente que se deleita en la ley del Señor en todas las vocaciones.

En resumen, la imitación de Cristo trata de una comunión con Él que nos lleva a amar y a poner por obra cada uno de los mandamientos que Cristo ya cumplió perfectamente por nosotros. De hecho, una sana comprensión de la imitación de Cristo nos lleva tanto a mortificar el legalismo, como también todo tipo de antinomianismo.[42]

Por último, la imitación de Cristo implica de manera práctica un aspecto que permeará la teología y la vida de Herman Bavinck, la catolicidad.

La catolicidad cristiana y reformada

> Primero soy un cristiano, después un católico,
> entonces un calvinista, cuarto un paidobautista
> y quinto, un presbiteriano.
> Yo no puedo revertir este orden.
> —John «Rabbi» Duncan (1796-1870)[43]

---

42. En términos generales, el legalista enfatiza la realización de obras sin considerar el evangelio de la gracia. Por otro lado, el antinomiano («contra la ley») enfatiza de una u otra manera que la realización de buenas obras (a través de la observancia de los Diez Mandamientos) no tiene lugar en aquellos que han conocido la gracia. Una lectura de las principales confesiones de fe reformadas nos muestra que ni el legalismo ni el antinomianismo deben tener lugar en nuestras vidas e iglesias.

43. William A Knight, *Colloquia peripatetica, deep-sea soundings, being notes of conversations with the late John Duncan* (Edimburgo: D. Douglas, 1879), 8.

Seguramente has recibido [una copia de] mi
discurso. Imagínate que esta conferencia está
destinada principalmente como una medicina para
las tendencias separatistas y sectarias que a veces
aparecen en nuestra iglesia. Hay tanta estrechez
de miras, tanta mezquindad entre nosotros,
y lo peor es que eso se considera piedad.
—Herman Bavinck[44]

La teología reformada es teología cristiana católica. La riqueza
y «diversidad en la unidad» de la tradición reformada son
expresiones de su carácter católico; carácter de una teología
que proclama la gloria de Dios en todo lo creado y recreado por
Cristo.

La frase de John Duncan —compañero de Robert Murray
M'Cheyne (1813-43) en las misiones a los judíos y profesor de
hebreo en *New College*, Edimburgo— sintetiza el sano espíritu
calvinista. Aquí vemos honestidad teológica.

Sí, Duncan, como pastor de la Iglesia Libre de Escocia, se
definía como calvinista. No obstante, los puntos esenciales
de la fe cristiana y católica tenían un fuerte impacto en el
entendimiento de la iglesia local. Aun cuando Duncan era
miembro de una denominación presbiteriana en particular, su
gozo estaba en ser un miembro del glorioso cuerpo de Cristo. En
sus palabras:

> Me regocijo en ser un miembro de la Iglesia Libre, pero me
> regocijo aún más en ser un miembro de la Iglesia Católica
> [universal] del Señor Jesús.[45]

---

44. Citado en Eglinton, *Bavinck*, 161.

45. John M. Brentnall, *'Just a Talker' The Sayings of Dr John Duncan* (Edimburgo: The
Banner of Truth Trust, 1997), 43.

Volviendo a Herman Bavinck, podemos notar que su
compromiso teológico también encuentra un paralelo en
Duncan a través de un tema característico del neocalvinismo:
unidad en la diversidad. Así, su pensamiento está enraizado en
la *unidad* de la Iglesia (cristianismo católico) que encuentra su
expresión, en este caso, en la *diversidad* de la confesionalidad
reformada. Aquí, la unidad precede y nutre a la diversidad. En
otras palabras, la catolicidad o universalidad precede y nutre el
calvinismo.[46]

¿Por qué mencionar la catolicidad en la última sección de este
capítulo? Simplemente porque el mensaje del evangelio es tan
grande que no puede ser deformado por tendencias separatistas
y sectarias que, tristemente, puedan pulular aun bajo el
estandarte de «doctrinas calvinistas».

**El desarrollo y la aplicación de las doctrinas de la gracia
están íntimamente ligados a un sano espíritu cristiano
católico.**

Una sana catolicidad reformada promueve la unidad en la
esencia de la fe cristiana, mientras que al mismo tiempo
desarrolla *disposiciones* y *actitudes* católicas que permiten
relacionarse con la diversidad de denominaciones cristianas.
Así, la catolicidad reformada nos ayudará a tener una piedad
conforme a la verdad y así, ser libres de una «apariencia
de piedad» que no hace más que dañar el cuerpo de Cristo.
Para esto, veamos el contexto en que Bavinck da su discurso
de 1888.

---

46. Esencialmente, el concepto de «diversidad en la unidad» tiene su fundamento
en el Dios único y trino. Así, en la autorrevelación de Dios en la creación vemos la
diversidad en la unidad que refleja al Creador. Tal como menciona James Eglinton,
«una teología de la Trinidad *ad intra* conduce a una cosmología del organismo
ad extra». Ver James Eglinton, *Trinity and Organism. Towards a New Reading of Herman
Bavinck's Organic Motif* (Londres: Bloomsbury T&T Clark, 2012), 205.

En esa fecha, Herman estaba terminando su período como
rector de la Escuela Teológica de Kampen (1887-88). En ese
mismo año, el Sínodo de su denominación discutía la idea de la
unión entre dos denominaciones que habían nacido producto
de su lucha contra la iglesia establecida de Holanda: la unión
entre la Iglesia Cristiana Reformada en Holanda (con sus
raíces en la secesión de 1834, que vimos en el capítulo 1) y los
Doleantie («los que se duelen»). Este último grupo de personas
correspondía a una denominación nueva reformada que había
abandonado la iglesia oficial (Iglesia Reformada Holandesa o
Nederlands Hervormde Kerk) en 1886. Uno de los líderes de los
Doleantie fue Abraham Kuyper.

Así, el asunto en cuestión fue la unión entre estas dos
denominaciones, que, a pesar de ser reformadas, mostraban
al mismo tiempo algunas diferencias. Entre ellas, cómo
reconciliar un calvinismo más experiencial y conservador
con el involucramiento y la apertura a la cultura moderna. Al
mismo tiempo, Bavinck detectó algunos aspectos que impedían
la unidad o el trabajo en conjunto entre distintas iglesias.
Entre estos están la estrechez de mente o la mezquindad que se
confunde con piedad.

Es en ese contexto donde Bavinck, con una disposición a la
unión, da un discurso titulado «La catolicidad de la cristiandad
y la iglesia» para servir como medicina para las tendencias
separatistas. A continuación, presentaré brevemente algunos
puntos que nos pueden ayudar a crecer en la unidad y la
diversidad de nuestras iglesias.

El primero tiene que ver con un entendimiento de la
catolicidad. Antes de explicar este punto, quiero dejar en claro
lo siguiente. La catolicidad a la que hago referencia no busca
la conversión del cristiano evangélico al catolicismo romano,
por ejemplo. De hecho, para Bavinck, el catolicismo romano

(en su contexto antes del Concilio Vaticano II) presenta en sí una contradicción de términos, al querer someter la cristiandad a un lugar (Roma), a un hombre (el papa) o a una determinada época (medieval, por ejemplo). No obstante, lo anterior no implica un total rechazo del estudio de autores que el catolicismo romano y ortodoxo consideran significativos para sus tradiciones, tales como los padres de la Iglesia (latinos y griegos) y teólogos medievales (Anselmo, Tomás de Aquino y Buenaventura).

Al mismo tiempo, la catolicidad no implica la total aceptación de todo tipo de teologías. De hecho, la catolicidad también implica una actitud crítica hacia aquello que se opone a la verdad del evangelio. Es por eso que, aun cuando Bavinck adoptó parte de la gramática del teólogo alemán Friedrich Schleiermacher (1768-1834, considerado uno de los «padres» de la teología liberal),[47] Herman no dejó de ser crítico tanto de Schleiermacher como también de los lamentables frutos que estaba dando el liberalismo teológico dentro del protestantismo.

En un escrito titulado «El futuro del calvinismo», Herman indicó lo siguiente: «la tendencia que prevalece hoy en día en Estados Unidos e Inglaterra, esa de mirar hacia Alemania como el centro científico teológico, simplemente probará ser de mucho daño tanto para la teología como para la iglesia reformada».[48] En resumen, el principio de catolicidad debe ser correctamente entendido y, a la vez, correctamente aplicado.

Entonces, ¿qué quiere decir Herman con esta idea?

---

47. Con respecto a este tema, recomiendo el estudio de Cory Brock, *Orthodox yet Modern. Herman Bavinck's use of Friederich Schleiermacher* (Bellingham: Lexham Press, 2020).

48. Herman Bavinck, «*The Future of Calvinism*». Traducido al inglés por Geerhardus Vos en *The Presbyterian and Reformed Review* 5 (1894): 1-24.

La catolicidad puede ser comprendida de manera general en dos (y otros más) puntos. El primero tiene que ver con la Iglesia como un todo unificado. Así, aunque las congregaciones están dispersas en distintos lugares, ellas son católicas porque están unidas a la Iglesia universal. En otras palabras, la catolicidad expresa la «unidad de las iglesias como inclusiva para todos los creyentes de cada nación, en todos los tiempos y lugares».[49]

La catolicidad que Bavinck tiene en mente es tan grande que no solamente abarca la diversidad de personas, períodos de tiempo y localidades, sino que también abraza «toda la experiencia humana». De esta manera, la segunda característica de la catolicidad abarca la universalidad y la relación entre la naturaleza y la gracia. Es decir, la relación entre las obras de «creación» y «recreación». En otras palabras, la catolicidad abarca y busca la verdad de Cristo tanto en la «cultura» como en el «culto», respectivamente.

El aspecto holístico de la catolicidad está dado por la relación de pacto que Jehová tiene con Su pueblo. Para Bavinck, en el Antiguo Testamento resulta imposible separar la adoración a Dios (culto) del resto de la vida.[50] Esto está dado porque Dios gobierna cada área de la vida y del universo. Por lo tanto, el alcance de la fe cristiana no está detenido por barreras que nosotros queramos imponer, tales como «límites de raza o edad, clase, estatus, nacionalidad o lengua».[51]

Debido a que el pecado afectó todas las áreas de la creación, el poder de Dios de restauración también abarca todo lo

---

49. Bavinck, «*The Catholicity of Christianity and the Church*» en CTJ 27 (1992): 220-51. Aquí, 221. De aquí en adelante, abreviado como *CCC*.

50. Es importante mencionar aquí que Bavinck distingue entre la adoración particular que ofrecemos a Dios de manera colectiva en el culto público del día domingo y la adoración general que ofrecemos a Dios a través de nuestras distintas vocaciones.

51. *Ibid.*, 224.

que hizo para Su gloria. Es aquí donde debemos distinguir y relacionar el evangelio y los frutos de este. En un escrito titulado *Principios bíblicos generales y la relevancia de la concreta ley mosaica para la cuestión social hoy* (1891), Bavinck expresa:

> Por lo tanto, [lo primero] es restaurar nuestra relación adecuada con Dios. La cruz de Cristo, por tanto, es el corazón y el punto medio de la religión cristiana. Jesús no vino, en primer lugar, a renovar las familias y reformar la sociedad, sino a salvar a los pecadores y a redimir al mundo de la ira venidera de Dios.[52]

¿Cuál es el efecto de un corazón redimido para vivir para Dios? En su charla sobre la catolicidad, Bavinck, como rector saliente, señala:

> El evangelio es una buena noticia, no solo para la persona individual, sino también para la humanidad, para la familia, para la sociedad, para el estado, para el arte y la ciencia, para todo el cosmos, para toda la creación que gime.[53]

Todo este gran alcance de la catolicidad en el pensamiento de Bavinck fluye directamente del entendimiento de la unidad en las Escrituras. Es decir, desde «la unidad que vemos en Dios mismo, desde la unidad del mediador divino entre Dios y la humanidad, desde la unidad del Espíritu, desde la unidad de la verdad, desde la unidad del pacto y la unidad de la salvación».[54] En otras palabras, la catolicidad fluye desde un principio de unidad teológico y bíblico.

---

52. Citado en John Bolt, *Bavinck on the Christian Life* (Wheaton: Crossway, 2015), 178.

53. Herman Bavinck, *CCC*, 224.

54. *Ibid.*, 226.

Estos dos aspectos, la *unidad* y el *alcance holístico* de la catolicidad, deberían llevarnos a reflexionar profundamente en el uso que le estamos dando a la teología en nuestras iglesias y seminarios. Debemos orar, estudiar y trabajar para lograr tener una visión panorámica de la soberanía de Dios. Es decir, debido a que Dios es el rey soberano de toda la creación, deberíamos reflexionar en cómo la gloria de Dios puede brillar en los distintos espacios de donde nuestros ojos alcanzan a ver.

Para Bavinck, el reino de Dios es tanto la perla de gran precio como también una semilla que crece para influir en cada rincón que toca. Para esto, debemos orar y trabajar a favor de la unidad de las distintas iglesias que proclaman el evangelio de Cristo. De lo contrario, el separatismo ahogará nuestras comunidades eclesiásticas. Dicho sea de paso, con lo anterior no estoy abogando por borrar las distinciones denominacionales. Solamente estoy invitando a que, sin transar con la verdad, podamos crecer en unidad al mantener la diversidad.[55]

La catolicidad de la Iglesia abarca una conciencia y una disposición de ser parte de un solo cuerpo. Así, los cristianos no deberíamos aislarnos en grupos pequeños que despliegan una actitud de orgullo espiritual frente al resto. Querer aislarse del cuerpo de Cristo presenta síntomas que incluso van en directa oposición a un entendimiento experiencial del Dios trino. En palabras de Bavinck:

> Quien se encierra en el estrecho círculo de una iglesita (*kerkje*) o conventículo no conoce y nunca ha experimentado el poder y el consuelo [de la catolicidad de la Iglesia]. Tal persona menoscaba el amor del Padre, la gracia del Hijo y la comunión del Espíritu; se priva de

---

55. Nuevamente, pensar en cómo el concepto de «diversidad en la unidad» (ver nota de p. 127) puede ayudar al trabajo entre distintas denominaciones cristianas que proclaman fielmente el evangelio.

tesoros espirituales que no pueden compensarse mediante la meditación y la devoción y empobrece su alma.[56]

Conclusión

Sinceramente, creo que una buena forma de concluir este capítulo es reflexionando sobre nuestras intenciones y anhelos a la hora de estudiar teología. El objetivo de esta sagrada ciencia no puede ser otro sino la gloria de Dios. Quizás esto ya lo sabes. Pero ¿de qué manera la gloria de Dios es reflejada tanto en tu vida cristiana como también, si este es tu caso, en tus estudios teológicos? Si Dios no es el principio, el fundamento y el fin de todo lo que hacemos, entonces otras cosas ocuparán esos lugares.

Gloria a Dios si nuestras teologías no están siendo esencialmente moldeadas por filosofías, ideologías o argumentos que van en contra de Su Palabra. Sin embargo, ¿por qué dejamos que una buena teología se ensucie con actitudes que tal vez emanan orgullo intelectual o espiritual? No es suficiente con conocer las doctrinas de la gracia si no hay gracia en nuestras vidas. No es suficiente con conocer las doctrinas de la gracia si no estamos dando por gracia aquello que por gracia nos ha sido dado.

Quizás el problema ha estado en que estamos conociendo sobre las doctrinas de la gracia y no al Dios de toda gracia y misericordia. Nuevamente, la pregunta apunta al conocimiento de Dios. ¿Estamos realmente conociendo a Dios y siendo transformados por Su Palabra y Espíritu? ¿Quién es el Dios que adoramos? ¿Cómo influye ese conocimiento en nuestro andar diario?

---

56. *Ibid.*, 227.

Esas son preguntas que la dogmática y la ética responden. De hecho, no es casualidad que Bavinck haya enseñado esas dos disciplinas; disciplinas que al mismo tiempo forman una unidad orgánica. En conclusión, no hay dogmática reformada sin una ética reformada.

Sobre lo anterior hablaremos en los próximos capítulos.

5

DOGMÁTICA REFORMADA: HACIA EL CONOCIMIENTO DEL DIOS TRINO

«Y esta es la vida eterna: que te conozcan a Ti,
el único Dios verdadero, y a Jesucristo,
a quien has enviado».
—Jesús[1]

Así, el conocimiento de Dios (*kennis Gods*) es el
único dogma, el contenido exclusivo de toda la
dogmática. Todas las doctrinas tratadas en ella,
sobre el mundo, sobre el hombre, sobre Cristo,
etc., no son más que la explicación del único dogma
central del conocimiento de Dios (*cognitio Dei*).
Todo es considerado desde Dios. Bajo Él, todo está
subsumido. Todas las cosas son redirigidas a Él.
[La dogmática] ha de meditar y describir siempre a
Dios y solamente Dios, cuya gloria está en
la creación y la recreación, en la naturaleza
y la gracia, en el mundo y la iglesia.
—Herman Bavinck.[2]

---

1. Juan 17:3.
2. *RD* II, 29.

Las palabras importan. Piensa en el peso de las palabras de alguien que sabe que va a experimentar la muerte y la ira de Dios por amor a Sus escogidos. Piensa en el significado de las palabras de alguien que sabe que resucitará para dar vida eterna a aquellos que merecemos muerte eterna. Las palabras importan.

Las palabras expresadas por la boca de Cristo hablan de aquello que abunda en Su corazón. Mientras oraba al ir a la cruz, el apóstol Juan deja por escrito el significado de la vida eterna. De acuerdo con Jesús, «y esta es la vida eterna, que te conozcan a Ti, el único Dios verdadero, y a Jesucristo, a quien has enviado».

Conocer a Dios. Conocer al Padre y al Hijo. Conocer al Padre y al Hijo en el poder del Espíritu Santo. Conocer al Dios trino, esa es la vida eterna.

Si la esencia de la vida misma consiste en conocer íntimamente a Dios, ¿cuál es, entonces, la esencia de la teología y la religión cristiana? Nuevamente, las palabras y las definiciones importan. En este caso, de manera vital entendemos que el conocimiento de Dios es la esencia de la teología. En palabras de Bavinck, «el conocimiento de Dios (*kennis Gods*) es el único dogma, el contenido exclusivo de toda la dogmática. Todas las doctrinas tratadas en ella, sobre el mundo, sobre el hombre, sobre Cristo, etc., no son más que la explicación del único dogma central del conocimiento de Dios».

En un contexto que había sido influido por distintas definiciones de religión, Bavinck desarrolla de principio a fin una *teología teológica* donde el conocimiento del Dios trino es absolutamente vital.

Con esto en mente (y corazón), Herman Bavinck publica la primera edición de su *Dogmática reformada* en cuatro volúmenes durante su período como profesor en Kampen (específicamente en los años 1895, 1897, 1898 y 1901). La segunda edición revisada es publicada durante su período como profesor en la Universidad Libre de Ámsterdam (en los años 1906, 1908, 1910 y 1911).

¿De qué trata este tratado teológico que en distintos grados ha comenzado a influir en el mundo reformado y evangélico a nivel general? Como veremos en este capítulo, la dogmática hace referencia a Dios y Sus obras. De manera un poco más específica, la dogmática reformada se centra en quién es Dios y lo que Dios ha hecho para que personas como tú y yo podamos tener vida. Y no cualquier vida, sino una vida que refleje para el día de hoy la realidad de conocer verdaderamente a Dios. De acuerdo a lo dicho por el profeta Jeremías:

> Así dijo Jehová: No se alabe el sabio en su sabiduría, ni en su valentía se alabe el valiente, ni el rico se alabe en sus riquezas. Mas alábese en esto el que se hubiere de alabar: en entenderme y conocerme, que yo soy Jehová, que hago misericordia, juicio y justicia en la tierra; porque estas cosas quiero, dice Jehová. (Jer. 9:23-24, RVR1960)

Necesitamos una teología que nos lleve a conocer a Dios. Para eso, la dogmática de Bavinck puede ser de gran ayuda para que nuestras vidas e iglesias se fundamenten en Dios, se muevan en Dios para finalmente, contemplar a Dios.

Dogmática reformada

Como hemos visto en los capítulos anteriores, las cartas de Bavinck nos ayudan a entender el contexto y parte de los motivos que llevaron a Herman a escribir o tomar decisiones.

En este caso, en 1884, Bavinck envió una carta a su amigo Christiaan expresando que estaba ocupado en la búsqueda de materiales para su «propia dogmática y ética». ¿Uno de los motivos? Se debía sentar un «fundamento histórico» antes de levantar el «propio edificio».[3] Once años después de esa carta, Bavinck publicó el primer volumen (de cuatro) de su *Dogmática reformada*.

Antes de realizar un rápido tour por estos cuatro volúmenes, para luego comenzar otro viaje por su ética reformada en el próximo capítulo, es significativo preguntarnos por qué Bavinck vio la necesidad de escribir un tratado teológico si, por ejemplo, ya había trabajado en la edición de la *Synopsis*. Creo que la respuesta a esta pregunta nos puede ayudar a desarrollar teología en los lugares donde el Señor nos ha puesto a servir.

Aunque Bavinck reconoce que la publicación de la *Synopsis* en su contexto llega en un momento indicado (donde los principios reformados están siendo reavivados), Herman también considera una de las causas del desuso de la *Synopsis* a final del siglo XVII. En sus palabras, «los tiempos cambian», por lo tanto, «otro tiempo requería algo diferente».[4]

¿Qué nos quiere decir Bavinck? Por lo menos dos actividades esenciales: *recuperar* y *desarrollar*.

En medio de una Europa que teológicamente era sacudida por el liberalismo y modernismo teológico, Bavinck contribuye a la recuperación de los *principios* o de la *esencia* de la teología católica reformada a través de la republicación de un importante tratado como lo fue la *Synopsis*.

---

3. Citado en Eglinton, *Bavinck*, 143-44.

4. «*Herman Bavinck's Preface to the Synopsis Purioris Theologiae*» en *TBR* 8:114.

Sin embargo, el trabajo teológico no podía solo quedarse en la reimpresión de buenos libros. De hecho, quedarse exclusivamente con un determinado texto teológico del pasado, sin desarrollar su doctrina para el día de hoy no era algo muy cristiano para Bavinck. En el prólogo a su dogmática, Herman comenta que «alabar lo antiguo solo porque es antiguo no es ni reformado ni cristiano [... La dogmática] está arraigada en el pasado, pero trabaja para el futuro».[5] En otras palabras, la teología no se trata de un entusiasmo mental por juntar buenos libros antiguos sin que estos nos ayuden tanto a madurar en la vida cristiana como también a servir en el lugar donde nos encontramos. Por lo tanto, Bavinck buscó recuperar y desarrollar una teología para su contexto.

Nosotros debemos recuperar y desarrollar una teología sana que contribuya a la sanidad del cuerpo de Cristo como también a la sanidad del entorno en que se encuentra el cuerpo de Cristo, es decir, pueblos y ciudades. Para esto, debemos tomar en serio y, a la vez, ser sabios en el tipo de teología que queremos recuperar porque de una u otra manera, esta influirá en nuestro trabajo para el presente y el futuro.

Sinceramente, creo que la teología que necesitan nuestros hijos, amigos e iglesias es aquella que tiene su fundamento en Dios y apunta a la gloria de Dios. Y esto no lo encontramos única y exclusivamente en la tradición a la cual pertenecemos, sino que este tesoro lo encontramos en vasijas de barro a lo largo de la historia. De esta manera, no debe sorprendernos la siguiente declaración de Bavinck: «hombres como Ireneo, Agustín, Tomás [de Aquino], no pertenecen únicamente a Roma. Ellos son padres y doctores, con los que toda la Iglesia cristiana tiene obligaciones».[6]

---

5. Herman Bavinck en su prólogo al volumen 1 de la primera edición de *Gereformeerde dogmatiek*, (Kampen: J.H. Bos, 1895).

6. *Ibid.*

«¿Cómo es posible que un teólogo reformado esté leyendo a autores que, a la vez, son admirados por la Iglesia Católica Romana?» o «¿acaso la lectura de Agustín y Tomás de Aquino nos llevará a convertirnos, en este caso, en católicos romanos?» son preguntas que tal vez pasan ahora mismo por tu mente. Sin embargo, permíteme responder lo siguiente.

En el caso de Bavinck, y de otros reformados (como los puritanos), la lectura de esos autores no los llevó a convertirse al catolicismo romano, sino todo lo contrario. El estudio de los padres de la Iglesia o de teólogos medievales llevó a que muchos pastores evangélicos consolidaran aún más sus convicciones reformadas. Leer a Agustín, Anselmo o Aquino no significó abrazar *toda* la teología de ellos. Sino que, con sabiduría bíblica, y conscientes de la suscripción confesional reformada, ellos tomaron lo mejor de lo que el Señor le entregó a Su pueblo en cada época. A la vez, ellos fueron críticos de aquello que no reflejaba una fidelidad al mensaje del evangelio de la gracia. Así, ellos reafirmaron su espíritu católico-reformado.

Lo anterior llevó a Bavinck a tener una honestidad teológica. Es decir, honestidad al declarar desde un comienzo sus convicciones reformadas y, a la vez, humildad al expresar que el calvinismo no es la única verdad. La teología que formula Bavinck se adhiere a aquella que tiene su origen en Suiza, «no porque esta es la única verdad, sino porque el autor está convencido de que [la teología reformada] es relativamente la más pura expresión de la verdad». En otras palabras, a pesar de que la tradición reformada no es la única verdad, para Bavinck aquella es la tradición que más expresa la verdad debido a que es «verdaderamente católica».[7]

---

7. En «Mi viaje a América», Bavinck también indica que «el calvinismo, después de todo, no es la única verdad». Citado en Eglinton, *Bavinck*, 314.

Hay otro aspecto que lleva a Herman a escribir su dogmática, esto es la «falta de progreso y deformación» en la tradición reformada. Nuevamente, Bavinck enfatiza la idea de recuperación y desarrollo a la hora de hacer teología. En otras palabras, la teología debe «llevar la marca de su tiempo». El motivo de esto tiene su principio en Dios mismo. Es decir, Dios continúa iluminando —con Su Palabra y Espíritu— los corazones de teólogos, pastores y cristianos en general, tal como lo hizo en los tiempos pasados.[8]

Con esto en mente, Herman Bavinck escribe cuatro volúmenes sobre una dogmática cuyo fundamento y fin es Dios. ¿De qué tratan estos cuatro volúmenes? A continuación, describiré de manera muy general algunos de sus puntos.

Volumen 1: Fundamentos para un prolegómeno sano

Pro-le-gggg… ¡¿Prole *qué*?! Quizás eso pensaste ahora. Debo confesar que la primera vez que leí o escuché esa palabra me pasó lo mismo. ¿Qué significa esta palabra?

Un prolegómeno describe los principios que son supuestos por alguien a la hora de realizar una determinada actividad. En palabras quizás más técnicas, el prolegómeno se refiere a la «sección de introducción de un tratado o sistema de pensamiento en la cual los principios básicos y premisas son enunciados».[9]

---

8. Con esto en mente, podemos entender la manera en que Bavinck desarrolla los apartados doctrinales de su *Dogmática reformada*. Generalmente, Bavinck comienza con una exegesis bíblica, luego presenta el desarrollo histórico de dicha doctrina para luego explicar la posición cristiana, católica y reformada en un lenguaje académico y contemporáneo a él.

9. Richard Muller, *Dictionary of Latin and Greek Theological Terms. Drawn Principally from Protestant Scholastic Theology* (Grand Rapids: Baker Academic, 2017), 294.

¿Qué principios fundamentales tuvo la dogmática enseñada y escrita por Bavinck? Parte del capítulo anterior ya nos dio unas luces importantísimas: Dios, la Escritura y la obra interna del Espíritu Santo. Por lo tanto, no me detendré mucho en este punto. Sin embargo, es bueno recordar por lo menos dos puntos del prolegómeno de Bavinck que, sin duda, nos ayudarán a comprender mejor la forma de estudiar teología.

El primero tiene que ver con la definición de dogma. Para Bavinck, siguiendo con la tradición reformada, el dogma «denota los artículos de la fe que descansan en la autoridad de la Palabra de Dios», y que, por lo tanto, debemos creer. Así, la dogmática es el sistema de los artículos de fe.[10] Esencialmente, el principio fundamental en el que descansa la dogmática cristiana (en este caso, reformada) es *Deus dixit*, es decir, «Dios ha dicho».

Dios ha hablado o se ha revelado para darse a conocer como el Dios que establece una relación íntima con cada uno de los que integran Su pueblo. Debido a lo anterior, Bavinck también define el contenido de la dogmática como «el conocimiento (*kennis*) de Dios que ha revelado en Su Palabra a la iglesia con respecto a sí mismo y de todas las criaturas en relación con Él».

Para entender la teología de Bavinck, es clave comprender la palabra holandesa que a lo largo de este libro he usado entre paréntesis: *kennis*.

Kennis puede ser traducido como *conocimiento*. Para profundizar brevemente en este término, quisiera dirigirme por un momento al «destilado del destilado» de la dogmática reformada de Bavinck.

---

10. *RD* I, 34.

Los cuatro volúmenes que Herman escribió están dirigidos a un público más académico y pastoral. Sin embargo, Bavinck quería llegar a todo público. Para esto, escribió *Magnalia Dei* («las maravillosas obras de Dios»), como un destilado en un volumen para pastores y estudiantes universitarios. El destilado de este segundo libro se titula *Manual para la instrucción en la religión cristiana*, dirigido principalmente a estudiantes de secundaria, escuelas públicas, profesores y todo aquel que quiera comprender el principal contenido de la fe cristiana.[11]

Estos dos últimos libros —*Magnalia Dei* y *Manual para la instrucción*— comienzan con la potente frase: «el bien supremo del hombre es Dios y solamente Dios». De hecho, la imagen de Dios en el hombre le recuerda continuamente «su llamado divino y destino celestial».[12] De esta manera, el hombre está llamado a conocer a Dios tanto aquí como en la eternidad celestial.

¿Qué significa este conocimiento (*kennis*) de Dios? En *Manual para la instrucción en la religión cristiana*, Herman describe en el primer capítulo que *kennis* implica un conocimiento personal, mientras que *weten* (otra palabra que también se traduce de la misma manera) implica un conocimiento impersonal. Es decir, una cosa es *conocer* sobre libros, culturas y ciencias y otra cosa es, *conocer* a un amigo. El primero es *weten*, mientras que el segundo corresponde a *kennis*. De hecho, conocer (*kennis*) está relacionado con la contemplación.

Por lo tanto, conocer (*weten*) sobre Dios, donde existe una mera aceptación intelectual del testimonio del otro, y donde el conocimiento nunca alcanza el corazón, no es el tipo de

---

11. Herman Bavinck, *Guidebook for Instruction in the Christian Religion*. Traducido al inglés por Gregory Parker Jr. y Cameron Clausing (Peabody: Hendrikson Publishers, 2022), xix.

12. *Ibid.*, 13.

conocimiento que implica una dogmática sana. Tanto la Palabra escrita como la Palabra encarnada nos hablan de «un conocimiento (*kennis*) de Dios que se basa en una relación personal, y experiencia de Su ser y virtudes, de Su justicia y gracia y que, por lo tanto, es solamente propiedad de Sus hijos».[13]

Lo anterior nos debería llevar a meditar en lo siguiente: ¿Estamos simplemente conociendo sobre Dios o estamos continuamente conociendo a Dios? A la vez, el estudio teológico, en cualquier nivel que sea, ¿nos está llevando a disfrutar de un conocimiento que al mismo tiempo nos lleva a crecer espiritualmente como hijos de Dios?

Nos faltarían muchas páginas para continuar hablando del prolegómeno de Bavinck, donde ahí él describe los fundamentos científicos de la teología, la esencia de la religión y el principio externo (la revelación) e interno (la fe) de la teología. Sin embargo, quisiera pasar al segundo tomo de la *Dogmática reformada* y hablar del Dios que adoramos y contemplamos. Así es, necesitamos conocer (*kennen*) y contemplar al

Dios que adoramos, todopoderoso y soberano.

Grande en misericordia y poder para salvar.[14]

Volumen II: Dios y Sus obras

El segundo volumen de la *Dogmática reformada* trata principalmente sobre el ser de Dios y Sus obras. En este

---

13. *Ibid.*, 16.

14. Parte del coro de la canción *El Dios que adoramos*. Música por Jonathan Jerez. Letra por Jonathan Jerez y Sarah Jerez. © 2013 Sovereign Grace Worship (ASCAP).

segundo tópico, Herman trata con la creación en general (los cielos y la tierra) como también con la creación del hombre a imagen de Dïos. Finalmente, el volumen termina con el cuidado creacional de Dios a través de la doctrina de la providencia, es decir, cómo Dios dirige, dispone, gobierna y sostiene todas las cosas del universo para Su gloria, incluyendo este preciso momento donde terminas de leer estas líneas.

¿Quién es este Dios que debemos conocer y adorar?

El segundo volumen comienza con la siguiente frase: «el misterio es el elemento de vida de la dogmática». ¿Qué quiere decir Herman con esto? Por un lado, «misterio» no significa algo terrorífico y abstracto que quizás para nuestros contextos evoque algún «escalofrío» debido a que trata con lo desconocido. Bavinck habla de misterio porque al estudiar teología, donde el conocimiento de Dios permea toda esta actividad, estamos contemplando a aquel Dios que se revela en la Escritura y, que, a la vez, supera infinitamente tanto los bordes de nuestro entendimiento como también los bordes del universo.

¡Gran y hermoso misterio! ¡El Dios que supera infinitamente los límites del universo y de nuestro conocimiento habita a la vez en corazones que, en unión con Cristo, son humildes y constantemente santificados!

Al entender que en teología todas las cosas son tratadas a partir de Dios y, por lo tanto, nos conducen a Dios, la dogmática «no se convierte en un ejercicio árido y académico, sin fruto para la vida». Por lo tanto, ¿hacia dónde deberían apuntar nuestra teología y nuestros corazones? Para la tradición cristiana reformada, tanto las dogmáticas como también los corazones de aquellos que estudian teología deben apuntar a la adoración y la contemplación de Dios. En palabras de Bavinck, «mientras [la dogmática] más medita en Él [Dios], cuyo conocimiento (*kennis*) es su único contenido, más será movida a la admiración y adoración [de Dios]».[15] En resumen, el misterio de la dogmática nos lleva a adorar al Dios que, debido a Su grandeza, es incomprensible en Su totalidad, pero a la vez, íntimamente conocible.

Luego de hablar sobre la incomprensibilidad de Dios y del conocimiento de Dios, Bavinck comienza a enseñar sobre el Dios que se ha revelado generalmente en la naturaleza y especialmente en la Escritura. En la revelación especial, Dios revela sobre Su esencia simple a través de Sus nombres y atributos. Aquí es donde debemos detenernos un poco cada vez que estudiamos sobre la doctrina de Dios al tener en cuenta lo siguiente: la mente de Dios y el tamaño de tu mente. La verdad es que el solo hecho de pensar en «la mente de Dios» nos deja sin palabras, sabiendo que ni siquiera podemos aplicar el término «tamaño» a la frase «la mente de Dios».[16]

La mente de Dios es extremadamente infinita y grande en comparación al tamaño de tu cabeza, corazón y ser. Por lo tanto, cuando hablamos cosas respecto a Dios, lo hacemos entendiendo que el conocimiento absoluto que Él tiene de sí mismo no es idéntico al conocimiento que ha revelado a criaturas con una mente o cerebro como el tuyo o el mío. Es imposible que el vasto conocimiento del Señor que Él tiene en sí mismo y de sí mismo sea contenido en trillones de trillones de universos. «Porque ¿quién entendió la mente del Señor?» (Rom. 11:34, RVR1960).

---

15. Bavinck, *RD* II, 29.

16. De manera más precisa, no podemos hablar literalmente del «tamaño» de la mente de Dios porque «tamaño» implica espacio físico. Dios, por el contrario, no tiene un cuerpo físico, sino que es un Espíritu simple e infinito que trasciende las categorías del espacio tridimensional. En este sentido, sí podemos hablar del *tamaño* de nuestra mente, pero no del *tamaño* de la mente de Dios.

«La mente del Señor»... Piensa en esto. ¿Acaso Dios tiene una mente con cerebro igual que tú y yo? ¡Por supuesto que no![17] Sin embargo, Dios es condescendiente y de cierta forma, Él «acomoda» el lenguaje de Su revelación para que sea entendido por criaturas finitas. Así, el conocimiento que Dios tiene de sí mismo es incomunicable, porque pertenece a Su propia esencia divina, y es conocido como «conocimiento arquetípico». Por otro lado, el conocimiento que Dios revela a criaturas finitas como nosotros, con un lenguaje acomodado que nosotros podamos entender, se conoce como «conocimiento ectípico».[18]

Debido a lo anterior, Bavinck (y tal como lo han entendido otros teólogos de la Iglesia a lo largo de los siglos) indica que «nuestro conocimiento de Dios siempre y solo es analógico en carácter».[19] Es importante reflexionar en este punto. Al mantener la distinción entre el infinito Creador y la finita criatura, hablamos del conocimiento de Dios como un conocimiento *analógico*. Es decir, en el lenguaje que nosotros como humanos empleamos para referirnos a Dios hay una *similitud* y *diferencia* en algunos aspectos. En el conocimiento analógico, hay una similitud y diferencia debido a la *acomodación* de lo que anteriormente vimos en la teología moldeada por el Dios infinito para que así, criaturas finitas podamos entender y asombrarnos ante la verdad bíblica.

---

17. Al mismo tiempo, es glorioso pensar que Jesucristo, el «Dios-hombre», al ser verdaderamente hombre, ciertamente posee un cerebro humano como tú y yo. ¡Gloriosa encarnación!

18. Para profundizar en las categorías de teología arquetípica y ectípica, sugiero el estudio del libro *A Treatise On True Theology* [Un tratado sobre la teología verdadera] del teólogo reformado y escolástico Francisco Junius (1545-1602). Ahí, Junius indica que la teología arquetípica es «la sabiduría divina de los asuntos divinos. En efecto, nos maravillamos ante ella y no tratamos de rastrearla (*non investigamus*)». Por otro lado, la teología ectípica «es la sabiduría de los asuntos divinos, moldeada por Dios a partir del arquetipo de sí mismo, mediante la comunicación de la gracia para Su propia gloria». Ver *A Treatise On True Theology* [Un tratado sobre la verdadera teología] (Grand Rapids: Reformation Heritage Books, 2014), 86.

19. *RD* II, 110.

Por eso vemos que en el Antiguo Testamento son atribuidas ciertas características humanas a Dios, como, por ejemplo, «los ojos Dios». En Proverbios 15:3, leemos «los ojos de Jehová están en todo lugar, mirando a los malos y a los buenos» (Prov. 15:3, RVR1960). ¿Acaso Dios *tiene* ojos? Ante esto respondemos que no, porque Dios es espíritu. Sin embargo, podemos hablar *analógicamente* de que Dios sí tiene ojos, entendiendo que hacen una referencia, por ejemplo, a Su omnisciencia.

Es clave recordar que nuestro conocimiento analógico de Dios es «verdadero, puro y confiable» porque tiene su fundamento en el Dios que se revela para ser el Dios de aquellos que tal vez, ahora mismo, no están pasándola muy bien.

Sé que quizás el párrafo anterior fue un poco pesado. Pero la verdad es que hay un tremendo consuelo y gozo detrás de esto. Producto del pecado, toda nuestra vida se ha visto afectada en términos físicos, emocionales o espirituales. Sin embargo, el Dios que hace que el universo sea un grano de arena en comparación a Él, se ha revelado de una manera gloriosa a través de Sus nombres y atributos a pecadores como tú y yo.

Piensa en que Dios es amor. Ahora medita en qué piensas o qué sientes cuando lees las promesas de Dios con respecto a Su amor y gracia que se encuentran en la Biblia. Sin duda ¡nuestros corazones se llenan de gozo! Ahora piensa profundamente en esto. Lo que tu mente logra comprender sobre las promesas de Dios es un granito de arena en comparación al infinito conocimiento que Dios mismo tiene de Sus propias promesas para ti y que nos ha revelado en Su Palabra. Así, nos damos cuenta de que el estudio teológico tiene potentes aplicaciones pastorales.

Ahora medita también en los nombres de Dios.

Uno de Sus nombres es Jehová, indicando que «Él es quien es» o «Él será el que será». Es decir, Dios no cambia. Jehová es el nombre del Dios del pacto de gracia que se ha revelado a lo largo de toda la historia de la salvación. Por lo tanto, el mismo Dios de Abraham, Isaac, Jacob y David es *tu* Dios, si tal como Abraham, has creído en Jehová y lo has abrazado con todo tu ser.

El Dios que nunca ha abandonado a Su pueblo (incluso cuando seamos infieles), y que además viene a buscar a aquellos que han dejado el redil, está con nosotros ahora. Mientras respiras, mientras detienes esta lectura y el Señor trae a tu corazón promesas de Su Palabra, medita en aquel Dios que nos da lo más glorioso: Dios mismo.

En *el sacrificio de alabanza*, aquel libro que Herman escribió sobre meditaciones antes y después de participar de la Santa Cena, él expresa lo siguiente:

> ¿Qué don es, a la vez, mayor que el de Dios mismo? ¿Qué puede Dios dar más que Él mismo, Él mismo con Sus virtudes y perfecciones, con Su gracia y sabiduría, con Su justicia y omnipotencia, con Su inmutabilidad y fidelidad? Porque si Dios es con nosotros, ¿quién contra nosotros? Lo que sea que nos golpee, Él es y permanece nuestro, en angustia y muerte, tanto en la vida como en la muerte, para el tiempo y eternidad; Él, después de todo, no es un Dios de muertos, sino de vivos. ¡Bendito es el pueblo cuyo Dios es el Señor (Salmo 33:12)![20]

Jehová es el Dios verdadero. Jehová es el Dios verdadero del pacto. Jehová es el Dios que se ha revelado como el Dios trino: Padre, Hijo y Espíritu Santo. Jehová es el Dios trino que nos ha prometido que nada ni nadie nos podrá separar de Su

---

20. Bavinck, *De offerande des lofs*, 11.

eterno amor. ¡Bendito es el pueblo cuyo Dios es el Dios trino e
inmutable del pacto!

Tengo que confesar que me encantaría seguir escribiendo
sobre el ser, los nombres y los atributos de Dios. Sin embargo,
debemos seguir adelante para ver por qué la teología de Bavinck
puede ser de ayuda para nuestras iglesias. Uno de los potentes
principios de Bavinck para toda su teología y para toda la vida es
cómo nuestro conocimiento del Dios trino moldea toda nuestra
cosmovisión.

El concepto de cosmovisión lo dejaremos para el último
capítulo. Por ahora, solo quisiera invitarte a pensar en lo
siguiente. ¿Cuándo fue la última vez que te detuviste a pensar
en cómo conocer más al Dios que adoras? ¿Cuán vital es para
ti conocer que «el Padre, el Hijo y el Espíritu Santo poseen
una y la misma naturaleza divina y atributos; ellos son uno
en esencia»? ¿Cuán importante es para ti saber que lo que
distingue a Dios son Sus propiedades eternas de origen, donde
«al Padre pertenece la paternidad, al Hijo la generación y al
Espíritu la procesión desde ambos»?[21] Hay mucho, mucho
material para aprender en el segundo volumen sobre Dios y Sus
obras. Pero déjame terminar esta sección con unas palabras de
su *Manual de doctrina*:

> Es el Padre *de* quien; es el Hijo *por* quien; y es el Espíritu
> *en* quien son todas las cosas. Del Padre, a través del Hijo
> y el Espíritu, proceden todas las cosas en la creación
> y recreación; y en el Espíritu y a través del Hijo, todas
> regresan al Padre. Por tanto, agradecemos especialmente
> al Padre por Su amor en la elección, al Hijo por Su gracia
> redentora y al Espíritu Santo por Su poder regenerador y
> renovador. El Dios trino es el verdadero Dios del pacto,

---

21. Bavinck, *Guidebook*, 69.

que está *arriba* de nosotros, *por* nosotros y *en* nosotros. En el amor del Padre, en la gracia del Hijo y en la comunión del Espíritu Santo están todas las bendiciones y la salvación para el hombre.[22]

Volumen III: Cristo, el Mediador del pacto

El volumen II también habla de la creación del hombre. De manera significativa, Bavinck recupera una importante doctrina de la tradición reformada para su contexto moderno: el pacto. Esta doctrina es presentada principalmente en los volúmenes II y III. En este tercer tratado, el pacto de Dios con el hombre es entendido en relación a la persona y obra de Cristo.

La idea del pacto nos ayuda a profundizar y a entender mejor la manera en que Dios se relaciona con cada persona de la humanidad de manera orgánica. Es decir, Dios crea a Adán y establece un pacto con él como cabeza representativa de toda la humanidad. En ese pacto, hay una relación orgánica entre Adán y su descendencia. Así, las acciones de Adán tenían repercusiones en toda la humanidad.

Cuando Dios crea al hombre, lo crea para que este tenga una relación íntima con su creador en plena libertad y de acuerdo con Sus mandamientos. Es en el contexto del pacto donde el hombre sirve a Dios, no bajo violencia, sino voluntariamente. En otras palabras, en el contexto de pacto, el hombre libre y deseosamente ama a Dios.

El primer pacto con Adán es descrito en la tradición reformada como el «pacto de obras».[23] En ese pacto, Adán debía

---

22. *Ibid.*

23. La *Confesión de Fe de Westminster* define así el pacto de obras en el capítulo 7, párrafos I y II: «La distancia entre Dios y la criatura es tan grande, que aunque

obedecer perfectamente la ley de Dios. ¿La consecuencia de la obediencia? Vida eterna para él y su descendencia. ¿La consecuencia de la desobediencia? Muerte eterna para él y su descendencia. Tristemente, ya sabemos lo que pasó.

Debido a que en el concepto de pacto está la idea de representatividad y organicidad, por el pecado de uno, todos nosotros estamos destituidos de la gloria de Dios. Por el pecado de Adán y por el pecado de cada persona que nace, no podemos vivir para el fin principal de nuestra vida: la gloria de Dios.

La maldición que proviene por quebrantar el pacto de obras (la muerte), se extiende a todo nuestro ser (cuerpo y alma). En resumen, después de la caída no hay quien busque a Dios. Sin embargo, Dios por pura gracia viene a buscar a Su pueblo.

Es por eso que, inmediatamente después de la trágica desobediencia del primer Adán, Dios establece Su promesa en Génesis 3:15, donde un hijo de la simiente de Eva vendría a aplastar la cabeza de Satanás. Esa promesa establece esta nueva relación con el hombre por pura gracia. En palabras de Bavinck, «desde el primer momento de su revelación, la gracia asume la forma de un pacto».[24] De esta manera, comienza un pacto de

---

las criaturas racionales le deben obediencia como su Creador, sin embargo nunca podrán tener disfrute alguno de Él como su felicidad [beatitud] y galardón, a no ser por alguna condescendencia voluntaria de parte de Dios, habiéndole complacido a Él expresarla a través del pacto [...]. El primer pacto hecho con el hombre fue un pacto de obras, en el cual se le prometió vida a Adán, y en él a su posteridad, bajo la condición de una obediencia perfecta y personal». Ver *Confesión de Fe de Westminster, Catecismo Menor y algunos credos* (Edimburgo: El Estandarte de la Verdad, 2023), 20.

24. *RD* III, 197. El párrafo III, del capítulo 7 de la Confesión de Fe de Westminster dice: «El hombre, por su caída, se hizo a sí mismo incapaz de la vida mediante aquel pacto, por lo que agradó a Dios hacer un segundo pacto, llamado comúnmente pacto de gracia, según el cual Dios ofrece libremente a los pecadores vida y salvación por Jesucristo, requiriéndoles la fe en Él para que sean salvos y prometiendo dar Su Espíritu Santo a todos aquellos que están ordenados para vida, a fin de hacerlos dispuestos y capaces de creer». *Confesión de Fe de Westminster*, 20.

pura gracia donde el Antiguo Testamento prepara el contexto para la encarnación del segundo y mejor Adán: Jesucristo.

¿Por qué es importante hablar de la doctrina del pacto? Porque para poder apreciar de manera más profunda la doctrina de la persona y obra de Cristo (cristología), es necesario conocer sobre teología del pacto. En otras palabras, y para entender mejor las doctrinas de la gracia, es esencial conocer la profundidad del pacto de gracia.[25] Así, Bavinck expone primeramente la doctrina del pacto de gracia para luego hablar de la persona de Cristo como la nueva cabeza representativa o federal.

La importancia de la relación de pacto entre Dios y Su pueblo es algo que está en toda la Escritura, desde Génesis hasta Apocalipsis. Bavinck indica que, por ejemplo, las palabras de Génesis 28:21, («Jehová será mi Dios»), «indudablemente sugieren la idea de una relación de pacto [...]. Éxodo 21-23 es llamado "el libro del pacto (Ex. 24:7); la sangre del sacrificio con el cual fue confirmado es llamada "la sangre del pacto"».[26]

De la misma manera, la idea del pacto fue importante para los profetas. Por ejemplo, en el libro de Jeremías vemos cómo la apostasía del pueblo los lleva a preguntar si es que Dios los ha abandonado definitivamente o no, debido a la infidelidad del pueblo. Quizás tú, como cristiano, te preguntas si luego de arrepentirte, Dios te ha dejado debido a tu pecado y a las consecuencias de este. ¿Cuál es nuestra esperanza cuando somos conscientes de nuestra infidelidad?

---

25. La teología del pacto no solamente ha sido vital para la tradición presbiteriana y reformada en general. En una ocasión, el pastor bautista-calvinista Charles Spurgeon al predicar sobre Hebreos 8:10, dijo lo siguiente: «la doctrina del pacto divino se encuentra en la raíz de toda verdadera teología. Se ha dicho que aquel que entiende bien la distinción entre el pacto de obras y el pacto de gracia es un maestro de la teología».

26. *Ibid.*, 201-202.

Es aquí donde la doctrina del pacto de gracia trae un tremendo consuelo, tanto en la vida como en la muerte, en cuerpo y alma, para cada cristiano. Tal como el pueblo de Dios en el Antiguo Testamento, la Iglesia de hoy tiene el mismo consuelo. En palabras de Bavinck, «a esto respondió el pacto que Dios había hecho con Israel, de que la infidelidad del pueblo de Dios no anularía la fidelidad de Dios».[27] La fidelidad de Dios es nuestro consuelo.

Consuelo. Un consuelo tanto en la vida como en la muerte, en cuerpo y alma, para ti.

¿Has escuchado o leído esas palabras antes? Sí, en el primer capítulo de este libro, donde hice mención del Catecismo de Heidelberg (1563). Tu único consuelo es que no le perteneces a tus pecados, ni tentaciones, ni ansiedad, ni al diablo, ni a ningún abusador espiritual, ni tampoco a la vergüenza. Tu único y glorioso consuelo es que con todo tu ser le perteneces al Señor. ¡Qué gloriosa realidad!

Uno de los autores de esta respuesta, Zacarías Ursino (1534-1583), escribió otro catecismo, donde nuevamente describe ese consuelo desde una clásica perspectiva reformada, es decir, trinitaria y del pacto. De hecho, las palabras de su primera pregunta y respuesta hacen eco del Catecismo de Heidelberg. En este catecismo, Ursino pregunta y responde lo siguiente:

¿Qué consuelo firme tienes en la vida y en la muerte?

Que fui creado por Dios, de acuerdo a Su imagen, para la vida eterna; y después de que deliberadamente perdí esto en Adán, Dios, por Su infinita y gratuita misericordia, me

---

27. *Ibid.*, 202.

ha tomado en Su pacto de gracia para darme a través de
la fe, justicia y vida eterna por la obediencia y muerte de
Su Hijo que fue enviado en la carne. Y que Él ha sellado
Su pacto en mi corazón por Su Espíritu, que me renueva
a imagen de Dios y clama en mí: «Abba, Padre», por Su
Palabra y las señales visibles de este pacto.[28]

Si eres cristiano, tienes un consuelo muy seguro.
Particularmente, la firmeza del pacto radica en que Dios está
ahora mismo contigo. El Espíritu Santo nos santifica día a día
y aplica a nuestros corazones lo que Cristo, el mediador del
nuevo pacto, ha hecho por ti. ¿Qué es lo que Cristo hizo por
nosotros? Cristo, como el «verdadero sacrificio del pacto»,[29]
trae una redención completa, es decir, «una redención de
toda la persona, en cuerpo y alma, de todos los pecados y
consecuencias del pecado. Esto ha sido consumado por la vida y
la muerte de Cristo».[30]

Es importante considerar la vida y la muerte de Cristo en
términos representativos. Dios exige una obediencia perfecta
de parte de cada uno de nosotros. Eso fue lo que exigió de
Adán. Sin embargo, desde la caída de Adán, ningún ser
humano puede guardar la Ley de Dios de manera perfecta.
Excepto uno. Hay uno que es completamente hombre y
completamente Dios que guardó la ley de Dios; es decir, vivió
una vida perfecta, en representación de cada uno de los que el
Padre le dio antes de la fundación del mundo (ver Juan 17). Y
no solamente eso, sino que además pagó y sufrió la maldición
de aquellos que quebrantaron el pacto de obras. Esa maldición
es la ira de Dios.

---

28. Lyle D. Bierma, *An Introduction to the Heidelberg Catechis. Sources, History, and Theology* (Grand Rapids: Baker Academic, 2005), 163.

29. *RD* III, 338.

30. *Ibid.*, 379.

Esa maldición es la muerte eterna o el infierno mismo. De esta manera, Cristo, con Su vida (obediencia activa) y muerte (obediencia pasiva) nos da vida en abundancia para que podamos disfrutar seguramente de la comunión íntima de Jehová. En palabras de Bavinck, «toda la persona de Cristo, tanto en Su obediencia activa como pasiva, es la completa seguridad/fianza de toda la redención, que Dios por gracia regala al hombre, a la humanidad y al mundo».[31]

Debido a lo anterior, la esencia del pacto de gracia es disfrutada y además firmemente asegurada por lo que el Espíritu Santo está obrando ahora mismo en tu vida según lo que Cristo hizo por ti, en Su vida y Su muerte, hace dos milenios. Sin embargo, esta seguridad está aún más profundamente segura en aquello que Dios determinó antes de la fundación del mundo.

Uniéndose a una larga lista de teólogos reformados, Bavinck embellece la doctrina del pacto de gracia al hablar de su eterno fundamento en el pacto llevado por las tres personas de la Trinidad antes de la fundación del mundo. En sus palabras, «el pacto de gracia revelado en el tiempo [desde Génesis en adelante] no cuelga en el aire, sino que descansa en un fundamento eterno e inmutable. Está firmemente fijado en el consejo y el pacto del Dios trino».[32]

Así, la seguridad de nuestra salvación está absolutamente segura en el pacto eterno (*pactum salutis*, en latín) entre las tres personas de la Trinidad. En ese pacto eterno, el Padre le da un pueblo a Su Hijo y el Hijo se compromete a morir y vivir por ellos. Además, es el Espíritu Santo quien acompaña a Cristo desde Su concepción en adelante, y quien además aplica los beneficios del pacto a cada cristiano.

---

31. *Ibid.*, 380.

32. *Ibid.*, 215.

Es por eso que, al final del volumen III, la sección del orden de la salvación (*ordo salutis*) está dentro de una gran sección cuyo título lamentablemente no fue traducido en la versión al inglés. Este título dice «Over de weldaden van het Verbond» [Sobre los beneficios del pacto (de gracia)]. Esta sección continúa con ese mismo título en el cuarto y último volumen de la *Dogmática reformada* de Herman Bavinck.

Volumen IV: Llamados a vivir para Dios y contemplar a Dios

Este último volumen describe el llamado (externo e interno) y la regeneración (el nuevo nacimiento), la fe y la conversión, la justificación, la santificación y la perseverancia del cristiano. Posterior a esta sección, Bavinck escribe sobre la Iglesia, donde se trata la esencia, gobierno y poder de esta. La penúltima sección contiene capítulos referidos a los sacramentos como medios de gracia (bautismo y Santa Cena). Finalmente, el último apartado trata sobre «las últimas cosas» o lo que se conoce como escatología. Esta se divide en tres grandes apartados: el estado intermedio, el retorno de Cristo y la consumación de las edades.

El material presentado en este cuarto volumen (y también en los previos) es tan rico que es imposible presentar cada uno de sus tesoros aquí. Sin embargo, daré una pequeña pincelada sobre tres aspectos que nos permitirán movernos al próximo capítulo que trata sobre ética reformada. Estos tres puntos abarcan ideas sobre el llamado, la santificación y la visión beatífica.

Llamamiento y predicación

Bavinck representa un expositor sano de la teología reformada.
¿Por qué menciono esto? Porque en Bavinck, la doctrina de
la elección no presenta un impedimento para la práctica de
la predicación. Si bien es cierto que Dios ha elegido por pura
gracia —desde antes de la fundación del mundo— a un número
de personas de toda tribu, lengua y nación, esto no puede ser un
impedimento para predicar y ofrecer libremente el evangelio a
todo tipo de personas.

Es justamente la doctrina de la elección de Dios la que nos
impulsa a predicar a todos aquellos que nos rodean. En palabras
de Bavinck, «la Escritura no deja dudas de que el evangelio puede
y debe ser predicado a todas las criaturas». De la misma manera,
«el evangelio es predicado a los humanos no como elegidos
o réprobos, sino como pecadores, todos los cuales necesitan
redención».[33] Así podemos entender esta hermosa dinámica
entre la soberanía de Dios y nuestra responsabilidad; mientras
Dios es soberano en convertir a Su tiempo a Sus escogidos,
nosotros debemos predicar en todo tiempo a todas las personas.

Santificación

El Dios del pacto nos aparta para vivir para Su gloria. Al
comenzar esta sección, Bavinck escribe que «tan pronto como
Dios estableció Su pacto con Abram, le ordenó andar delante de
Él y ser intachable».[34]

Es clave destacar que la santificación es una obra trinitaria.
Dios es quien produce en nosotros tanto el querer como el

---

33. *RD* IV, 36.

34. *Ibid.*, 232.

hacer. Así, una sana cristología es esencial para entender correctamente la santificación. Si bien debemos distinguir la justificación (como el acto de Dios que nos imputa la justicia de Cristo) de la santificación (como la continua obra de Dios donde internamente nos imparte la santidad), a la vez debemos entender que ambas están fundamentadas en la persona y obra de Cristo. En palabras de Bavinck:

> Para entender el beneficio de la santificación correctamente, debemos proceder de la idea de que Cristo es nuestra santidad en el mismo sentido en que es nuestra justicia. Él es un completo y todo suficiente Salvador. [… la santidad evangélica, a diferencia de la legalista,] consiste en la realidad de que, en Cristo, Dios nos da, junto con la rectitud, también una completa santidad, pero no la imputa [como en la justificación,] sino que internamente la imparte por la obra regenerativa y renovadora del Espíritu hasta que hayamos sido completamente conformados a la imagen de Su Hijo.[35]

Así, nuestra justificación y santificación están seguras debido a que Cristo entró en «una relación de pacto» con nosotros, como nuestra cabeza y mediador.

Si bien el Espíritu Santo nos une a Cristo por medio de la fe, de manera objetiva nuestra «unión mística con Cristo ya comienza en el pacto de redención (*pactum salutis*). La encarnación y satisfacción presuponen que Cristo es la cabeza y el mediador del pacto».[36] Esto es sumamente esencial para evitar tanto el legalismo, como también el antinomianismo. Debido a que nuestra santificación está segura en Cristo, nosotros ciertamente debemos ser activos en nuestra santificación. Cristo no murió

---

35. *Ibid.*, 248.
36. *Ibid.*, 250.

para que nosotros sigamos jugando con y en el pecado. En este significado activo, nosotros somos «llamados y equipados» para buscar la santidad y rendir toda nuestra vida a Dios.

En la santificación, no hay ninguna contradicción entre la soberanía de Dios y nuestra responsabilidad. El cristiano se deleita al saber que Dios produce en su vida tanto el querer como el hacer. De acuerdo con Bavinck, «la Escritura siempre mantiene ambas: la actividad de Dios y nuestra responsabilidad».[37]

La santificación se manifiesta en buenas obras, que, de acuerdo con el Catecismo de Heidelberg, dice Bavinck, «provienen del principio de la fe verdadera, son conforme a la ley de Dios y realizadas para Su gloria».[38] He aquí la importancia de la ley de Dios, un aspecto que veremos en el próximo capítulo.

Finalmente, ¿por qué la santificación debe ser entendida y disfrutada correctamente? La dogmática de Herman Bavinck nos provee una respuesta que debería llevarnos a meditar profundamente: «Hay una conexión cercana entre la santificación y la glorificación. Lo que es sembrado aquí es cosechado en la eternidad. Sin santidad, nadie verá a Dios».[39]

Conocer a Dios para ver a Dios

«La visión de Dios es prometida a los creyentes en la vida eterna como el clímax de toda la salvación».[40]

---

37. *Ibid.*, 253.

38. *Ibid.*, 256.

39. *Ibid.*, 236.

40. Herman Bavinck, *«Geloof en aanschouwing»* en *De Bazuin* 50:44 (1902). Abreviado como *GA*.

La cita anterior corresponde a las palabras que Herman Bavinck escribió para un periódico en el año 1902. Esta aseveración destaca la importancia que el neocalvinismo (en su primera generación, con Kuyper y Bavinck) le dio a la doctrina de la visión beatífica.

Como veremos a continuación, la escatología de Bavinck presenta el mismo elemento que debe ser central tanto en la teología como en la vida cristiana en general: el conocimiento de Dios (*kennis Gods*). De esta manera, aunque Bavinck destacó una renovación de todo el universo en la consumación de los tiempos, hay un aspecto doctrinal que para Bavinck representa el clímax de nuestra salvación. Este es la doctrina de la *visio Dei,* o visión beatífica.

«Luego del juicio final, viene la renovación del mundo».[41] Así comienza Bavinck el último capítulo de su *Dogmática reformada*. Los nuevos cielos y la nueva tierra no implican que este mundo está destinado a continuar en su presente forma para siempre, ni tampoco que será destruido en sustancia y reemplazado por un mundo totalmente nuevo. Contra esos extremos, Bavinck indica que la Biblia habla más bien de una recreación, renovación o reforma de toda la creación (compuesta de los elementos que ahora existen) en un estado mucho mejor y más glorioso que al comienzo. Así, las bendiciones de las cuales participaremos en la eternidad serán espirituales y también físicas y materiales.

«Aun así, las bendiciones espirituales son las más importantes e innumerablemente abundantes: santidad; salvación; gloria; adopción; vida eterna; la visión de Dios y la conformidad a Dios y Cristo; y la comunión con Él, el servicio y la alabanza a Dios y a Cristo».[42] En estos dos últimos puntos quisiera detenerme.

---

41. *RD* IV, 715.

42. *Ibid.*, 721.

Si bien cada uno de nosotros puede tener distintas posturas escatológicas en asuntos secundarios (que, por supuesto, estén dentro de la ortodoxia cristiana, y no herejías), hay algo que siempre debe ser sumamente enfatizado: fuimos creados y redimidos para glorificar a Dios en la medida que lo conocemos y disfrutamos de Él.

Ahora caminamos y vivimos por fe. Pero apenas cerremos nuestros ojos al morir, abriremos los ojos del alma para ver, sí, ¡para ver a Dios! Nuestra *fe* se convertirá en *visión*.

En la eternidad, viviremos por vista, glorificando y disfrutando a Dios al contemplar al Ser más hermoso y glorioso en la persona de Cristo. Esa es la doctrina de la visión beatífica.

¿Puedes imaginar, o mejor dicho, meditar, en que ahora mismo todos los santos que murieron en Cristo están viendo a Dios al estar unidos a Cristo? Cada segundo que pasa, mientras lees estas líneas, hay una Iglesia que está contemplando a Aquel que vivió y murió por ellos. Ellos están contemplando a Cristo, a Aquel que vivió y murió por Su pueblo conformado por gente de toda tribu, lengua y nación. Los santos en el cielo contemplan a la Vida misma que es Cristo, a Aquel que da vida, y vida en abundancia. Esa vida consiste en el conocimiento experiencial del Dios trino. Esa es la doctrina de la visión beatífica. En palabras de Herman:

> Ahora, mientras miramos en el espejo de la revelación, solamente vemos Su imagen; entonces [después] lo veremos cara a cara y conoceremos como fuimos conocidos. La contemplación (*visio*), la comprensión (*comprehensio*) y el disfrute de Dios (*fruitio Dei*) son la esencia de nuestra futura beatitud […] y así, contemplando y poseyendo a Dios, ellos disfrutan a Dios y

son felices en Su comunión; benditos en alma y cuerpo, en intelecto y voluntad.[43]

No sabes el deseo que tengo de seguir escribiendo sobre esta hermosa doctrina. Tal vez lo haré en un futuro. Sin embargo, antes de leer la conclusión de este capítulo, te invito a meditar en lo siguiente.

Un día, en la resurrección, tu cuerpo y tu alma se unirán. Esto será una realidad indudable porque Cristo ya resucitó. Ahí, en la nueva creación —cuando todo sea renovado— tendrás todo tu ser glorificado. Eso incluirá tus ojos. Los mismos ojos que ahora tienes, y que leen estas páginas, serán increíblemente hermosos en su estado futuro de glorificación. Sin embargo, hay una hermosa razón por la cual tus ojos serán hermosos.

Tus ojos serán hermosos porque verán «al Rey en Su hermosura». Tus ojos serán hermosos porque tus pupilas reflejarán el rostro físico de tu Salvador. La visión de Dios en Cristo que entrará por tus ojos físicos será aún más disfrutada y amplificada con los ojos del alma. Tu alma conocerá cómo todo tu ser fue conocido y amado con amor eterno. Esta visión transformará todo tu ser, para que, con todos los santos, disfrutes a Dios ininterrumpidamente para siempre.

¿Amén?

Amén.

Sí, ven pronto, Señor Jesús.

Una buena teología nos prepara y lleva a vivir para la gloria de Dios al contemplar el rostro de Su Hijo por medio de la fe y en la eternidad, por medio de una visión glorificada.

---

43. *Ibid.*, 722.

Conclusión

«Teología de la prosperidad», «teología verde», «teología del norte», «teología del sur» y así sucesivamente. ¿Qué teología necesitamos? ¿Qué tipo de teología necesitan los cristianos cuyo contexto social está marcado por agendas progresistas? ¿Qué teología necesitan los cristianos que viven en las grandes ciudades? Y las preguntas continúan.

¿Qué dogmática necesita el campesino que se levanta temprano en la madrugada para trabajar y luego ir a dejar a sus nietos al colegio? ¿Qué teología necesitan las profesoras que enseñan tanto en colegios públicos, privados o en casas? ¿Cuál debe ser el fundamento teológico de los seminarios para evitar que ideologías progresistas o conservaduristas moldeen a sus profesores y alumnos?

En resumen, ¿qué teología necesitamos tanto en la vida como en la muerte?

Lo que urgentemente necesitan nuestros corazones y contextos es una teología cristiana. Una teología cristiana es una teología bíblica y trinitaria. La teología que necesitamos para el día de hoy es aquella que está cimentada, enraizada y nutrida en la Palabra de Dios. Las opiniones de los hombres cambian, mas la palabra del Señor permanece para siempre.

A la vez, una teología teológica-trinitaria presenta una sana teología cristocéntrica. Es decir, cuando Dios mismo es el fundamento de la teología, podemos comprender que Cristo es el centro de la teología. De lo contrario, cuando Dios no es el origen ni el fin de la teología, podemos desarrollar «cristologías» cuyo fin no es el conocimiento de Dios, sino más bien, la imposición del carácter de cualquier político, pastor o ideología política en nuestra concepción de Cristo.

No obstante, cuando entendemos que el Dios trino es el
fundamento principal de la teología, comprendemos que Cristo
es el latir del corazón de la teología. En palabras de Bavinck:

> La doctrina de Cristo no es el punto de partida, sino
> ciertamente el punto central de todo el sistema de
> dogmática. Todos los demás dogmas se preparan
> para Él o se infieren de Él. En [la cristología], como
> el corazón de la dogmática, late toda la vida ético-
> religiosa del cristianismo. Es «el misterio de la piedad»
> (1 Timoteo 3:16). De este misterio ha de proceder toda
> cristología. Si Cristo es la Palabra encarnada, entonces
> la encarnación es el hecho central de toda la historia del
> mundo.[44]

Nuestras iglesias necesitan una teología que nos lleve a
contemplar las riquezas de la gloria de Cristo en Su Palabra.
Esto es lo que ha hecho la Iglesia durante siglos. A esto también
somos llamados nosotros, es decir, a «preservar, explicar,
proclamar, aplicar, traducir, difundir, alabar y defender,
en una palabra, los pensamientos de Dios plasmados en las
Escrituras».[45] Esto implica abrazar sanamente el desarrollo
teológico en la historia de la Iglesia.

Por lo tanto, también deberíamos nutrirnos de lo mejor de
aquellos teólogos que se alimentaron primeramente de la
Palabra. A la vez, recordemos que el concepto de *Sola Scriptura*
no significa un abandono de los credos y las confesiones de
fe. Tal como Bavinck menciona en su *Manual*, las confesiones
de fe «no se oponen al desarrollo del conocimiento (*kennis*),
sino que lo guardan y guían en la dirección correcta, y
ellas mismas [las confesiones] son probadas y revisadas

---

44. *RD* II, 274.
45. Bavinck, *Guidebook*, 48.

legítimamente por la Santa Escritura, la cual es la única regla de fe».[46]

Meditemos en lo siguiente: para profundizar en el conocimiento de Cristo, debemos apreciar el sano legado y desarrollo teológico de los siglos pasados (¡y también del día de hoy!), pero, por sobre todo, debemos amar la Palabra de Dios.

De la misma manera, una teología bíblica y trinitaria implica una sana doctrina de la persona y la obra del Espíritu Santo (pneumatología). Ya vimos un poco de esto en el capítulo pasado al mencionar que, de acuerdo con Bavinck, «no hay teólogo sino aquel que es enseñado por [el Espíritu Santo], no hay teología sino aquella que es instruida por [el Espíritu Santo]». Dicho esto, necesitamos urgentemente una pneumatología que nos lleve a meditar en el Espíritu Santo como Dios mismo, en Su relación con Cristo, en Su relación con el cristiano y Su relación con toda la creación. De la misma manera, necesitamos una correcta pneumatología para ser más convencidos de cuán horribles son nuestros pecados, como también, ser aún más convencidos de la belleza y la gloria de Cristo.

Necesitamos una teología bíblica y trinitaria para así vivir de acuerdo al fin principal de nuestra teología. Dicho de otra manera, si el fundamento y el propósito de las distintas teologías que podamos desarrollar no es la gloria de Dios, entonces caerán, así como caen todas las cosas construidas en la arena.

Estimado lector, necesitamos ser cristianos y teólogos que, tanto en una pequeña sala de la iglesia en medio del campo, como también en la sala de clases del seminario, podamos

---

46. *Ibid.*, 49.

realmente estar glorificando a Dios en todo. En palabras de
Bavinck:

> Toda teología que verdaderamente merece este nombre
> [...] busca mantener Su gloria [la gloria de Dios] sobre
> todas las cosas. Un verdadero teólogo es el que, si necesita
> estar contra todo —la ciencia y la opinión pública, el Estado
> y la iglesia, y todas las cosas de la tierra—, se aferra a Dios y
> a Su Palabra y pretende Su gloria entre todas las cosas. Esta
> gloria es la guía y la meta de todas las cosas.[47]

Esto es vital. La gloria de Dios no puede ser un concepto
abstracto en nuestras vidas. Debemos vivir para la gloria de
Dios. Por lo tanto, necesitamos una sana teología y ética. O
en este caso, una sana teología y ética reformada. De esto
hablaremos en el penúltimo capítulo de este libro.

---

47. Bavinck, *«De Eere God»* en De Vrije Kerk 9 (1883), citado in Ximian Xu,
*«Gloriously Intertwined: A Bavinckian Account of the Single Organism of Dogmatics and
Ethics»* en *IJST* 24:1 (enero de 2022), 80-99. Aquí, 83.

6

ÉTICA REFORMADA:
EL DEBER DE AMAR A DIOS Y
AMAR AL PRÓJIMO

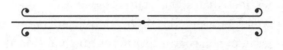

Y si tuviera el don de profecía, y entendiera
todos los misterios y todo conocimiento,
y si tuviera toda la fe como para trasladar montañas,
pero no tengo amor, nada soy.
Y si diera todos mis bienes para dar de comer
a los pobres, y si entregara mi cuerpo para ser
quemado, pero no tengo amor,
de nada me aprovecha.
—Pablo a los corintios[1]

La dogmática describe las obras de Dios hechas por,
para y en los seres humanos;
la ética describe lo que ahora los seres humanos
renovados hacen sobre la base de,
y en la fuerza de, aquellas obras divinas.
En dogmática, los seres humanos son pasivos;
reciben y creen. En la ética, ellos mismos son agentes
activos […] Las dos disciplinas, lejos de enfrentarse
como dos entidades independientes,

---

1. 1 Corintios 13:2-3.

forman juntas un solo sistema;
son miembros relacionados de un solo organismo.
—Herman Bavinck.[2]

El apóstol Pablo desea que el cuerpo de Cristo sea edificado. Para esto, anima a los corintios a no ser ignorantes con respecto al uso práctico de los dones espirituales. De la misma manera, las declaraciones doctrinales, tales como «Jesús es el Señor», son importantísimas para aquella comunidad. Esencialmente, estas declaraciones deben nacer de corazones que han sido regenerados por el Espíritu Santo: «nadie puede decir: "Jesús es el Señor", excepto por el Espíritu Santo» (1 Cor. 12:3). En base a lo anterior, podemos comprender que tanto la doctrina como la práctica son fundamentales para el crecimiento sano de la iglesia local.

Particularmente, la obra del Espíritu nos permite ver de mejor manera el concepto de «unidad en la diversidad» que vimos en los capítulos anteriores. Es decir, el mismo Espíritu santifica *un* cuerpo que, a la vez, tiene *diversos* miembros. *Diversidad* de dones y *un* solo Espíritu. No obstante, Pablo anhela que tanto el conocimiento doctrinal, como también la manera en que desarrollamos la práctica de la piedad, estén enraizados en el amor (1 Cor. 13).

Nuestro conocimiento y práctica son nada si no hay amor. Al mismo tiempo, es significativo comprender que el amor debe ser entendido en unión con la verdad. En resumen, y de manera más profunda, el conocimiento y la práctica deben fundamentarse en Aquel que en sí mismo es la Verdad y el Amor: Dios.

Al comprender la importancia de lo anterior, podemos meditar en un aspecto que urgentemente necesitamos desarrollar: un

---

2. *RD* I, 58.

sano conocimiento teológico que, a su vez, esté íntimamente unido a una sana ética teológica.

Probablemente lo has visto a tu alrededor

Quizás tú mismo lo has experimentado. ¿Qué cosa? Ver una final de fútbol.

Emociones, convicciones y actitudes son expresadas en una multiplicidad de formas antes, durante y después del partido. Tal vez una persona no sabrá el número total de piedras que usó Elías para construir un altar, pero sí sabrá el número de goles que marcaron Pelé, Messi o Alexis Sánchez en distintos mundiales de fútbol. Quizás una persona no conoce sobre la disputa entre Pablo y Pedro, pero sí puede experimentar la disputa en carne propia cuando el árbitro cobra injustamente un penal en el minuto 89.

Esencialmente, un verdadero hincha solo puede animar, o incluso «pertenecer», a un solo equipo de fútbol. Por ejemplo, no puedes ser hincha del Barcelona y del Real Madrid al mismo tiempo. Eso es una contradicción.

Ahora ¿por qué hago esta ilustración? Por una realidad que probablemente has visto a tu alrededor. O quizás tú mismo la estás experimentando. ¿A qué me refiero? Al lamentable acto de separar y entablar una enemistad entre el «conocimiento teológico» y «la práctica» en la vida cristiana, al punto de pertenecer a uno de esos dos supuestos «equipos».

Por un lado, podemos pensar que solamente el *estudio teológico* importa, y que ayudar al prójimo es tarea de otros. Por otro lado, consideramos que lo único que importa en la iglesia es la *vida práctica*, y que el estudio teológico es para aquellos que quieren seguir creciendo en un orgullo que posteriormente dañará a la iglesia. Por lo tanto, o somos del grupo de los «estudiosos» o somos del grupo «práctico».

Pero ¿qué tal si la Biblia —y en este caso la tradición reformada de Bavinck (¡y también otras tradiciones!)— nos enseñan lo contrario? Es decir, que lo que Dios ha unido, la *dogmática* y la *ética*, no lo podemos separar. De hecho, esta relación está dada por un entendimiento experiencial del amor que proviene de Dios y regresa a Dios.

Ahora ¿por qué la Iglesia necesita de una buena dogmática y también de una buena ética? Porque en palabras de Bavinck, «la dogmática procede de Dios; la ética vuelve a Dios. En dogmática, Dios nos ama; en ética, por lo tanto, nosotros lo amamos».[3]

En este penúltimo capítulo, quisiera plantear lo siguiente. Si el conocimiento teológico es realmente tomado en serio, entonces seremos capaces de desarrollar una ética que, tal como nuestra teología, glorifique a Dios. Dicho de manera más particular, una buena teología cristiana necesita ir unida a una buena ética cristiana que, sin duda, estará unida a una cosmovisión cristiana. El resto del capítulo introducirá la ética de Herman Bavinck para así avanzar al último capítulo de este libro: la cosmovisión cristiana.

Ética reformada

«De todos modos, la ética precisamente sirve para hacernos crecer en la gracia, y no permanecer en [el nivel de] la teoría».[4]

---

3. *RE* I, xxvi.
4. Bavinck, *GE*, 42.

La cita anterior pertenece a un libro de Herman que, curiosamente, nunca publicó durante su vida. ¿De dónde, entonces, provienen esas palabras? De un manuscrito cuyo título es *Gereformeerde ethiek*. En español, se puede traducir como «ética reformada».

Sabemos que Bavinck comenzó a enseñar en Kampen en el año 1883. En su período en Kampen, Bavinck enseñó dogmática reformada. A la vez, publicó el material que usó para sus clases en cuatro volúmenes. En ese mismo contexto, el joven teólogo también enseñó ética. Y no cualquier ética, sino una ética reformada. A pesar de esto, y aunque se desconocen los motivos, Herman nunca publicó dicho material.

Durante muchas décadas, el material se mantuvo «intacto» en la Universidad Libre de Ámsterdam. Eso fue hasta 2008. En aquel año, el investigador Dirk van Keulen descubrió aquel manuscrito de alrededor de 1100 páginas. Luego de ser transcrito, fue publicado completamente en holandés en 2019. En inglés, está siendo publicado en tres volúmenes.[5] Sin embargo, nada de esto ha sido traducido al español hasta el momento.

A pesar de que este manuscrito no fue publicado, formó parte del material de generaciones de estudiantes que aprendieron en Kampen. Aun así, es posible considerarlo en este libro debido a que su estructura presenta una metodología semejante a la de su *Dogmática reformada* (exégesis, historia de doctrina y formulación propia). Esto tiene lógica, debido a que mientras Herman preparaba la publicación de su dogmática, también se encontraba dictando sus clases de ética.

---

5. El volumen I, «Humanidad creada, caída y convertida» fue publicado en 2018. El segundo volumen, «Los deberes de la vida cristiana», en 2022. Hasta el momento (2023), el tercer volumen todavía no ha sido publicado.

Ética

¿De qué trata la ética? De acuerdo con Bavinck, la ética
corresponde a la respuesta activa del hombre en base a lo que
Dios hace por y en el corazón del hombre regenerado. Si bien
hay una distinción entre la dogmática y la ética (donde esta
última depende de la primera), estas no deben separarse,
porque ambas forman un organismo.

Pienso que la manera en que Bavinck describe la dogmática y la
ética debería considerarse a la hora de iniciar cualquier curso
bíblico, teológico y práctico. En las notas de su manuscrito,
leemos lo siguiente:

> En la dogmática [tratamos con la pregunta]: ¿Qué hace
> Dios por nosotros y en nosotros? Ahí, Él es todo. La
> dogmática es una palabra de Dios para nosotros, que
> viene a nosotros desde afuera, desde arriba; [en la
> dogmática] somos pasivos, escuchamos [...]. En la ética
> [tratamos con la pregunta]: ¿qué será de nosotros, si
> Dios obra en nosotros, que haremos nosotros por Él?
> [En la ética] somos activos, precisamente por y sobre
> la base de las obras de Dios para y en nosotros, [en
> la ética] cantamos salmos, amamos y agradecemos a
> Dios. En la dogmática, Dios desciende a nosotros. En
> la ética, nosotros ascendemos a Dios. En la dogmática,
> Él es nuestro. En la ética, nosotros somos de Él. En la
> dogmática, ellos verán Su rostro. En la ética, Su nombre
> será escrito en sus frentes. La dogmática [es] desde
> Dios. La ética [es] hacia Dios. En la dogmática, Él [Dios]
> nos ha amado. En la ética, en consecuencia, nosotros le
> amamos.[6]

---

6. *GE*, 47.

Dogmática y ética

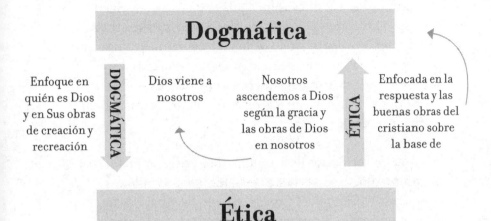

Dogmática

DOGMÁTICA			ÉTICA
Enfoque en quién es Dios y en Sus obras de creación y recreación	Dios viene a nosotros	Nosotros ascendemos a Dios según la gracia y las obras de Dios en nosotros	Enfocada en la respuesta y las buenas obras del cristiano sobre la base de

Ética

En palabras simples, podemos entender la relación entre la ética y la dogmática como el deleite del cristiano en obrar para la gloria de Dios, según la obra soberana de Dios en su vida. Tal como la dogmática, la ética también es entendida a la luz de una cristología trinitaria.[7] De hecho, para Bavinck, existe una ética cristiana porque «a) la vida de Cristo es implantada en nosotros en una manera moral, que es desarrollada, y b) en sí, se manifiesta externamente».[8]

Si bien Bavinck trata la vida humana tanto en un estado previo a la caída, como también después de la caída, el profesor también describe a la persona que ha nacido de nuevo. Este estado es descrito en términos de vida espiritual. Así, la vida espiritual puede entenderse desde un punto de vista

---

7. Es decir, cuando la persona y la obra de Cristo son entendidas en relación al ser de Dios en las tres personas de la Trinidad.

8. *GE*, 45.

teocéntrico y pastoral. Teocéntrico, al ser «una vida desde
Dios y en comunión feliz [beata o dichosa] con Dios».[9]
Pastoral, porque la ética reformada trata con el «origen,
enfermedades, luchas y desarrollo» de la vida espiritual. De
esta manera, el diagnóstico de la vida espiritual es necesario
para el pastor. Para Herman, el «cuidado espiritual», o la
«consejería», es «inmensamente importante». ¿Uno de
los motivos? «La salvación a veces depende de una palabra,
indicio o consejo».[10]

Tal como necesitamos de sabiduría de lo alto para poder
estudiar teología correctamente, también necesitamos
sabiduría de lo alto para pastorear y aconsejar correctamente.
Necesitamos sabiduría no solamente para seleccionar el
material correcto que nos ayudará en la formación teológica
y en la consejería cristiana, sino también para adquirir una
correcta metodología en el estudio de ambas. De hecho,
la metodología utilizada por Bavinck en su ética puede ser
aplicada y contextualizada para la diversidad de nuestras
realidades. El método de la ética teológica comprende tres
puntos.

El primero se refiere al fundamento escritural. Debemos juntar
y ordenar el material correspondiente a lo que la Biblia enseña
con respecto a «los pecados, la regeneración, la santificación,
la relación entre los padres e hijos, etc.». En segundo lugar,
debemos considerar la importancia de la historia de la
iglesia cristiana en estos temas. En este caso, de las «iglesias
reformadas», tomando en cuenta cómo fue tratado por los
pastores y teólogos de la *Nadere Reformatie* (ver capítulo 1), en el
Catecismo de Heidelberg (en los días del Señor 34 al 52) y en la
manera en que se extiende en la vida de los cristianos. En tercer

---

9. *Ibid.*, 46.
10. *Ibid.*

lugar, la metodología debe incluir un desarrollo y aplicación para el día de hoy.

«Aterricemos» un poco lo anterior.

Principios de psicología teológica

La ética contempla la respuesta del hombre a la obra de Dios. Por lo tanto, la antropología (o estudio del hombre en todas sus facultades y relaciones) debe ser considerada y estudiada en el campo de la ética. Aquí el principio de *imago Dei*, o «imagen de Dios», es esencial. Pero ¿dónde existe esta imagen de Dios?

Para responder a lo anterior, Bavinck cita, por ejemplo, a Petrus van Mastricht (1630-1706), un teólogo de la *Nadere Reformatie* (¡y uno de los favoritos de Jonathan Edwards!), indicando que la imagen de Dios existe en: «1) la esencia de nuestra humanidad: con alma y cuerpo como sustrato. 2) En las capacidades/facultades de esa esencia: conocer, sentir, querer, actuar. 3) En las propiedades y dones de esa esencia y sus capacidades: santidad, conocimiento, justicia».[11]

Ahora, piensa un poco en los términos utilizados anteriormente y asociados a ellos como «alma», «conocimiento», «sentimiento», «voluntad», «santidad», etc. ¿Cómo entiendes o defines esos términos? ¿Qué es el alma? ¿En qué se distingue el intelecto de la voluntad? ¿Qué lugar tienen los afectos, las emociones o las intuiciones a la hora de entender la mente del ser humano? Sí, para responder a eso Bavinck se fundamenta principalmente en la Biblia. Luego recurre a teólogos de distintas épocas. Sin embargo, no se queda solo ahí. Herman

---

11. *Ibid.*, 55.

interactúa con filósofos de la antigüedad como también con autores más contemporáneos a él.

¿Por qué Bavinck es capaz de hacer eso? Simplemente porque quiere buscar la verdad de Dios donde quiera que esta se encuentre en el mundo creado por Dios. La gracia general o común de Dios permite al cristiano apreciar la bondad, la verdad y la belleza de Dios incluso en un mundo quebrado por el pecado. Agustín de Hipona dijo: «El cristiano bueno y verdadero ha de entender que en cualquier parte donde hallare la verdad, es cosa propia de su Señor», incluso si esta se encuentra en autores no cristianos.[12] Así también, Juan Calvino conecta la idea anterior con la obra general (no salvífica) del Espíritu Santo en no creyentes:

> Por lo tanto, cuando al leer los escritores paganos veamos en ellos esta admirable luz de la verdad que resplandece en sus escritos, ello nos debe servir como testimonio de que el entendimiento humano, por más que haya caído y degenerado de su integridad y perfección, sin embargo, no deja de estar aún adornado y enriquecido con excelentes dones de Dios. Si reconocemos al Espíritu de Dios como única fuente y manantial de la verdad, no desecharemos ni menospreciaremos la verdad dondequiera que la halláremos; a no ser que queramos hacer una injuria al Espíritu de Dios, porque los dones del Espíritu no pueden ser menospreciados sin que Él mismo sea menospreciado y rebajado.[13]

Las preguntas que hice anteriormente (sobre qué es el intelecto, los afectos, la voluntad) no fueron hechas para un mero ejercicio filosófico o especulativo, sino por la

---

12. Ver Agustín, *Sobre la doctrina cristiana*, Libro II, capítulo 18.

13. Calvino, *Institución*, 185-86. II, 2, 15.

importancia que tienen para el pastor o consejero cristiano. Cuando Bavinck habla de la vida espiritual, uno de los puntos que toca es el de las enfermedades espirituales. Para esto, él identifica enfermedades desarrolladas en el área del intelecto, las emociones y la voluntad. Pero ¿qué es el intelecto, cómo entendemos los afectos y la voluntad? Para eso, Bavinck presupone una *antropología teológica*. Es decir, un estudio del hombre que entiende que el ser humano fue creado por y para Dios. A la vez, la antropología teológica necesita de principios de una *psicología teológica*.

«Psicología». ¿Psicología?

Espera. Quizás te preguntas: «¿Podemos los cristianos, y en este caso, los pastores y consejeros, hablar de los principios de la psicología?». «¿No es acaso la psicología "anti" cristiana?». Por supuesto que hay escuelas de psicología que se oponen a los principios del evangelio, así como lamentablemente hay escuelas de teología que son construidas sobre la base de ideas que contradicen el mensaje del evangelio. Por lo tanto, no me malentiendan. No estoy hablando de abrazar una psicología que rechaza la obra sobrenatural de Dios en el corazón rebelde del ser humano. No obstante, eso no significa que debemos dejar aspectos psicológicos que pueden ser útiles para nuestra teología, ética y consejería.

De hecho, mientras Bavinck escribía el segundo volumen de su dogmática, donde trata la doctrina del hombre, paralelamente publicó un libro que serviría para entender mejor la antropología cristiana. ¿El título de ese libro? «Principios de psicología» (1897). Así es, principios de psicología escritos por un cristiano de tradición reformada.

Esto es significativo. En medio de un contexto donde el estudio científico y social del hombre está avanzando, un teólogo es capaz de escribir para toda una audiencia sobre los principios de la psicología; es decir, sobre los principios de una ciencia que trata acerca de «los poderes y las actividades del alma humana».[14]

De la misma manera, en su *Ética reformada*, Herman trata en distintos lugares sobre las facultades y actividades del alma. De hecho, los estudios psicológicos siguen siendo un aspecto que Bavinck continuó desarrollando. Por ejemplo, en 1915, dio una charla en la reunión científica de la Universidad Libre de Ámsterdam titulada «Sobre el inconsciente», donde interactuó con científicos de la época para luego proponer, como teólogo cristiano, una aproximación bíblica que no deja de lado los avances científicos que reflejan la verdad bíblica respecto al tema.

En resumen, y en mayor o menor grado, los cristianos tenemos un deber en esta área. Los programas educacionales, la publicidad y las redes sociales están siendo moldeados por escuelas psicológicas y sociales que, a su vez, están destruyendo familias. Los cristianos —en especial los pastores, ancianos y consejeros— debemos profundizar en el estudio de lo que significa la «conciencia», la «voluntad», la «razón» y las «emociones», para que así, en dependencia de la Palabra y del Espíritu, podamos servir mejor a las personas creadas a imagen de Dios.

A eso me refiero con la necesidad de considerar la psicología teológica como un área que debe ser desarrollada por teólogos, pastores, consejeros y cristianos profesionales que trabajan en distintas áreas de la salud física y psicológica. En otras palabras, el estudio de las facultades del alma, el corazón o la mente —la psicología— debe regresar a su casa: la teología. Desde ahí, debe ir a servir a otras ciencias.

---

14. Bavinck, «*Foundations of Psychology*» en *TBR* 9 (2018), 3.

Esencialmente, las enfermedades del alma deben ser tratadas de acuerdo con el evangelio. De hecho, es la Biblia misma la que nos lleva a profundizar en el estudio del alma. No es casualidad entonces que, desde teólogos medievales hasta los puritanos, por ejemplo, hayan estudiado aspectos psicológicos a la hora de escribir sus tratados teológicos. Necesitamos una teología, una antropología y una psicología teológicas que, en el poder del Espíritu Santo, nos ayuden a escuchar y servir a aquellos que están pasando por períodos de angustia, depresión y abuso.

En resumen, para desarrollar una ética cristiana, necesitamos estar firmemente arraigados en las Escrituras. A la vez, necesitamos estudiar cómo la Iglesia a lo largo de los siglos (hasta el día de hoy) ha tratado temas relacionados con la ética. Esencialmente, debemos depender del Espíritu Santo para saber cómo dar respuestas que, basadas en el evangelio, puedan mostrar que Dios es el único que puede satisfacer las necesidades más profundas del alma.

Manuscrito

Ética reformada es un manuscrito que está dividido en cuatro grandes secciones o libros. El libro I trata sobre «la humanidad antes de la conversión». Sus capítulos desarrollan las ideas con respecto a la esencia de la humanidad, las relaciones humanas, la devastación de la imagen de Dios en la humanidad, el principio organizador del pecado y los pecados contra Dios y el prójimo. Además, hay un capítulo sobre la conciencia y otro sobre la ley.

El libro II describe la «humanidad en la conversión». Es aquí donde Herman trata el aspecto de la vida espiritual a través de capítulos que incluyen la naturaleza y el origen de la vida espiritual, la historia de la espiritualidad a lo largo de los siglos, el crecimiento de la vida espiritual, la certeza de la fe,

las enfermedades espirituales y los medios de restauración
para ella, para luego terminar brevemente con el tema sobre la
meditación de la muerte.

El libro III describe la «humanidad después de la conversión».
Aquí, Bavinck expone sobre la santificación en conjunto con un
estudio de los Diez Mandamientos a través del concepto de «los
deberes». Es decir, los deberes hacia Dios, los deberes hacia
uno mismo y los deberes hacia el prójimo.

Finalmente, el libro IV trata sobre cómo la vida cristiana se
manifiesta en las distintas esferas de la vida. Aquí, Bavinck
habla sobre la familia. Sin embargo, el manuscrito llega hasta
ahí. No hay más. ¿La razón? No lo sabemos.

Sin embargo, de todos estos temas, quisiera centrarme en dos.
La vida espiritual y la ley de Dios.

Vida espiritual

Al comenzar este tema, Bavinck expone la importancia pastoral
de estudiar este tema, en especial para los futuros ministros
que están escuchando estas clases. «El entendimiento es
necesario, especialmente para un pastor, que debe reconocer
(diagnosticar) la vida espiritual, cultivarla, y cuando está
enferma, restaurarla; él es médico del alma, y debe por lo tanto
conocer el alma en su "estado, modo y condición"».[15] En esta
sección, Bavinck cita a Campegius Vitringa (1659-1722), un
teólogo de la *Nadere Reformatie* que escribió el libro *The Spiritual
Life*[16] [La vida espiritual] (personalmente, recomiendo su
lectura).

---

15. Bavinck, *GE*, 170.

16. Campegius Vitringa, *The Spiritual Life* (Grand Rapids: Reformation Heritage
Books, 2018).

Bavinck comienza el tema exponiendo términos bíblicos para el concepto de vida espiritual, como «estar *en* Cristo» (utilizado por Pablo) o sobre estar en el «estado de gracia». Particularmente, Bavinck describe la espiritualidad poniendo atención al aspecto pneumatológico, es decir, es el Espíritu Santo quien trae verdadera libertad del peso y las cadenas del pecado. Por lo tanto, la nueva vida es llamada vida espiritual porque es una vida «*desde, a través* y *en* el Espíritu de Dios». Citando Gálatas 5:25, «Si vivimos por el Espíritu, andemos también por el Espíritu».[17]

Así como la teología, la vida espiritual también tiene su fundamento en Dios. De hecho, su «principio de vida» está en Aquel que tiene vida en sí mismo: el Dios trino. De esta manera, la vida espiritual no se opone a otros tipos de vida (como la vegetativa, sensorial y racional), sino más bien, solo se opone a la vida del pecado. Debido a que el principio de la vida espiritual está caracterizado por el «amor por Dios, en Cristo, a través del Espíritu Santo», este se manifiesta en tomar la cruz y negarse a uno mismo. Nuevamente vemos que la teología importa para la vida cristiana.

De esta manera, la vida espiritual no está centrada en uno mismo sino en Aquel que es la vida misma. Esto nace de su principio o fundamento: el amor. «Porque el principio [de la vida espiritual] es el amor de Dios en Cristo derramado sobre nosotros a través del Espíritu Santo»[18]. Al ser un principio, este se extiende a toda la vida, incluyendo los pensamientos y acciones. Así, el amor de Dios da estatura y forma a la vida de la persona. Este principio la organiza y alienta, volviéndola en «todo orgánico agradable»[19]. En otras palabras, el principio del amor de Dios es la fuerza vital de la vida.[20]

---

17. Bavinck, *GE*, 171. Énfasis mío.

18. *Ibid.*, 173-174.

19. *Ibid.*, 174.

20. *Ibid.*, 174.

Este amor lleva a entender la vida espiritual como una vida de comunión. Una comunión que el cristiano tiene con el Dios trino. El creyente tiene comunión con el Padre que consiste en un conocimiento seguro de que Dios nos conoce personalmente y que en Cristo nos muestra Su gracia. Notablemente, Bavinck utiliza un lenguaje afectivo que rompe con las caricaturas de que supuestamente la teología reformada es una tradición «fría». En palabras de Herman, «nosotros creemos y sentimos todo esto en nuestro corazón».[21]

Como es una relación entre Dios y el creyente, esto significa que, en el amor y la gracia de Dios, Dios se da a sí mismo, nosotros nos aferramos a Dios y nos rendimos completamente a Él y así, Dios nos acepta en Su amor. Así también, tenemos comunión con Cristo debido a la unión que tenemos con Cristo. De la misma manera, también tenemos una comunión con el Espíritu Santo que nos apunta al significado de la vida espiritual: «la vida espiritual es vida en comunión con el Dios trino, es decir, en el Espíritu Santo, a través de Cristo, con el Padre [...]. La vida espiritual siempre se mueve entre estas tres personas y es, por lo tanto, una vida genuina y rica, rica en diversidad, sin monotonía».[22] Sin lugar a dudas, tanto la teología, como la ética de Bavinck, son profundamente trinitarias. En realidad, así debe ser la vida y la teología del cristiano: trinitaria.

Cuando pensamos en el origen de la vida espiritual, debemos maravillarnos primeramente en su causa objetiva (en Dios), para así, pensar en la respuesta subjetiva (o nuestra).

Con respecto a la causa objetiva, es decir, a la causa dada por algo independiente a nosotros, esta se entiende en tres

---

21. *Ibid.*

22. *Ibid.*, 175.

puntos. La primera causa objetiva es la elección, la cual es la fuente de toda bendición. En esta elección, el Padre les da los elegidos a Su Hijo antes de la fundación del mundo. La segunda causa objetiva está dada por la «causa meritoria», es decir, la obediencia de Cristo. Finalmente, la tercera causa objetiva está relacionada con la obra del Espíritu Santo. En especial cuando soberanamente nos regenera o hace nacer de nuevo.

¿Cómo responde el corazón de aquel que ha nacido de nuevo por la pura obra de gracia del Espíritu Santo? ¿Cuál es la respuesta subjetiva, o del sujeto que ha sido regenerado? Bavinck sintetiza dos movimientos elementales: la actividad de rechazar y la actividad de apropiarse. La primera está relacionada a la conversión y la segunda a la fe.

Bavinck aquí se refiere a la conversión «como una sincera y firme renuncia a todo pecado por parte de una persona que ha nacido de nuevo. Esto revela de inmediato la vida espiritual». Particularmente, Bavinck distingue entre la renuncia al pecado *antes* y *después* de la conversión. La primera es causada por la gracia general o común del Espíritu Santo. A pesar de que esta renuncia puede beneficiar la mente, en realidad el corazón no experimenta un verdadero cambio. Esto es lo que vemos en personas como Saúl y Judas, donde se manifiesta tanto una desesperación por el pecado como también una mera conversión externa.

Por otro lado, la verdadera convicción es una obra del Espíritu Santo, que, en Su gracia especial, obra a través de la ley y el evangelio en corazones ya regenerados. Si bien es cierto que existe una manifestación externa, la conversión es una obra interna que es realizada en los más profundo del hombre: el corazón. En la conversión, hay una convicción de lo horrible del pecado en sí, no primeramente porque, por ejemplo, un mal actuar puede traer vergüenza; sino que es una convicción del pecado porque estamos pecando contra Dios mismo.

Por eso debemos rechazar y odiar el pecado, porque albergar cualquier pecado en nuestras vidas —como la envidia o los celos que ahora mismo tal vez estás experimentando— significa guardar en nuestros corazones aquello que Dios más odia. Es por eso que necesitamos ahora mismo abrazar a Cristo. Esta es la actividad de la apropiación, que está íntimamente unida a la de rechazar el pecado. Apropiarse de Cristo significa creer y confiar en Cristo.

Nuevamente, una sana cristología importa. Es decir, nosotros no abrazamos a un cristo moldeado por ideologías políticas o sociales, sino que descansamos y abrazamos a aquel Cristo que es presentado en la Palabra escrita. Aquel salvador que es verdaderamente Dios y verdaderamente hombre. Aquel salvador que, como nuestro sustituto en la cruz, recibió toda la ira de Dios que pecadores como tú y yo merecemos. Con este Cristo estamos cada uno de nosotros unidos espiritualmente. Si bien es cierto que no existe una fusión de naturalezas, el Espíritu Santo nos lleva a crecer en esa unión con Cristo donde, además, nos apropiamos de todos los beneficios del pacto de gracia.

El fruto de abrazar a Cristo por la fe es el crecimiento del nuevo hombre. Este crecimiento toma forma en nuestra imitación de Cristo. En otras palabras, la unión con Cristo nos lleva a imitar a Cristo. Sin embargo, tal como vemos en cada organismo de la naturaleza, el cristiano también experimenta ciertas enfermedades espirituales.

Patologías espirituales

Es importante destacar que además de los distintos grados de enfermedades espirituales que se encuentran en el «viejo hombre», Bavinck menciona que cada patología comienza con *eenzijdigheid*,[23] una palabra holandesa que significa «parcialidad». En este caso, implica el énfasis en ciertos aspectos que incluso, a veces son inevitables debido a la individualidad de cada uno de nosotros en base al sexo, la edad, la personalidad y el contexto.

De manera general, Bavinck describe tres áreas donde las patologías espirituales son desarrolladas: en el intelecto, en el corazón y en la voluntad. La consideración de estas enfermedades nos puede ayudar a estar alertas para así pedir a Dios que nos guarde de enfermarnos crónicamente con estas patologías espirituales.

Las enfermedades en la dirección del intelecto tienen que ver con poner todo el énfasis en el conocimiento doctrinal mientras se deja de lado la riqueza de la vida emocional y práctica. En este sentido, la enfermedad se asocia con el intelectualismo. Esta patología lleva a la persona a querer una pureza doctrinal solo al nivel del intelecto, aislando la sana doctrina de los afectos y la práctica.

El resultado de esta patología es una ortodoxia que tristemente lleva a algo peor que la justificación por obras: la justificación por doctrinas. Es clave no malentender este punto. El intelecto importa. La ortodoxia importa. Sin embargo, es clave (¡y sano!) prestar atención a lo siguiente: la sana doctrina importa siempre y cuando no se transforme en ídolo. La ortodoxia es esencial en nuestras iglesias; sin embargo ¿de

---

23. *Ibid.*, 280.

qué sirve que intelectualmente nuestros labios confiesen sana doctrina si nuestros corazones todavía están lejos de Dios? Estimado lector: que el Señor nos libre de todo orgullo espiritual generado por un mal estudio de aquellas doctrinas fundamentales que, urgentemente, necesitan nuestras iglesias para un crecimiento espiritual sano.

Otra área donde se desarrollan otras patologías se encuentra en el *gemoed*. «Gemoed» es una palabra holandesa que se puede traducir como «corazón/mente/alma» o «estado de ánimo». Aquí es donde Bavinck identifica el desarrollo de un misticismo no sano. Este misticismo desea una enseñanza que enfatiza los sentimientos y la contemplación inmediata de Dios. El énfasis reside en la devoción e iluminación.

En formas menos sanas, el misticismo busca dejar de lado la conciencia y la personalidad para estar en un estado de completa quietud y paz donde el alma se «hunde» en Dios. Al igual que el punto anterior, no debemos malentender a Bavinck. De hecho, él reconoce que hay una verdad en el misticismo, es decir, en recuperar el concepto de comunión con Dios donde los afectos están involucrados. Sin embargo, un sano misticismo está enraizado en y mediado por la Palabra de Dios, donde a la vez, somos conscientes de lo que estamos haciendo. Es por eso que Bavinck destacó en su ensayo *El futuro del calvinismo* que:

> [El calvinismo] tiene una profunda mística y cultiva una íntima piedad. Mantiene solamente a Dios como el bien supremo y Su comunión como la bendición suprema.[24]

Finalmente, las enfermedades también pueden estar direccionadas en el área de la voluntad. El énfasis aquí está

---

24. Bavinck, «*Het Calvinisme in Nederland en zijne toekomst*» en *Tijdschrift voor Gereformeerde Theologie* 3 (1896): 129-63, Aquí, 158.

dado en la práctica. Aquí es donde algunos tipos de pietismo pueden desarrollarse al enfatizar solo la piedad como el único elemento que importa. En reacción al intelectualismo ortodoxo, este tipo de pietismo solo quiere la Biblia, rechazando directa o indirectamente las confesiones de fe o el estudio de la dogmática. A veces, se desarrolla cierta agresividad que puede desembocar en algún tipo de fanatismo. Esta enfermedad toma lugar también en el moralismo que solo enfatiza las obras.

En resumen, las iglesias pueden desarrollar estas enfermedades a través de escuelas intelectuales que enfatizan el *confesionalismo* a expensas de dejar de amar al prójimo. Otras escuelas emocionales pueden manifestar un *indiferentismo* que rechaza a la iglesia local. Finalmente, la escuela voluntarista también rechaza a la iglesia local al enfatizar la búsqueda de una iglesia distinta y mejor, guiando a las personas a un cierto tipo de *donatismo*.²⁵

¿Cuáles son los medios de restauración que Dios ha dado a quienes han nacido de nuevo?

Mencionando los escritos de algunos teólogos reformados, Bavinck presenta algunos medios que el Señor ha dado para recuperar la salud espiritual.

Por ejemplo, Herman menciona al puritano Lewis Bayly (1575-1631), quien escribió el clásico libro *La práctica de la piedad*. Este libro menciona la práctica de la meditación. ¿En qué cosas debería meditar el cristiano en sus peores o mejores momentos? Primeramente, no en sí mismo, sino en Dios. El cristiano debería meditar en «Dios, Su esencia, personas y atributos» y «en la miseria de las personas y su renovación

---

25. El donatismo fue un movimiento separatista que se desarrolló a mediados del siglo IV. Este grupo buscaba el perfeccionismo en los miembros de las iglesias. Agustín de Hipona (354-430) se opuso a este movimiento.

en Cristo».[26] Nuevamente, una sana teología importa para una sana meditación.

¿Te imaginas el tremendo beneficio de detenernos por un momento y comenzar a meditar en Dios y Sus obras? Si tienes la oportunidad, ¿por qué no salir al campo para enfocar tus pensamientos en los atributos de Dios, así como en cada persona de la Trinidad? Quizás no tienes que salir al campo. Si quieres, cierra este libro y adora a Aquel que desde la eternidad te amó con un amor de pacto, al punto de enviar a Su Hijo a vivir y morir por ti. De verdad, te invito a cerrar este libro para meditar en la realidad de que Dios nunca te dejará. Dios nunca te dejará porque Aquel que es más grande que los cielos del universo decidió hacer de tu corazón Su morada.

¿Por qué no oramos un momento? De hecho, Bavinck también habla sobre la oración.

La oración

Bavinck enumera distintos medios que favorecen la recuperación de la salud espiritual. Entre estos, la meditación, la lectura de la Palabra de Dios, el canto, el ayuno, etc. Particularmente, Bavinck pasa más tiempo, en este manuscrito, enseñando sobre la oración que cualquier otro medio de recuperación espiritual.

Sobre este tema, Herman menciona *qué* es la oración de acuerdo con el Antiguo y Nuevo Testamento, *quién* es el *sujeto* y *objeto* de la oración, cuál es el *contenido* de la oración, la *manera* de orar y de *escuchar* las oraciones. ¿Has reflexionado alguna vez en cada uno de estos puntos que destaqué?

---

26. Bavinck, *GE*, 311.

La oración es «un deber». Al mismo tiempo, la oración es «un privilegio».[27] Luego de presentar los respectivos términos hebreos y griegos relacionados con la oración, Bavinck presenta una definición de oración en base a Calvino, Ursino y Voetius. La oración

en general es una invocación del Dios verdadero, a través de personas que, conociendo y sintiendo su dependencia, ahora confían en las promesas de Dios, [y] por la voluntad de Cristo (en el nombre de Cristo), piden físicamente por su necesidad espiritual, o le agradecen por los beneficios recibidos. [Las oraciones] se pueden clasificar y distinguir de diferentes maneras.[28]

Nuevamente, la doctrina de la Trinidad importa. ¿Por qué? Porque oramos al Dios verdadero, es decir, al Dios trino. Así, orar es esencial en la vida cristiana. ¿Por qué? Porque «la oración es a) la prueba y el termómetro de nuestra vida espiritual, el pulso de ella, [además, la oración es] b) la mejor medicina para [la vida espiritual]».[29]

En resumen, la oración es vital para nuestro crecimiento espiritual. Tal vez no estamos creciendo en nuestro amor a Cristo y hacia el prójimo porque no estamos orando. El termómetro indica que nuestro amor se ha enfriado. La falta de oración nos ha enfermado espiritualmente. ¿Qué podemos hacer?

La mejor medicina para la falta de oración es la oración. Necesitamos volver a ser hombres y mujeres de oración. Y quizá no solo necesitamos orar, sino también cantar canciones cuyas

---

27. *Ibid.*, 314-15.
28. *Ibid.*, 315.
29. *Ibid.*, 322.

letras expresen la gloria del Dios que adoramos. En palabras
de Santiago, «¿sufre alguien entre ustedes? Que haga oración.
¿Está alguien alegre? Que cante alabanzas» (Sant. 5:13).

Los deberes de la vida cristiana

El cristiano vive para la gloria de Dios. Esto implica
necesariamente que se deleita en la ley de Dios. He aquí la
importancia de discutir el lugar de los Diez Mandamientos
para todos aquellos que, junto con Sus hijos, son miembros del
cuerpo de Cristo.

De inmediato destacamos que no somos salvos por guardar la
ley. De la misma manera, acentuamos que la gracia de Dios nos
lleva a guardar la ley de Dios para así, vivir en agradecimiento al
Dios que nos salvó por pura gracia, sin nuestras obras. En otras
palabras, la ley es «una regla de gratitud, es decir, la fuente de
conocimiento para una vida agradable a Dios».[30]

Para combatir el legalismo y el antinomianismo, Bavinck
considera una cristología del pacto. Es decir, el creyente es
libre de guardar la ley en un contexto del pacto de obras (donde
Adán debía obedecerla perfectamente para tener vida eterna).
Así también, el creyente es libre de la maldición de la ley y
también libre de la ley como institución a Israel en el Antiguo
Testamento.

Gloriosamente, Cristo pagó en nuestro lugar la maldición del
pacto de obras (la muerte eterna o el infierno) y así, nos dio
vida en abundancia. Es decir, «Cristo ha satisfecho/cumplido
en nuestro lugar la ley, como pacto de obras, para adquirir la
vida por nosotros, pero no para liberarnos de la obediencia a

---

30. *Ibid.*, 334.

esta ley como regla de vida […] ahora, donde hay una ley, hay un deber».[31]

Si los cristianos no guardamos la ley para ser salvos (¡porque somos salvos por gracia!) ¿por qué entonces debemos guardar la ley de Dios? La respuesta a la pregunta 86 del Catecismo de Heidelberg puede ser de gran ayuda. De hecho, Bavinck la cita:

> *Entonces, si somos librados de nuestra miseria solamente por gracia a través de Cristo y sin ningún mérito de parte nuestra, ¿por qué aún debemos hacer buenas obras?*
>
> Porque Cristo, que nos ha redimido y liberado por Su sangre, también nos renueva a Su propia imagen por Su Espíritu Santo, para que así demos testimonio, a través de toda nuestra conducta, de nuestra gratitud a Dios por Sus bendiciones, y para que Él sea alabado por nosotros. Esta renovación también tiene por fin que cada uno de nosotros pueda tener seguridad de su propia fe a la luz de sus frutos y que otros puedan ser ganados para Cristo por nuestra piadosa manera de vivir.

En resumen, guardamos la ley para dar testimonio de cuán agradecidos estamos por la obra de gracia del Señor. En palabras simples, guardamos los mandamientos de Dios porque amamos a Dios.

Bavinck indica que de manera apropiada hay un solo deber en la vida del cristiano: el amor a Dios. Todas las cosas, visibles e invisibles, deben ser amadas en Dios y para Dios, donde el único fin de todo, de «nosotros mismos, nuestro prójimo y del estado», es la gloria de Dios. Si Dios debe ser amado, si nuestro prójimo debe ser amado, entonces es esencial que la ley de Dios ocupe un lugar primordial en nuestros corazones.

---

31. *Ibid.*, 337.

De esta manera, desde la tradición cristiana reformada, los primeros cuatro mandamientos tienen relación con nuestro amor a Dios (adoración) y los seis siguientes se relacionan con nuestro amor al prójimo (moralidad). En otras palabras, tenemos deberes para con Dios, para con el prójimo y también, para con nosotros mismos que se centran en un solo deber: amar a Dios.

Amar a Dios

El primer mandamiento se opone directamente a la idolatría. Una disposición idolátrica del corazón se manifiesta cuando «se ha perdido el verdadero conocimiento de Dios (*kennis van God*)».[32]

En el Antiguo Testamento, la idolatría se asociaba al adulterio o fornicación espiritual. Dicho de otra manera, la idolatría es buscar la plenitud de gozo supremo en cosas creadas y caídas. Quizás cuando piensas en la palabra «idolatría» viene a tu mente el acto de postrarse ante una escultura. Tal vez no estamos adorando imágenes construidas de yeso, sin embargo, podemos pecar al tener una idolatría «más refinada», dice Herman. «Porque un ídolo es todo lo que nos aleja del Dios viviente».[33]

Tristemente, podemos caer en actitudes idolátricas cuando se sobreenfatiza el entusiasmo por personas. Herman identifica parte de esto en algunos «piadosos, que idolatran a los antiguos escritores (*oude schrijvers*)».[34] ¿Quiénes eran los «antiguos escritores»? Los pastores y teólogos que escribían literatura devocional, y a los que hice referencia en el primer capítulo,

---

32. *Ibid.*, 402.

33. *Ibid.*, 404.

34. *Ibid.*, 413

como los puritanos o pastores de la *Nadere Reformatie*. En otras palabras, lamentablemente podemos hacer ídolos de buenos teólogos.

Hermanos, «guardémonos de los ídolos». Dios nos ha bendecido con grandes pastores y teólogos a lo largo de la historia de la Iglesia. Hagamos un buen uso de sus libros y sermones. Los padres de la Iglesia, los teólogos medievales, los reformadores, los puritanos, Bavinck y ciertamente pastores y amigos tuyos han sido un tesoro para tu vida. Lo peor que podemos hacer con ellos es crear becerros de oro. Lo mejor que podemos hacer es utilizar sus escritos y sus vidas para amar más a Dios y a Su Iglesia.

De hecho, el primer mandamiento enseña sobre nuestra fe, amor y confianza en Dios. Si este mandamiento habla del verdadero Dios, el segundo mandamiento trata con «la verdadera adoración». Es decir, cómo debemos adorar/ servir a Dios, de acuerdo con Su voluntad y mandato. No simbólicamente sino espiritualmente, lo cual habla de la naturaleza espiritual de Dios.[35]

Un correcto y sano entendimiento de lo que es la adoración ha sido siempre un punto esencial para Bavinck y la tradición reformada. De hecho, Calvino nos habla de que el tema de la adoración fue primordial para comprender la necesidad de reformar la iglesia en su contexto. En palabras del reformador francés:

> Si se pregunta, entonces, por qué cosas principalmente la religión cristiana tiene una existencia firme entre nosotros, y mantiene su verdad, se verá que las siguientes dos no solo ocupan el lugar principal, sino que encierran

---

35. *Ibid.*, 420.

bajo ellas todas las demás partes, y consecuentemente
la sustancia entera del cristianismo: a saber, un
conocimiento, *primero, del modo en el que Dios debe ser
adorado apropiadamente*; y, en *segundo* lugar, *el origen de
donde se obtiene nuestra salvación*. Cuando estas cosas no
se consideran, aunque nos gloriemos con el nombre de
cristianos, nuestra profesión es hueca y vana.[36]

¿Quién decide cómo Dios debe ser adorado? ¿Dios o el
hombre? Si bien toda nuestra vida es un servicio a Dios,
debemos distinguir entre el servicio/adoración en un sentido
general y el servicio/adoración en un sentido propio/real.
Este punto es clave para comprender el concepto de adoración
de teología reformada en general, y en este caso, el planteado
por Bavinck.

El servicio a Dios en todas las áreas de la vida puede estar
regulado por leyes u ordenanzas estipuladas por personas,
siempre y cuando no contradigan la ley de Dios. Es así como,
por ejemplo, el tiempo y contenido que vemos al frente de
un televisor puede estar regulado de distintas maneras entre
distintas familias cristianas. Lo mismo ocurre con el tipo de
comida, la forma de vestir, el tipo y la forma de educación que
damos a nuestros hijos.

Toda nuestra vida debe ser un gozo de adoración a Dios en todo
lo que hacemos. Nuevamente, ese servicio es regulado por
distintas personas de acuerdo con los distintos contextos en que
esos creyentes se encuentran (padres, profesores, ancianos y
pastores de las iglesias). La manera de educar a nuestros hijos,
el tiempo que destinamos a la investigación científica o a un
trabajo en particular, la forma de ayudar al prójimo o la cantidad
de comida que voy a comer puede ser comprendido bajo el

---

36. Ver Juan Calvino, *La necesidad de reformar la Iglesia*. Traducido por Joel Chairez
(Landmark Project Press, 2009).

servicio a Dios en un sentido amplio o general. La forma en que regulamos nuestras distintas actividades, con conciencias cautivas a la Palabra de Dios, debe expresar adoración a Dios.

Sin embargo, ninguno de los anteriores es adoración en un sentido particular o real. Es por eso que, en el caso de la esencia de la verdadera adoración, esta solamente es regulada por Dios de acuerdo a lo que Él ordena en Su Palabra escrita. En palabras de Bavinck, «solamente Dios tiene el derecho de determinar cómo Él será servido».[37] A partir de lo anterior podemos entender que la esencia de la adoración en el culto público del día del Señor está esencialmente regulada por Su Palabra.

Así, podemos distinguir entre la adoración general y particular. En otras palabras, la forma en cómo servimos y adoramos a Dios cuando, por ejemplo, vamos de compras al centro comercial, el número de libros que compramos o el tiempo que destinamos a ver una serie de televisión junto a nuestro cónyuge está de alguna manera definida por nosotros (con vidas rendidas al Señor) de acuerdo con el contexto particular en que nos encontramos. Eso es adorar en un sentido general. Santificar el día del Señor para adorar a Dios en el culto público de acuerdo a cómo Él lo regula en Su Palabra, eso es adorar en sentido particular.

En resumen, toda nuestra vida es una adoración a Dios. Sin embargo, debemos ser sabios en distinguir la forma en que adoramos a Dios. ¿Glorifica al Señor pintar un cuadro? ¡Por supuesto que sí! Los cristianos que hacen arte deben continuar desarrollando sus dones para así reflejar la belleza de las cosas creadas. Sin embargo, si pintar un cuadro implica abandonar la adoración comunitaria domingo tras domingo, ¿traerá esto gloria al Señor? Personalmente, creo que no.

---

37. Bavinck, *GE*, 429.

Otro ejemplo: ¿glorifica al Señor juntarse con amigos a comer una rica comida para cultivar la amistad? ¡Absolutamente! Entonces, piensa en cómo Dios es glorificado si, luego del culto público del domingo, las familias y amigos se juntan a comer juntos para conversar sobre lo que Dios habló a sus corazones hace un par de horas. De hecho, la amistad es fortalecida cuando, con nuestros amigos y familia, apartamos todo un día (el día del Señor) para adorar y gozar de Dios tal como Él lo ordena y regula en Su Palabra.

Lo anterior debería llevarnos a orar para que cada día del Señor sea una delicia para nuestras familias al juntarnos con más familias a santificar ese día. Tal vez eso significa acostarnos más temprano el sábado para no estar cansados durante el sermón. Quizás eso implica invitar a personas a almorzar a nuestros hogares como actos de hospitalidad y fraternidad. Quizás eso supone dejar de hacer cosas que regularmente realizamos durante la semana para aprovechar el tiempo y orar y leer más de manera personal o familiar. Quizás eso implica tener otro servicio en la tarde para terminar el día meditando en las maravillas de Dios y así, comenzar una semana con corazones descansados y gozosos.

Que el día del Señor nunca sea una carga para ningún cristiano, sino un día de gozo para todo cristiano. De esto hablaremos un poco más a continuación.

Adoración privada y pública

Para Bavinck, el tercer mandamiento tiene referencia a la adoración privada mientras que el cuarto enfatiza la adoración pública. Cuando Herman explica estos mandamientos, lo hace tal como otros teólogos lo han hecho, es decir, dando a conocer lo que cada mandamiento prohíbe y lo que, a la vez, requiere. El material aquí es extenso.

Por ejemplo, una de tantas implicancias de «no tomar el nombre de Jehová tu Dios en vano» está referido al mal uso de la verdad de Dios. Una muestra de esto se da en el mal uso de la «doctrina de la predestinación, la elección, de la incapacidad [humana], de la gracia» como una excusa para «la lentitud, el pecado y la despreocupación». De la misma manera, quebrantamos el tercer mandamiento cuando «se predica para agradar a las personas» o cuando «las personas se burlan de los ministros y ancianos, de la predicación, los sacramentos, etc.».[38]

Sumado a lo anterior, también deshonramos el nombre de Dios cuando hacemos un mal uso de los «dones de Dios, [cuando] uno desprecia los dones de Dios en la naturaleza y en las personas (incluyendo a los incrédulos), [cuando] menospreciamos el arte y maldecimos/insultamos la ciencia». En resumen, cuando «llamamos al mundo, con pesimismo, el peor [lugar] posible».[39]

Lo anterior debería llevarnos a reflexionar en cómo honrar el nombre de Dios debido a los dones que Él nos ha dado, y que de una u otra manera, reflejan Su fidelidad hacia nosotros. Tal vez podríamos comenzar por agradecer (y orar) a Dios por los ministros, ancianos y diáconos que Él ha puesto en tu iglesia local. De la misma manera, podríamos pedir a Dios que, tanto el arte como la investigación científica y tecnológica, sean desarrollados para la gloria de Dios y el bienestar de cada persona que ha sido creada a imagen de Dios. De hecho, la oración es un punto clave de la adoración privada. Y

---

38. *Ibid.*, 437-438.

39. *Ibid.*, 438.

también de la adoración pública, de la cual nos habla el cuarto mandamiento.

La adoración en comunidad es vital en la vida cristiana. En el culto del día del Señor, proclamamos públicamente las obras que Dios ha hecho en medio de nosotros. En esa disposición y acto, hay gozo.

Luego de exponer la terminología bíblica relacionada a la observancia del día de reposo, y además de exponer cómo la Iglesia a lo largo de los siglos ha entendido este tema (con particular énfasis en la diversidad de las iglesias reformadas), Bavinck concluye que Dios ha bendecido un día, de entre siete, para descansar. El descanso de Dios —es decir, el deleite y regocijo que Dios tuvo en Sus obras— es significativo para bendecir y santificar el día de reposo. De hecho, el día de reposo es un símbolo del eterno día de reposo. Al mismo tiempo, es una señal entre Jehová y Su pueblo en el contexto del pacto de gracia.

Si bien el cuarto mandamiento contiene algunos elementos ceremoniales y morales, Bavinck describe los elementos ceremoniales que han pasado o cesado para nosotros.

Por ejemplo, la estipulación del día sábado (séptimo día) ha cambiado para el primer día de la semana (domingo), de acuerdo al Nuevo Testamento. Así también, ha cesado la estricta observancia que practicaban los israelitas al abstenerse de ciertas obras (como encender fuego, cocinar y traer sacrificios).

Sin embargo (y haciendo uso de la teología de Francis Turretín), los elementos morales que todavía permanecen son, por ejemplo, la adoración comunitaria en determinados tiempos. La consagración de ese día implica elementos «negativos» y «positivos». Negativos en el sentido de abstenernos del trabajo que comúnmente realizamos durante la semana, para «positivamente», apartar tiempo para ir a los cultos del día domingo, cantar, dar ofrendas, estudiar la Palabra de Dios y participar de los sacramentos.

En resumen, no se trata de ser estrictos o severos, sino más bien de una vida consagrada a Dios que con gozo, comienza su semana al adorar al Dios verdadero con amigos y hermanos en Cristo. El primer día de la semana para el cristiano no es el lunes, sino el domingo.

Amar al prójimo (y también a nosotros mismos)

El resto de los seis mandamientos del Decálogo está relacionado con los deberes que tenemos hacia los demás. Al mismo tiempo, Bavinck plantea que nosotros también tenemos deberes hacia nosotros mismos. Las ideas previas son correctamente entendidas cuando el honor y la gloria de Dios son siempre mantenidos en alto.

A partir de lo anterior, Bavinck enseña que tenemos deberes hacia nosotros porque cada ser humano ha sido creado a imagen de Dios, por lo tanto, posee «un valor incalculable, ha sido creado para la eternidad, [y] posee un alma inmortal con más dignidad que todo el mundo».[40] En resumen, porque fuimos creados por Dios, y para Dios, tenemos el deber de amarnos a nosotros mismos.

Tal vez la idea de amarte a ti mismo suena rara. De hecho, parece que Bavinck incluso prefiere hablar de «deberes de preservación propia» más que de «amor propio». Sin embargo, más allá de la terminología, este tema ha sido discutido por teólogos medievales y reformados que se refirieron a la ética del

---

40. *Ibid.*, 489.

amor hacia uno mismo. En realidad, el problema no radica en amarnos a nosotros mismos, sino en el pecado que se expresa cuando este amor está en conflicto con el amor a Dios. Por lo tanto, el amor hacia nuestra alma (y su estado espiritual) está dado en relación con Dios, es decir, en comunión con Dios y para la gloria de Dios.

De esta manera, el «deber de preservación propia» encuentra su límite en el deber de «negarnos a nosotros mismos». En otras palabras, una sana comprensión de «amarnos a nosotros mismos» está ligada a una sana comprensión de «negarnos a nosotros mismos». En este punto, la esencia de nuestra persona no es destruida. Lo que es negado es, por ejemplo, el hábito de vivir exclusivamente para este mundo. Sin embargo, nuestro ser interior, «nuestro verdadero yo», es preservado a través de la negación propia. Es necesario destacar lo anterior debido a que el cristianismo «no demanda la autodestrucción».[41] De hecho, es el pecado lo que nos destruye. Por lo tanto, en el poder del Espíritu Santo, nosotros debemos matar el pecado.

Los deberes que tenemos hacia nosotros, y hacia los demás, incluyen un cuidado del cuerpo físico y del alma.[42] Esto no solo implica un cuidado de nuestra salud física y mental, sino también la comprensión de que incluso algunos contextos adversos pueden ayudarnos a crecer en piedad. Es decir, al entender que, por ejemplo, hay enfermedades que incluso nos llevan a descansar de la presión laboral, llevándonos a enfocar los pensamientos en la eternidad. Aun con esto, debemos orar y procurar los medios para recuperarnos de las enfermedades.

---

41. *Ibid.*, 498.

42. Con respecto al alma, Bavinck menciona que la preservamos, por ejemplo, a través de la defensa personal, como también evitando las cosas que nos inflijan daño. Así también, el suicidio debe ser rechazado.

En la misma línea, Bavinck comenta algunas cosas con respecto a la comida, el trabajo y la vestimenta. Un importante punto ético tiene que ver con el trato hacia los animales. Bavinck entiende que, de acuerdo con la Escritura, es lícito matar animales para comer su carne, sin embargo, sí está prohibida la matanza «dolorosa» y también la «tortura».[43] Otro punto de la ética tiene que ver con el alcohol. Bavinck indica que el abuso del alcohol, que demuestra una falta de sabiduría, «destruye aquello que es espiritual, la imagen de Dios en la persona».[44]

Con respecto a la vestimenta, por ejemplo, Bavinck enumera cuatro propósitos de por qué nos vestimos. El primer propósito tiene que ver con cubrir nuestra desnudez. El segundo es para protegernos de los elementos de la naturaleza (frío, calor, etc.). El tercero es para indicar el sexo, la edad, la posición y la dignidad. Finalmente, nos vestimos como adorno. En este último punto, Bavinck habla de un desarrollo de la belleza externa y especialmente interna. Así, el profesor plantea que «el organismo somático debe ser y convertirse en una obra de arte», despertando en los demás un «sentimiento agradable, gratificante» a través de las actitudes, gestos y tonos.[45]

¿Te imaginas desarrollar una teología que pueda ser comunicada a través de actitudes, gestos y tonos santificados? Nuevamente, la teología y la ética (en este caso, la forma de comunicar), van de la mano.

---

43. Bavinck, *GE*, 512.
44. *Ibid.*, 517.
45. *Ibid.*, 540.

Castidad, propiedad y reputación

Los asuntos relacionados con la castidad, la propiedad y la
honra son tratados a través del séptimo, octavo y noveno
mandamiento, respectivamente.

Para Bavinck, la vida sexual está en el centro de la vida natural.
Los pecados relacionados con esta área son la fornicación, el
adulterio, la homosexualidad, la pedofilia, la sodomía, el incesto
y la masturbación.

Con respecto a la propiedad, las riquezas en sí no son algo
malo. Aun así, las advertencias contra las riquezas son
mayores. Confiar en las riquezas es algo que se condena
fuertemente. De hecho, la avaricia es la raíz de todos los males.
Por lo tanto, el amor al dinero jamás debería impulsar las
motivaciones en el ministerio cristiano ni mucho menos en la
vida misma.

La avaricia, o el amor al dinero, debe ser erradicada del corazón
porque «es un pecado contra Dios, contra el prójimo, contra uno
mismo, contra todas las virtudes cristianas como la fe, el amor,
la compasión, la generosidad, etc. [El amor al dinero] guía al
engaño, la falsedad, al falso testimonio, el fraude, el robo, la
traición y el asesinato. ¡Piensa en Judas!».[46] ¿Qué importa más
que las riquezas? En palabras de Salomón, «más vale el buen
nombre que las muchas riquezas, y el favor que la plata y el oro»
(Prov. 22:1).

El noveno mandamiento trata con el tema del honor y el buen
nombre o reputación. De hecho, los ancianos o líderes-siervos
de las iglesias deben gozar de «una buena reputación entre
los de afuera de la iglesia» (1 Tim. 3:7). A la vez, los cristianos

---

46. *Ibid.*, 559.

debemos honrar a quienes deben ser honrados (Rom. 13:7). No obstante, es clave entender que no es correcto aceptar el honor de las personas y no buscar el honor de Dios.

De hecho, los fariseos buscaron el honor de las personas y no el honor de Dios. En ese estado, la hipocresía comienza a brotar. En palabras de Bavinck, cuando somos hipócritas, «nos importan más las apariencias que el ser, lo que otros piensan de nosotros que lo que realmente somos, es decir, lo que somos para Dios. [Nos preocupa] más la imagen que proyectamos en la conciencia de otros que nuestra verdadera esencia. Entonces nos convertimos en hipócritas».[47]

Creo que estos últimos puntos planteados por Bavinck nos deberían ayudar a orar y trabajar por una sana ética familiar y ministerial. Parte de esta ética se refleja en aborrecer todo síntoma de avaricia e hipocresía. Una vida que se desenvuelve cómodamente en torno a la avaricia y una doble vida traerá tal condenación al corazón que ni siquiera el mero aprendizaje intelectual de sana doctrina logrará sanar. Todo lo oculto saldrá a la luz. Es tiempo de orar para que Dios santifique a las familias y las iglesias y las libre de todo pecado oculto. Oremos y trabajamos para que Dios sea realmente honrado.

El honor de Dios nos lleva a amar a Dios y como fruto, a amar a nuestro prójimo. Buscamos el honor de Dios y el honor de nuestro prójimo. De hecho, la parábola del buen samaritano nos muestra una manera de honrar al prójimo. Bavinck indica que, en esa parábola, Jesús nos enseña «cómo uno *se convierte en el prójimo de alguien*».[48] En otras palabras, la ética reformada apunta a no preguntarnos teóricamente quién es nuestro

---

47. *Ibid.*, 560.

48. *Ibid.*, 574. Énfasis original.

prójimo, sino a mostrar de manera práctica que nosotros somos el prójimo de cualquiera que necesita ayuda.

En resumen, debemos amar a nuestro prójimo porque es uno de los frutos de amar a Dios. De hecho, no amamos al prójimo porque esa persona sea más amigable, o porque tenga más recursos económicos. Esencialmente, amamos al prójimo porque Dios lo ordena. Porque ha sido creado a Su imagen.

¿Necesitas ayuda? Entonces tu familia, amigos e iglesia son tus prójimos. ¿Tu familia, amigos e iglesia necesitan ayuda? Entonces tú debes ser un prójimo para ellos. En otras palabras, es el amor de Dios lo que nos lleva a amar a todos aquellos que han sido creados a imagen de Dios.

Conclusión

Nuestra teología debe ir acompañada de una ética. ¿De qué sirve una buena teología si solamente nos quedamos en el nivel de la teoría? Necesitamos estudiar, y a la vez practicar, una buena ética. En palabras de Herman, «la ética precisamente sirve para hacernos crecer en la gracia, y no permanecer en [el nivel de] la teoría»[49].

La teología cristiana es un tesoro tan grande y hermoso que no puede ser ensuciado o destruido con apariencias de piedad.

Para cultivar una sana piedad, deberíamos volver a valorar la importancia del culto privado (vida devocional), el culto familiar (devocional familiar) y el culto público. Al mismo tiempo, para tener una buena ética, necesitamos una buena

---

49. Bavinck, *GE*, 42.

teología dogmática. Tal vez, también deberíamos volver a valorar la importancia de una buena educación teológica. Es decir, una educación donde no solamente se logre enseñar un buen contenido, sino también donde los profesores y alumnos tengan disposiciones y actitudes que reflejen una ética que honre a Dios y al prójimo.

En otras palabras, no podemos enseñar doctrinas de la gracia si no hay gracia en la forma en que enseñamos, aprendemos y ponemos en práctica las cosas que estamos aprendiendo.

Si bien Bavinck no publicó este manuscrito, sí podemos ver su ética desarrollada a través de otras publicaciones. Estas publicaciones muestran cómo Bavinck quiso honrar a Dios al investigar en otras esferas de la vida o en otras ciencias. Es decir, Herman utilizó la ciencia de la teología para así servir a otras ciencias.

Herman Bavinck desarrolló una visión de la vida y del mundo que reflejaba la armonía entre la dogmática y la ética, es decir, entre las obras de Dios en la creación/recreación y las obras de los creyentes en todas las áreas de la creación. Esta teología, ética y cosmovisión fueron desarrolladas hasta sus últimos días.

En el próximo capítulo, introduciremos la idea de cosmovisión en dos Bavincks: Herman y su sobrino, Johan Herman Bavinck.

7
UNA VISIÓN O CONTEMPLACIÓN CRISTIANA DE LA VIDA Y DEL MUNDO

De uno solo, Dios hizo todas las naciones
del mundo para que habitaran sobre toda
la superficie de la tierra,
habiendo determinado sus tiempos y las fronteras
de los lugares donde viven, para que buscaran a Dios,
y de alguna manera, palpando, lo hallen,
aunque Él no está lejos de ninguno de nosotros.
Porque en Él vivimos,
nos movemos y existimos, así como algunos de los
poetas de ustedes han dicho:
«Porque también nosotros somos linaje Suyo».
—Pablo a los atenienses[1]

Hay una desarmonía entre nuestro pensar y sentir,
entre nuestro desear y actuar.
Hay un conflicto entre la religión y la cultura,
entre la ciencia y la vida.
Falta una contemplación del mundo y
la vida «unificada», y, por lo tanto,

---

1. Hechos 17:26-28.

esta expresión [*wereld- en levensbeschouwing*]
es el eslogan del día.
—Herman Bavinck[2]

El tema que queremos tratar [sobre personalidad
y cosmovisión] es igualmente hermoso y peligroso.
Hermoso porque nos obliga a considerar
las cosmovisiones que han sido concebidas como
tantas expresiones de personalidades,
como revelaciones del alma. Peligroso porque
podría hacernos perder todo fundamento.
—Johan Herman Bavinck (1895-1964)[3]

El apóstol Pablo llegó a uno de los epicentros del desarrollo filosófico de ese entonces. En Atenas, pudo observar uno de los aspectos que más destruye a la humanidad: la idolatría. Esta disposición caída del corazón de los atenienses los llevaba a estar siempre buscando cosas nuevas. En otras palabras, sus vidas estaban insatisfechas. Así, esta insatisfacción los llevaba a seguir buscando y buscando y buscando.

La búsqueda por lo nuevo llevó a los atenienses a llevar a Pablo al Areópago, o a la colina de Marte (el dios de la guerra), para así escuchar su exposición. El apóstol notó en la forma de pensar de estas personas algo muy significativo: «Varones atenienses,

---

2. Herman Bavinck, *Christian Worldview*. Traducido y editado al inglés por Nathaniel Gray Sutanto, James Eglinton y Cory C. Brock (Wheaton: Crossway, 2019). Las traducciones al español han sido realizadas a partir de la versión original en holandés, *Christelijke wereldbeschouwing: rede bij de overdracht van het rectoraat aan de Vrije Universiteit te Amsterdam op 20 october 1904. 2e druk.* (Kampen: J. H. Kok, 1913), 8. De aquí en adelante, abreviado como *CW*.

3. Johan Herman Bavinck, *Personality and Worldview*. Traducido y editado al inglés por James Eglinton (Wheaton: Crossway, 2023). Tal como la nota anterior, las traducciones al español han sido realizadas a partir de la versión original en holandés, *Persoonlijkheid en Wereldbeschouwing*, Kampen: J. H. Kok, 1928), 5. De aquí en adelante, abreviado como *PW*.

percibo que ustedes son muy religiosos [o supersticiosos] en todo sentido» (Hech. 17:22).

Los atenienses poseían un «sentido de la divinidad» (*sensus divinitatis*) o una «semilla de la religión» (*semen religionis*) en sus corazones. De hecho, la conciencia de la divinidad es una característica de cada persona. De la misma manera, cada ser humano es un adorador por esencia. Sin embargo, desde la caída de Adán, los seres humanos no podemos adorar correctamente a Dios porque no conocemos cabalmente al Dios verdadero.

«Pues nadie puede amar una cosa por completo ignorada», dijo Agustín de Hipona en sus *Confesiones*. «Dios no puede ser adorado correctamente a menos que Él sea primeramente conocido», expresó Calvino al comentar Hechos 17. Al tener esto en mente, podemos comprender por qué Pablo comenzó a predicar acerca del Dios que él continuamente estaba conociendo y amando (y que era desconocido para los atenienses). A través de la locura de la predicación, los gentiles podrían conocer al Dios de las Escrituras como el único Dios creador verdadero, y también como Aquel que está cerca de ellos y que, a la vez, les permite respirar, comer, pensar y leer.

Cuando Pablo expuso sobre el arrepentimiento, el juicio venidero y la resurrección de los muertos, «algunos se burlaban», otros lo escucharon otra vez y así, la palabra no volvió vacía, sino que «algunos se unieron a él y creyeron, entre los cuales estaban Dionisio el areopagita, una mujer llamada Dámaris y otros con ellos» (v. 34).

En resumen, cada ser humano que nace tiene un sentido de la divinidad que hace que su corazón anhele a Dios. Al mismo tiempo, cada ser humano —debido a su rebelión contra Dios—

huye del Dios verdadero para así, dar rienda suelta a la fábrica de ídolos que mantiene en su corazón. Particularmente, es este sentido religioso aquello que principalmente moldea la forma de ver el mundo y la vida misma. En otras palabras, la religión, la teología y la ética están muy relacionadas a la cosmovisión.

Al hablar sobre cosmovisión, el sobrino de Herman —Johan Herman Bavinck— expresó que cada cosmovisión en los seres humanos siempre abarca dos cosas al mismo tiempo: «un acercamiento a la verdad y un huir de la verdad».[4] Si esto es llevado a un plano religioso, Johan menciona que «toda búsqueda de una cosmovisión siempre es, en el sentido más profundo, una búsqueda de Dios».[5]

Al mismo tiempo, las cosmovisiones nos hablan de la discordia o el conflicto que existe en lo más profundo del ser humano. Esta desarmonía manifiesta la disposición y el acto de buscar a Dios y huir de Él. En palabras de Johan, «el ser humano no puede hacer otra cosa sino buscar a Dios, porque en lo más profundo de su ser, lo anhela, y [al mismo tiempo] lo evade [o evita], porque le teme y lo odia con cada fibra de su naturaleza».[6]

¿Qué es, entonces, una cosmovisión?

De esto trataremos en este último capítulo, pero no sin antes volver a describir algunos detalles de la vida de Herman Bavinck.

---

4. *PW*, 22.

5. *Ibid.*, 22-23.

6. *Ibid.*, 23.

Período en Kampen (1883-1902)

En los capítulos 3 y 4, vimos cómo Bavinck se trasladó de
Franeker a Kampen para así, convertirse en uno de los
profesores del seminario de su denominación desde 1883 hasta
1902. Durante ese período, Herman contrajo matrimonio con
Johanna Adriana Schippers en 1891, y tuvieron su luna de miel
en París y Ginebra.[7]

Un año después, el matrimonio fue testigo de otra unión: la
unión entre la denominación a la cual pertenecían los Bavinck
(*Christelijke Gereformeerde Kerk in Nederland* o «Iglesia Cristiana
Reformada en Holanda», cuyos orígenes se remontan a la
Secesión de 1834) y la denominación liderada por Abraham
Kuyper (*Doleantie*, formada en 1886). En 1892, nacen las
Gereformeerde Kerken in Nederland [Iglesias Reformadas en
Holanda]. En ese mismo año, Bavinck emprende su primer
viaje a Norteamérica.

Vale la pena mencionar este viaje porque tiene profunda
relación con la mirada neocalvinista de la cosmovisión
cristiana. Si bien la visita de Bavinck tuvo que ver con la
propagación del espíritu de unidad entre los reformados
holandeses en Estados Unidos, Herman también quiso
promover la visión teológica y ética del calvinismo al asistir
a la Alianza de Iglesias Reformadas que sostienen el Sistema
Presbiteriano (quinto concilio internacional de cristianos
reformados que se realizó en Toronto, Canadá).

Fue en aquel congreso donde Bavinck presentó el aspecto
holístico del calvinismo a través de su charla denominada «La
influencia de la Reforma protestante en la condición moral y
religiosa de las comunidades y naciones».

---

7. Eglinton, *Bavinck*, 179.

En esa exposición, Bavinck mencionó que el calvinismo no
está contento solamente con una salvación personal, sino que
va más profundo todavía, es decir, hasta «descansar en Dios, el
eterno e inmutable».[8] En otras palabras, el calvinismo presenta
un sistema consistente de ver el mundo y la humanidad porque
depende exclusivamente de Dios y no de las criaturas: «desde el
alto punto de vista, espiritual y teológico, que ocupa el calvinista,
él contempla todo el mundo». Es una mirada teológica trinitaria la
que impacta la mirada holística en la vida del cristiano reformado:

> No hay límite en la gracia y la misericordia de Dios sino
> la que Él mismo, en Su inescrutable y adorable buena
> voluntad, haya establecido. El amor del Padre, la gracia del
> Hijo y la comunión del Espíritu Santo no tienen límite o
> condición —fuera de sí mismos— en ninguna cualidad de
> la criatura. Ni el país, ni la gente, ni el error ni el pecado,
> ni el sexo ni la edad los atan. «Porque de él, por él y para él
> son todas las cosas».[9]

Es justamente esta gran contemplación de Dios la que guía y
moldea la contemplación de todas las cosas. De hecho, es la
doctrina de la soberanía del Dios trino el punto de partida de la
cosmovisión calvinista. Es por eso que en *El futuro del calvinismo*
(1894), Bavinck escribió sobre las implicancias del calvinismo
en aspectos que están fuera de la esfera de la iglesia. De hecho,
Bavinck en ese entonces propuso una distinción entre las
palabras «reformado» y «calvinista»:

> Pero [aunque] las palabras *reformado* (*Gereformeerde*) y
> *calvinista* (*Calvinistisch*) son palabras relacionadas, no

---

8. Herman Bavinck, «*The Influence of the Protestant Reformation on the Moral and
Religious Condition of Communities and Nations*» en *Proceedings of the Fifth General
Council*, Toronto 1892, 48–55 (Londres: Publication Committee of the Presbyterian
Church of England), 50.

9. *Ibid.*, 50, 51.

tienen significado equivalente. En general, la primera palabra [reformado] es más limitada y menos exhaustiva que la primera. Reformado es solamente un nombre de distinción religiosa y eclesial; es puramente un concepto teológico. Pero el nombre calvinismo es más amplio y designa un cierto tipo en los ámbitos políticos, sociales y civiles. El calvinismo caracteriza aquella completa y total contemplación de la vida y del mundo (*wereld- en levensbeschouwing*), que nació en la poderosa mente del reformador francés y cuyas características principales fueron designadas por él [Calvino]. Calvinista es el nombre de un reformado, que aparece en su propio carácter y fisionomía no solo en la iglesia y la teología, sino también en la sociedad y el estado, en el arte y la ciencia.[10]

En otras palabras, para un joven Herman Bavinck (1894), el «calvinismo» es más global que el término «reformado», y denota de esta manera una contemplación del mundo y de la vida. Sin embargo, quisiera hacer un paréntesis aquí para considerar la importancia de la maduración del pensamiento teológico a lo largo de la vida.

Si bien Bavinck sostuvo esta visión holística del calvinismo hasta el final de sus días, en 1911, hace una declaración interesante. Posteriormente, Bavinck prefiere el término «reformado» por sobre los términos «ortodoxo, calvinista y neocalvinista». Sí, Bavinck es capaz de identificarse de cierta manera con cada uno de los términos anteriores, pero ya más maduro, prefiere simplemente «reformado». ¿Los motivos? Dentro del nombre reformado hay una conexión con el pasado, una continuidad histórica y una mantención de la confesión cristiana. En segundo lugar, debido a la «demanda y obligación

---

10. Bavinck, *Het Calvinisme in Nederland en zijne toekomst*, 129-30.

de continuamente revisar la doctrina y la vida de la propia
persona y casa [...] de acuerdo con estos principios escriturales
e históricos».[11]

Lo anterior nos enseña algo significativo para aquellos que
gustan del estudio teológico: seguir creciendo y madurando. No
solamente nuestras ideas deben crecer y madurar, sino también
toda nuestra vida.

Hablando de crecimiento, una nueva integrante llegó a la
familia de Herman y Johanna. El 25 de noviembre de 1894, nace
la primera y única hija: Johanna Geziena Bavinck (1894-1971),
conocida por sus padres como «Hannie». Tal como Herman,
su hija también recibiría la señal visible del pacto de gracia.
El domingo siguiente a su nacimiento, Herman registra en su
dagboek, «en la tarde celebré el bautismo de nuestra Johanna
Geziena».[12]

La semana posterior al nacimiento de su hija, Bavinck da
un significativo discurso que será clave para entender el
crecimiento de la teología reformada por parte de teólogos
neocalvinistas. Su discurso en el seminario de Kampen fue
publicado con el título de *Gracia común*.

Debido a que el neocalvinismo pertenece a la tradición
reformada, el concepto de diversidad en la unidad también
se aplica al mismo movimiento. Es decir, así como el
neocalvinismo (y la teología reformada en general) no puede
ser igualado al pensamiento de un solo hombre, la doctrina
de la gracia común no puede ser igualada completamente a lo
que describió un solo hombre, como, por ejemplo, Abraham
Kuyper.

---

11. Herman Bavinck, «*Modernism and Orthodoxy (1911)*» en *OT*, 156-57.

12. Hepp, *Dr Herman Bavinck*, 209.

Si bien es cierto que Kuyper publicó tres grandes volúmenes sobre la «gracia común» (en 1902, 1903 y 1905, respectivamente), debemos recordar que Bavinck también publicó algunos tratados (más breves) con respecto al tema, como el ya mencionado «Gracia común» (1894) y también, «Gracia común y Calvino» (1909).[13]

La doctrina de la gracia común es una doctrina reformada que debe continuar siendo estudiada y desarrollada correctamente en nuestros contextos. Pero ¿de qué trata esta doctrina?

La gracia común

Al comenzar la exposición de la gracia común, Bavinck recuerda nuevamente el concepto de pacto como la forma en que Dios se relaciona con los seres humanos. Después de la caída, la revelación de Dios viene al hombre culpable, al hombre que merece la muerte, como una «revelación de *gracia*». De hecho, es la gracia de Dios la que se «convierte en la fuente y manantial de toda vida y bendiciones para el hombre. [La gracia] es la fuente abundante de todo bien».[14]

Al mismo tiempo, la gracia se distingue entre gracia «común» y gracia «especial» o «particular». Esto explica, por ejemplo, que Caín continuara viviendo después del horrible asesinato de su hermano. De hecho, es posible notar un contraste entre la descendencia de Caín y la descendencia de Set, donde esta última preserva el conocimiento (*kennis*) y servicio a Dios. Después del diluvio, Dios establece un pacto con la creación.

---

13. De hecho, pastores y teólogos de otras épocas también hablaron de este tema, tales como el holandés Petrus Van Mastricht y el presbiteriano escocés Robert Traill (1642-1716)..

14. Herman Bavinck, *De algemeene genade: rede gehouden bij de overdracht van het rectoraat aan de Theol. School te Kampen op 6 December 1894* (Kampen: G. Ph. Zalsman, 1894), 8.

A través del pacto con Noé es posible comprender más la gracia común de Dios, donde a pesar del pecado del hombre, Dios continúa sosteniendo por pura gracia toda Su creación.

Al mismo tiempo, Bavinck plantea una diferencia entre las religiones paganas y la religión del pueblo de Israel. La gran diferencia entre todas las religiones y la religión que presenta la Palabra de Dios se encuentra en la *gratia specialis* (gracia especial). Por un lado, todas las religiones paganas son «secuelas y degeneraciones de un *foedus operum* (pacto de obras) quebrantado». Es decir, todas las personas realizan obras para intentar traer redención a sus vidas.

Por otro lado, según Bavinck, «lo nuevo, lo maravilloso en la religión de Israel es la *gratia specialis* (gracia especial), el *foedus gratiae* (el pacto de gracia), el cual Él estableció con Abraham y su descendencia».[15] Así, el Dios creador de todas las cosas es al mismo tiempo el Dios redentor:

> Elohim, el Dios de la creación y de la naturaleza, se da a conocer a Israel como Jehová, como el Dios del pacto.[16]

Principalmente, la esencia de la fe de Israel encuentra su cumplimiento en Cristo. De hecho, Cristo es el «contenido real del *foedus gratiae* (pacto de gracia)».[17] Cristo es Jehová con nosotros. Esencialmente, esta salvación trinitaria —que es por pura *gracia especial*— se entiende mejor a la luz de la revelación progresiva a lo largo de la historia, es decir, cuando el Nuevo Testamento se ve como el fruto del Antiguo Testamento. De la misma manera, el pueblo de Israel en el Antiguo Testamento se entiende como un pueblo cuyo propósito es Cristo. Así, Cristo

---

15. *Ibid.*, 11.

16. *Ibid.*

17. *Ibid.*, 14.

será anunciado a todas las naciones que fueron mantenidas y preservadas por la gracia común.

Cuando estos puntos son comprendidos, es posible entender el concepto de gracia común. Luego de describir la visión soteriológica y antropológica del catolicismo romano, Bavinck procede a definir la gracia común desde un punto de vista reformado para responder a las siguientes preguntas: ¿Cuál es la relación entre la naturaleza y la gracia? ¿Cómo es posible entender las cosas buenas que son realizadas por el hombre natural? Si el hombre está totalmente muerto en sus delitos y pecados, ¿cómo es posible ver lo bueno, hermoso y verdadero en aquellos que están fuera de Cristo?

Tal como vimos en el capítulo anterior, negar los dones comunes que Dios da a los seres humanos es una muestra de ingratitud. ¿Cómo, entonces, entendemos la relación entre naturaleza y gracia?

Aquí es donde Calvino, en dependencia de las Escrituras, distinguió entre la gracia común y especial de Dios. En palabras de Bavinck, Calvino distinguió entre «la obra del Espíritu en todas criaturas y la obra del Espíritu en la santificación, que es la porción de todos los creyentes».[18] Es la gracia común la que se interpone entre el pecado y la creación. Así, la gracia común se entiende como una gracia que «internamente no renueva, pero que exteriormente refrena y controla. De esta gracia común proviene todo lo que es bueno y verdadero, aquello que incluso también vemos en el hombre caído».[19]

De este concepto podemos entender que la filosofía, la música, el arte y las ciencias son «buenas, útiles y de gran valor». Es

---

18. *Ibid.*, 27.
19. *Ibid.*, 28.

interesante que estas cosas no son puramente *ad necessitatem* (por necesidad), sino también *ad oblectamentum* (por deleite). Así, los cristianos reformados, nos dice Bavinck, reconocieron al mismo tiempo «la seriedad del pecado y la legitimidad de lo natural».[20] Así, el cristiano debería deleitarse en aquello que Dios llama bueno, refiriéndose a lo natural o relacionado con la creación, y al mismo tiempo, aborrecer aquello que Dios aborrece y que deforma lo creado: el pecado.

El concepto de gracia común nos ayuda a tener una visión de la vida y del mundo donde las realidades de la creación, la caída, y la gracia de Dios, son mantenidas (y tomadas en serio) para entender la relación entre la naturaleza y la gracia, o entre la cultura y el cristianismo.

En resumen, a través de la gracia común, Dios refrena el pecado y sustenta toda Su creación. De esto hablaremos más adelante, pero antes, debemos volver a la vida de Herman Bavinck.

De Kampen a Ámsterdam

En 1895, algunos conflictos comenzaron a surgir en los círculos reformados de Holanda. Por ejemplo, uno de los profesores de la Escuela Teológica de Kampen, Lucas Lindeboom, comenzó a criticar públicamente la visión que tanto Kuyper como Bavinck tenían con respecto a la educación teológica. El debate tenía que ver con el contexto del desarrollo teológico.

Ellos se preguntaban: ¿debería la teología permanecer dentro de la iglesia, *en* el seminario y bajo la supervisión eclesiástica (Lindeboom)? O, por otro lado, ¿la teología como ciencia debería dar cuentas directamente a Cristo (en conexión con

---

20. *Ibid.*, 29-30.

la iglesia orgánica), y así, desarrollarse en la universidad sin dependencia de la iglesia institucional (y en este caso, *en* la Universidad Libre de Ámsterdam, fundada por Kuyper)?

A pesar de que Bavinck favorecía la práctica de la teología científica en la universidad, esto «no significa que Bavinck estuvo de acuerdo con Kuyper *in toto* (por completo)».[21] Tal como ha demostrado Ximian Xu, la postura de Bavinck representa más bien una vía media entre sus dos colegas. Por un lado, la teología científica debe estar en la universidad para mantener su relación con otras ciencias. Por otro lado, la teología científica no puede ser separada de la iglesia institucional debido a que «el verdadero practicante de la teología científica debe ser un miembro de la iglesia institucional, así, comprometiéndose a sí mismo a una específica tradición eclesiástica».[22]

En ese contexto, Bavinck escribe una propuesta de unidad (1899), donde los dos centros de formación teológica de la denominación pudieran unirse.

Durante ese tiempo, Herman también escribió para fortalecer la vida espiritual de los creyentes. En 1901, Bavinck publicó unas meditaciones pastorales con respecto a la Santa Cena. Estas profundas meditaciones llevan el nombre de *El sacrificio de alabanza*. En ese mismo año, Bavinck publica *La certeza de la fe*, un libro que apunta a la seguridad que tiene el cristiano en el evangelio en una época donde la duda y la incredulidad eran parte del aire que la sociedad respiraba.

En aspectos sociales, el año 1901 fue significativo para el movimiento cristiano reformado holandés. Abraham Kuyper, uno de los fundadores del primer partido democrático de

---

21. Ximian Xu, *Theology as the Science of God. Herman Bavinck's Wetenschappelijke Theology for the Modern World* (Göttingen: Vandenhoeck & Ruprecht, 2022), 178.

22. *Ibid.*, 191.

Holanda (el partido antirrevolucionario), fue elegido como Primer Ministro de los Países Bajos. Sin embargo, un profundo cambio se llevaría a cabo en 1902.

Los conflictos fueron escalando con respecto al tema de la educación teológica de la nueva denominación. De hecho, Bavinck fue consciente de esto.

En 1902, hubo dos acontecimientos. Por un lado, la Universidad Libre invitó a Bavinck, y a su colega Biesterveld, a ser parte de su facultad. Por otro lado, Herman propuso al Sínodo de ese año que la Escuela Teológica y la facultad de teología de la Universidad Libre «deberían unirse en una sola institución para entrenar teólogos para la iglesia y la academia».[23]

Sin embargo, el resultado del Sínodo de Arnhem no fue del agrado de Herman. ¿El motivo? El movimiento del Sínodo. La propuesta de Bavinck ganó por mayoría, pero ante la predicción (realizada por los oponentes) de que la unión traería una división en la denominación, el Sínodo dio marcha atrás. En la opinión de un Bavinck molesto, parecía ser que la iglesia se estaba entregando a la opinión de la minoría.

Los conflictos continuaron tras una publicación de Bavinck titulada «¿Quedarse o irse?». Lindeboom no estaba contento. Junto con otro profesor, Lindeboom publicó una respuesta que criticaba a Bavinck y su colega Biesterveld. En medio de todo eso, en 1902, Bavinck fue añadido a los Caballeros de la Orden del León de Holanda (un importante reconocimiento civil), mientras al mismo tiempo, ya comenzaba a prepararse para ir a la capital.

A pesar de los intentos de persuadir a Herman a permanecer en Kampen, el esfuerzo no dio fruto. La decisión ya estaba tomada.

---

23. Eglinton, *Bavinck*, 213.

El nuevo lugar para continuar enseñando teología estaba en Ámsterdam. Bavinck le escribió a Kuyper para que el anuncio de su incorporación a la Universidad Libre no fuera en términos polémicos. Es decir, sin añadir palabras de «agradecimientos».

Así, Bavinck y Biesterveld dejaban el seminario en Kampen para unirse a la facultad de la Universidad Libre de Ámsterdam.

El 15 de diciembre de 1902, Bavinck y su colega dieron sus charlas de despedida en Kampen. «No podría haber imaginado que mi tiempo en la Escuela Teológica terminaría así», dijo Bavinck. Tal como menciona Eglinton, Bavinck aseguró a sus estudiantes que su partida a Ámsterdam no debía ser interpretada como «una falta de amor por la Escuela Teológica». De hecho, su cambio a Ámsterdam puede ser interpretado a la luz de sus raíces nutridas por la Secesión de 1834. En sus propias palabras, «como dije antes, y ahora lo digo otra vez, yo soy un hijo de la Secesión ¡y espero seguir siéndolo!».[24]

La partida de ambos profesores fue una pérdida para la Escuela Teológica de Kampen. Más de la mitad de los estudiantes que escucharon las charlas de despedida siguieron a Bavinck y Biesterveld a la capital de Holanda para continuar con su formación teológica. Es en Ámsterdam donde Bavinck publica su libro *Cosmovisión cristiana*.

Cosmovisión cristiana

En el capítulo 4, vimos cómo Bavinck comenzó su período en Kampen al enfatizar un aspecto importante de la teología cristiana reformada: una teología teológica.

---

24. Citado en Eglinton, *Bavinck*, 215.

Este principio permanecería en la mente y el corazón de Herman hasta el final de sus días. Al comenzar su período en Ámsterdam, Bavinck vuelve a reforzar este principio a través de una charla denominada «Religión y teología». Ahí, el nuevo profesor indica que la teología es una ciencia que trata con «el conocimiento de Dios en el rostro de Cristo, el enviado del Padre. [La teología] está, por lo tanto, más estrechamente relacionada con la religión cristiana, con la fe de la congregación, con la confesión de la iglesia y con la vida de piedad».[25]

Con una teología que reconoce la importancia de una religión experiencial, donde el Espíritu Santo es el *Doctor Ecclesiae* (doctor de la iglesia) que regenera y da dones, y donde además el teólogo debe ser un creyente involucrado en su iglesia, Bavinck comienza su período como profesor en la Universidad Libre de Ámsterdam.

En 1904, Herman publica su libro *Christelijke wereldbeschouwing* [Cosmovisión cristiana], que originalmente fue un discurso que dio al final de su período como rector de la universidad. Algunas de las ideas de este libro pueden ayudarnos significativamente a reflexionar (y aplicar) las implicancias de tener una cosmovisión cristiana.

Recuerdo la primera vez que escuché el término «cosmovisión». Un pastor nombró esa palabra y de inmediato pensé en el universo o incluso, ¡en un astronauta! Cuando después estudié teología, escuché a algunos profesores y pastores hablar en mayor profundidad sobre el tema.

La manera general en que se definía este concepto tenía que ver con la forma de *ver* el *mundo* que nos rodeaba. *Cosmo-visión*, es

---

25. *OT*, 108.

decir, una visión del cosmos, del universo o de todas las cosas. En otras palabras, la cosmovisión explica cómo observamos todo lo que nos rodea para luego responder ante la realidad en la que estamos.

Al ser una cosmovisión cristiana, esta visión comprendía presuposiciones, principios o ideas que, en este caso, eran cristianos. La manera de ejemplificar la definición de «cosmovisión» era a través del ejemplo del uso de unos «lentes» o «anteojos». De esta manera, los cristianos usaban unos «lentes», los «lentes de cosmovisión cristiana», para ver y entender correctamente todo aquello que nos rodea.

En resumen, podemos entender que una cosmovisión trata con las ideas, presuposiciones y creencias que una persona posee para así ver, entender y vivir de acuerdo con la realidad en la cual se encuentra.

Pero ¿qué tal si la *visión* del mundo —y de la vida— puede ser entendida y desarrollada más allá del uso de «lentes»? Lo que quiero plantear aquí es que una visión del mundo y de la vida (fundamentada en el evangelio) nos invita constantemente a contemplar y vivir sabiamente. De hecho, esta contemplación de la vida y del mundo la podemos entender a través del desarrollo de un tipo de «mapa». Así, una cosmovisión cristiana nos lleva a contemplar y vivir sabiamente (en armonía) a medida que este mapa se va expandiendo mientras vamos creciendo en la fe cristiana.

La *contemplación* del mundo y de la vida

Uno de los problemas que Bavinck detecta en la sociedad moderna es la *desarmonía*. En la introducción de su libro *Cosmovisión cristiana*, Herman escribe que existe «una desarmonía entre nuestro pensar y sentir, entre nuestro desear y actuar. Hay un conflicto entre la religión y la cultura, entre la ciencia y la vida. Falta una contemplación del mundo y la vida "unificada", y, por lo tanto, esta expresión [*wereld- en levensbeschouwing*] es el eslogan del día».[26]

El conflicto del ser humano se detecta al carecer de una *armonía* tanto en el sujeto mismo, como también entre el sujeto y el objeto. Dicho de otra manera, hay una discordia entre la forma de pensar, los deseos y la manera de actuar del sujeto. *Un conflicto en la vida misma*. A la vez, este sujeto enfrenta un conflicto entre sus creencias más profundas *y* la manera en que interactúa con todo lo que le rodea. *Un conflicto con el mundo*. En otras palabras, hay una desarmonía en su propia vida y en su relación con el mundo que lo rodea. Esta desarmonía tiene su origen en la desarmonía que existe entre la voluntad del hombre en relación a la voluntad de Dios.

Sumado a este conflicto, Bavinck identifica la veneración religiosa que el ser humano da a todo lo que lo rodea, es decir, al «mundo y la humanidad, [a los] héroes y genios, [a la] ciencia y el arte, [al] estado y la sociedad, [al] mundo de los espíritus y al poder de la naturaleza. Cada uno tiene su propia deidad».[27]

¿No es acaso lo mismo que vemos en nuestros contextos? De esta manera, entendemos que la forma de ver la vida y el mundo está ligada a una realidad que, por más que se quiera negar, es una realidad experiencial: el hombre es un ser que adora. Así, la religión y la cosmovisión están íntimamente unidas.

La cosmovisión intenta responder a las preguntas más profundas que cada ser humano tiene. Es decir, preguntas tales

---

26. *CW*, 8.

27. *Ibid.*, 11.

como: «¿quién soy?, ¿de dónde vengo?, ¿cómo se relaciona mi mente con el mundo más allá de mi sentido del yo?, ¿yo conozco? Y si es así ¿cómo puedo conocer?, ¿cómo debería actuar?». Visto de esta manera, James Eglinton plantea que para Herman Bavinck la cosmovisión «es una forma completamente inductiva de pensar y vivir en búsqueda de una sabiduría piadosa».[28]

Una cosmovisión se va expandiendo a medida que transcurre el tiempo en nuestros determinados contextos. El punto anterior nos permite avanzar en el desarrollo de la idea de cosmovisión al no quedarnos únicamente con la definición de Herman, sino también ver cómo la idea de cosmovisión va creciendo posteriormente en el pensamiento de su sobrino, Johan Herman Bavinck.

En otras palabras, tanto la teología como la cosmovisión deben desarrollarse y enriquecerse a medida que esperamos la segunda venida de Cristo.

Un interesante ejemplo que nos podría ayudar a entender la idea de cosmovisión tiene que ver con la imagen de un *mapa*.[29]

Un mapa con más detalles

Todavía recuerdo los mapas de América del Sur y Centroamérica que mis padres me mostraban a principios de los noventa. Recuerdo que ellos me decían que justo en el centro de un largo país llamado Chile, se encontraba la ciudad donde vivíamos. Era un mapa donde los países estaban representados simplemente

---

28. James Eglinton en su introducción a Johan Herman Bavinck, *Personality and Worldview.*

29. Este ejemplo ha sido planteado por Cory Brock, Nathaniel Gray Sutanto y James Eglinton en la introducción al libro de Herman Bavinck *Christian Worldview.*

por colores al azar. Hoy, con mi esposa, nos podemos sentar con nuestras hijas para mostrarles no solo el país donde viven sus abuelos, Chile, sino el país donde ellas nacieron, Escocia.

Habrás notado que los mapas ya no solo se encuentran simplemente en atlas impresos, sino que también están en nuestras pantallas. Es por esto que cada uno puede ver con mucho más detalle los mapas de sus países a través de Google Maps, por ejemplo. Hace veinte años, no podíamos hacer esto. Hoy lo podemos hacer. ¿Por qué? Porque la tecnología y la información geográfica se han *expandido* al pasar el tiempo. Podemos aplicar la misma similitud al concepto de cosmovisión.

La cosmovisión cristiana se va desarrollando porque tanto la teología como el mundo y la vida misma se están expandiendo y, a la vez, enfrentan nuevos desafíos.

Los desafíos que enfrentaban los adolescentes hace treinta años no son los mismos que los adolescentes experimentan hoy. A la vez, la manera de comunicarnos ha cambiado enormemente en las últimas décadas. ¿Quién pensaba hace treinta años que los abuelos que viven a miles de kilómetros de sus nietas podrían conversar con ellas a través de «videollamadas»?

Los giros que ha tomado el protestantismo norteamericano y europeo en las últimas décadas son distintos a las direcciones que las iglesias evangélicas están tomando en Sudamérica o España, por ejemplo. Al mismo tiempo, incluso las realidades sociales y eclesiásticas que experimentan las iglesias de Latinoamérica son distintas entre sí. Aún más, el estilo de vida de la madre cristiana que vive en la capital es distinto al de la madre cristiana que vive en el campo de un mismo país.

Por supuesto que hay cosas que todos los seres humanos tenemos en común, como por ejemplo, ser creados a imagen de Dios y nacer en rebelión contra Dios. Todos aquellos que han nacido de nuevo y han puesto su fe en Cristo son justificados y adoptados por el mismo Padre. Todos tenemos la misma regla suprema en asuntos de fe y vida que es la Biblia. Todos buscamos respuestas satisfactorias a las preguntas que Bavinck plantea en su libro *Cosmovisión cristiana*, es decir, a la relación entre pensar y ser, entre ser y convertirse y entre convertirse y actuar.

Sin embargo, la vida y el mundo están en constante desarrollo. Por lo tanto, la manera de ver el mundo y la vida, o, mejor dicho, la manera de contemplar la armonía en nuestro ser, como también la armonía entre nosotros y el mundo, está en constante expansión de acuerdo a los contextos en que nos encontramos.

Permíteme explicar lo anterior con el ejemplo de la relación que puede tener un joven con su teléfono móvil.

La relación que tenía un joven de dieciocho años con un teléfono móvil, hace veinticinco años, era muy distinta a la que un joven de dieciocho años tiene hoy con un teléfono móvil. Antes, un joven podía llamar, enviar mensajes de texto o pasar horas jugando al Tetris o al Snake en una pantalla de dos colores. Hoy, un joven puede llamar, tomar una foto de una puesta de sol en alta calidad y escuchar pódcasts acerca de ciencia, cultura y sana doctrina.

Tristemente, el teléfono móvil también puede ser usado con fines pecaminosos. Un joven puede pasar horas y horas en redes sociales mientras descuida sus responsabilidades cotidianas como también la comunión con Dios y los hermanos de la iglesia local. Asquerosamente, los datos móviles pueden ser usados para ver pornografía o crear perfiles falsos que, en nombre de la sana doctrina, promueven el quebrantamiento del noveno mandamiento al levantar falso testimonio contra otros.

Al considerar lo anterior, nos damos cuenta de que necesitamos sabiduría a la hora de ver y relacionarnos con nuestro entorno. A partir de esto, la cosmovisión busca desarrollar una manera de vivir en armonía donde el joven cristiano de dieciocho años —que va comprendiendo quién es, dónde está su identidad y cuál es el fin principal de su vida— pueda glorificar a Dios en todo. Este «todo» incluye la relación que existe entre su vida y el teléfono móvil a través de lo que él cree, lo que piensa, lo que confiesa, lo que siente, lo que sus ojos ven y lo que sus dedos finalmente escriben en una pantalla.

Cuando reflexionamos en lo anterior, y en los miles de ejemplos que podemos dar, nos damos cuenta de que una cosmovisión no es algo estático, sino más bien una manera de contemplar y vivir sabiamente. La contemplación y la acción van creciendo a medida que crecemos en nuestra comunión con Dios y, a la vez, comprendemos la relación de armonía que existe entre mi ser con Dios y mi ser con el mundo que me rodea. De ahí que la cosmovisión cristiana del creyente mexicano es, en algunos aspectos, distinta a la cosmovisión cristiana que tiene el creyente coreano. No obstante, lo glorioso es que ambos cristianos, el mexicano y el coreano, tienen un mismo fundamento sólido: el evangelio del Dios trino que se revela en las Escrituras.

Quizás pienses que, debido a que la cosmovisión se va desarrollando o expandiendo, esta podría ser un poco inestable. Tal vez podemos pensar que el ejemplo de un mapa, que se va expandiendo, no es bueno, porque cada cierto tiempo se va actualizando. Dicho de otra manera, podemos pensar que el concepto de cosmovisión debería ser desechado por ser, supuestamente, más subjetivo que objetivo.

Es aquí donde Herman y su sobrino nos pueden ayudar. Sí, necesitamos algo objetivo y firme. Pero ese fundamento objetivo debe estar en relación íntima con el sujeto. En otras palabras, hay un fundamento objetivo muy firme (y que no cambia), que nos permite nutrir y desarrollar una sana cosmovisión sea cual sea nuestra realidad. Este fundamento es el evangelio.

El concepto de cosmovisión puede ser mejor entendido como una *contemplación sabia* de la *vida* y del *mundo*, y no simplemente como una *visión* del *mundo*. Es una contemplación sabia y un modo de vivir sabio porque el temor a Jehová es su fundamento. Para entender la distinción entre *visión* y *contemplación*, es clave entender lo que las palabras holandesas referidas a ellas quieren comunicar. Sobre esto escribió Johan H. Bavinck en su libro *Cosmovisión y personalidad*.

¿Estás preparado para aprender sobre conceptos teológicos en holandés? Tal vez para esta próxima sección sería bueno tomar una taza de té o café con tu cuaderno de notas.

Visión (más subjetiva) y contemplación (más objetiva)

Tanto Herman como Johan H. Bavinck utilizaban el término *wereld- en levensbeschouwing*. *Wereld* significa «mundo». *Leven* significa «vida». *Beschouwing* puede ser traducido como «mirada», «perspectiva» o «contemplación». Con esto, ambos teólogos expresaban la idea de tener una perspectiva no solo del mundo que nos rodea, sino también una contemplación de la vida misma y a la vez, la relación entre ambas. En otras palabras, podemos entender la «contemplación de la vida y del mundo» como la sabiduría que viene del temor a Jehová para *ver* todo tipo de relaciones en el día a día y, a la vez, vivir de acuerdo a la palabra de Dios.

Al mismo tiempo, Johan distingue entre *wereldbeschouwing* y *wereldvisie*, donde *visie* puede ser traducido como «visión», «opinión» o incluso «perspectiva». En otras palabras, *wereldbeschouwing* podría ser traducida como «cosmocontemplación» (o también como «cosmovisión», para seguir con una palabra más convencional), mientras que *wereldvisie* se puede traducir como «cosmovisión».

Pero, ¿cuál es la diferencia entre ambas? He aquí la genialidad del teólogo, psicólogo, misionero y profesor de misiología, Johan H. Bavinck.

Johan Bavinck plantea que todas las personas tienen una «cosmovisión» (*wereldvisie*), es decir, presuposiciones, ideas o puntos de partida *a priori* por los cuales viven. Tal como lo plantea James Eglinton, una «cosmovisión» (*wereldvisie*) es «un conjunto de intuiciones sobre el mundo formadas en todos los individuos por su entorno familiar y doméstico, por sus maestros y su educación, y por la amplia cultura en la que viven».[30] En otras palabras, una «cosmo*visie*» es más *subjetiva*. Con esto en mente, podemos decir que todos tenemos una cosmovisión personal que se ha ido ampliando de acuerdo a nuestras experiencias y contextos a lo largo de todos los años que hemos estado viviendo.

Por otro lado, pocas personas a lo largo de la historia han tenido una «cosmocontemplación» o «contemplación de

---

30. Eglinton en su introducción a *Personality and Worldview*, 12.

la vida y el mundo» (a pesar de que estas han impulsado generaciones o culturas enteras). Una «cosmocontemplación» es más *objetiva*. A modo de ilustración, si la cosmo*visión* (más subjetiva) hace referencia a recorrer las calles de un pueblo, la cosmo*contemplación* indica el movimiento de subir una colina para que, desde ahí, desde la altura, podamos contemplar todo el pueblo. De esta manera, podemos obtener una perspectiva más amplia de todo el contexto. A partir de ahí, es posible trazar un mapa que, a medida que pasa el tiempo, puede ser mejorado más y más. Con este mapa, podemos recorrer el pueblo de una mejor manera.

Con esto en mente, podemos entender que, en general, las cosmocontemplaciones (más objetivas) influyen en el desarrollo de las cosmovisiones (más subjetivas) de cada persona en particular.

Para Johan H. Bavinck, las pocas personas que han tenido una cosmocontemplación (o cosmovisión objetiva) han sido, por ejemplo, Confucio, algunos pensadores de la India y Grecia, René Descartes (1596-1650), Baruch Spinoza (1632-1677), Immanuel Kant (1724-1804) y Friedrich Hegel (1770-1831). Todos ellos, de una u otra manera, han buscado un fundamento más objetivo para que las personas puedan comprender la realidad alrededor de ellos. Sin embargo, ninguno ha podido satisfacer la necesidad más profunda del hombre. Por lo tanto, ninguno puede dar una verdadera y completa explicación a la relación que cada persona tiene con Dios, consigo misma y con el mundo que la rodea.

En otras palabras, se necesita una cosmocontemplación cristiana (o cosmovisión cristiana, para continuar con esta palabra que puede ser más familiar) que brinde una verdadera armonía a la personalidad y a las relaciones del sujeto con la vida y el mundo. Esencialmente, estas relaciones deben estar nutridas en base a una mayor y esencial relación: la comunión del hombre con Dios.

Quizás las personas no se dan cuenta, pero cada una posee «mentalidades» en sus cosmovisiones (subjetivas) que reflejan ciertas cosmocontemplaciones (objetivas).

Mentalidades

Johan H. Bavinck plantea que una persona que dice creer solamente en lo que *ve*, posee una «mentalidad» que se asemeja más a un «empirista». Alguien que dice creer en aquello que *siente* internamente, presenta una «mentalidad» más «mística». Aun así, decir que una persona es «mística» puede significar algo muy distinto al «misticismo» de otra. Por ejemplo, el misticismo que sostiene una persona que vive en un pueblo asiático puede ser distinto al misticismo de una persona que vive en una capital de un país occidental. Lo mismo sucede con el «racionalismo» y el «moralismo». Dicho de otra manera, los racionalismos y moralismos pueden diferir entre distintas personas.

Con todo lo anterior, Johan identifica dos «cosmocontemplaciones» en el occidente: el materialismo ateo y el cristianismo. Así, vemos que estas dos cosmovisiones objetivas han ido moldeando las cosmovisiones subjetivas. No obstante, solamente el evangelio que presenta el cristianismo puede satisfacer la mente y el corazón del hombre para dar sentido a la realidad que somos y que nos rodea.

Solamente el evangelio nos puede dar una «cosmo-contemplación» sabia para así ir creciendo en nuestros contextos con una sana «cosmovisión» cristiana.

Para J. H. Bavinck, el evangelio (y el cristianismo como religión) no puede ser un «artículo de lujo» ni un «estado de ánimo vespertino». Es decir, si el evangelio ha de ser algo, debe ser «un vínculo viviente del hombre viviente con el Dios viviente, ¡el Dios que habla y obra!». Es aquí donde el fundamento objetivo más firme, la certeza de la salvación del evangelio, entra a lo más profundo del corazón del sujeto.

Para Johan, hay una «conexión profunda y tierna entre Jesús y el alma, donde el alma le dice sí [a Jesús]: "tú eres el Hijo del Dios viviente"».[31] Desde ahí, «las dos líneas de la cosmocontemplación y la personalidad se inclinan cada vez más una hacia la otra». Así, «la vida misma está impregnada [o empapada] en todas sus capas por aquellas cosas que Dios ha hablado y hecho».[32] De esta manera, podemos contemplar una armonía entre mi voluntad y la voluntad de Dios.

Mientras todas las cosmocontemplaciones (objetivas) llevan a que las cosmovisiones (subjetivas) busquen y huyan de Dios, solo el evangelio trae una contemplación de la vida y del mundo que lleva a la persona, con su personalidad y cosmovisión, a buscar y contemplar al Dios creador y redentor que ha venido a buscar y redimir a cada uno de los suyos.

Es Dios quien restaura la manera en que contemplamos a Dios mismo, quien redime nuestro ser, nuestra identidad y nuestro actuar y, a la vez, quien da armonía a la perspectiva que debemos tener de nuestro barrio, la ciencia, la educación, el arte y la política.

La angustia o la necesidad que experimentaba el Occidente en tiempos de Johan H. Bavinck —la necesidad de una

---

31. *PW*, 167.

32. *Ibid.*, 170.

contemplación de la vida y del mundo— a la vez reflejaba una mayor necesidad. Esta necesidad es la que está en el corazón de cada ser humano: la necesidad del evangelio.

El problema del contexto social de Bavinck es el mismo problema nuestro. Es decir, hay una «carencia de la verdadera religión, de negarse a uno mismo, de entrega [devoción], de culpa y de esperanza en Dios. Este problema puede destruir nuestro mundo. Nuestra sociedad será desarticulada y destrozada si no es llevada por grandes ideales, por estándares que sustentan la vida». Con las siguientes palabras, Johan H. Bavinck termina esta serie de charlas (expuestas a estudiantes reformados de ingeniería y que posteriormente conformaron los capítulos del libro publicado), para así exponer aquello que realmente puede satisfacer la necesidad de cada ser humano:

> ... todo el que comete pecado es esclavo del pecado [...].
> Así que, si el Hijo los hace libres, ustedes serán realmente libres.
>
> ... y conocerán la verdad, y la verdad los hará libres. (Juan 8:34, 32)

En resumen, la verdad objetiva y transformadora del evangelio debe permear todo nuestro ser para así, crecer en una perspectiva que dé armonía a las facultades de nuestro ser (mente, afectos y acciones), a nuestra relación con los demás y principalmente, a nuestra íntima relación de pacto que tenemos con el Dios viviente.

Contemplación de la vida y el mundo

«Cosmovisión»
[*wereldvisie*]
cristiana mexicana
(+ subjetiva)

«Cosmovisión»
[*wereldvisie*]
cristiana chilena
(+ subjetiva)

«Cosmovisión»
[*wereldvisie*]
cristiana española
(+ subjetiva)

**Influye y moldea
constantemente**

«Contemplación de la
vida y el mundo»

[*wereld- en levenbeschouwing*]
CRISTIANA
Moldeada por el evangelio
OBJETIVA

En resumen

Cosmovisión cristiana
[*wereld- en levenbeschouwing*]

se refiere a la

Contemplación del mundo y la vida.
Ayudándonos a comprender la armonía de
las relaciones entre:
- nosotros mismos
- nosotros con el mundo que nos rodea
- nosotros con Dios

**De esta manera, vivimos sabiamente en
el contexto donde nos encontramos.**

que moldea y santifica

El evangelio
de la Palabra
de Dios

vidas fundamentadas en

Escribir para todos

A partir de una contemplación de la vida y del mundo —que se va expandiendo a través de la comunión con Dios, del desarrollo teológico y de los desafíos que presenta la sociedad—, podemos entender por qué Herman escribió sobre varios temas y para distintas personas.

Recordemos nuevamente el ejemplo de su dogmática. Bavinck escribió los cuatro volúmenes durante su período en Kampen. Sin embargo, decidió revisar y aumentar su *Dogmática reformada* mientras enseñaba en la universidad. Así, una segunda edición aparece durante su período en Ámsterdam. ¿Uno de los motivos? Los desafíos que la Iglesia y la sociedad enfrentaban en ese entonces fueron cambiando. Por lo tanto, nuevos tiempos necesitan nuevas maneras de hacer teología que firmemente considere lo siguiente: la esencia no cambia. La esencia de la teología cristiana, las firmes verdades del evangelio no cambian al pasar las generaciones. Sin embargo, la forma o incluso el lenguaje de presentar estas verdades debe ser entendible para la Iglesia y el contexto en el que estamos.

Es por eso que Herman escribió *Magnalia Dei* [Las maravillosas obras de Dios] como un destilado de un volumen de su *Dogmática reformada* de cuatro volúmenes. Mientras este último estaba dirigido a académicos y pastores, *Magnalia Dei* (1909) estaba dirigido a pastores, trabajadores y estudiantes universitarios. Aun así, Bavinck publicó un tratado teológico más breve (*Manual para la instrucción en la fe cristiana*, 1913) para los estudiantes de secundaria y todos aquellos interesados en la fe cristiana.

Así como necesitamos una sólida y sana teología cristiana para nuestras iglesias, de igual manera debemos ser sabios en la manera como la presentamos.

La esencia y la belleza de los principales artículos de la fe cristiana son vitales tanto para el estudiante que comenzará los estudios universitarios como para la abuelita que lleva sesenta años cantando hermosos coritos todos los domingos. Sin embargo, la forma de presentar estas verdades debe ser dada con tanta sabiduría que realmente puedan dar sentido a la vida y cosmovisión del estudiante y de la abuelita. Para esto, necesitamos fundamentos espirituales para un sano estudio y enseñanza teológica, como, por ejemplo, la oración y vidas comprometidas con la iglesia local.

Escribir de todo

El servicio de la teología hacia otras ciencias puede ser reflejado en otros escritos de Bavinck. El 6 de agosto de 1921, Coenraad Bernardus Bavinck (1866-1941), hermano de Herman y padre de Johan H. Bavinck, escribió las siguientes palabras: «Esta es la última publicación de mi amado y respetado hermano mayor, su obra final [...] él no pudo escribir el prefacio para este volumen».[33] Él prólogo escrito por el pastor C. B. Bavinck corresponde a una serie de ensayos publicados por Herman en distintos años. El libro lleva por título *Ensayos recopilados sobre religión y ciencia*.

Esta obra presenta una interesante lista de diferentes temas (quince en total) tratados por Herman. Entre ellos, se encuentran «la filosofía de la fe» (1918), «la esencia del cristianismo» (1906), «psicología de la religión» (1909), «cristianismo y ciencias naturales» (1911, presentado en el parlamento holandés), «evolución» (1907), «principios cristianos y relaciones sociales» (1908), «tendencias en psicología» (1909), «sobre el inconsciente» (1915), «tendencias en pedagogía» (1909), «educación clásica» (1918), «sobre belleza y estética» (1914) y otros temas.

---

33. *Verzamelde opstellen op het gebied van godsdienst en wetenschap. Met een woord vooraf van Coenraad Bernardus Bavinck* (Kampen: J. H. Kok, 1921), 7.

Esta lista nos muestra que Bavinck era un hombre moderno. Sí, por supuesto que era crítico de algunos aspectos del modernismo. Sin embargo, ese fue el contexto en que Dios le permitió vivir. Por lo tanto, la gracia común de Dios le permitió tomar lo mejor de su época para así vivir como una persona de esa época. En otras palabras, Bavinck fue un hombre tanto ortodoxo (en su teología) como moderno.

Últimos días

Bavinck, como un hombre ortodoxo y moderno, continuó desarrollando un cristianismo que abarcaba todas las áreas de la sociedad. Es por eso que, tal como indica Eglinton en su biografía de Bavinck, Herman «continuó escribiendo sobre evangelismo, educación y habló regularmente en las sociedades cristianas de mujeres en su país».[34]

En 1918, Bavinck fue testigo del matrimonio de una mujer muy querida para él. El 14 de mayo de aquel año, su hija Johanna contrajo matrimonio con Gerrit Ruys (1888-1945). Dos años después, Herman Bavinck se convirtió en abuelo. Nuevamente las promesas del pacto de gracia se extendían a una nueva generación. El 20 de junio de 1920, el pequeño Rheodorus Ruys (1920-1986) fue bautizado por su abuelo Herman. Este importante evento quedó registrado en una fotografía.

De hecho, esta sería una de las últimas fotografías conocidas de Herman Bavinck.

En agosto de 1920, Bavinck se preparó para asistir al sínodo de Leeuwarden. En esa reunión, se hablarían temas doctrinales que produjeron conflictos entre personas que, por un lado, tenían

---

34. Eglinton, *Bavinck*, 284. En 1919, Bavinck habló sobre «el trabajo profesional de las mujeres casadas» en el segundo congreso social cristiano.

concepciones clásicas y ortodoxas con respecto a la doctrina de la Biblia y un joven que, por otro lado, comenzaba a abrazar ideas que olían a cierto tipo de liberalismo teológico. Ese joven fue uno de los estudiantes de Bavinck. Sin embargo, el profesor permaneció firme en la realidad de que la Biblia es la palabra de Dios escrita.

Luego de haber participado en el sínodo por una semana, Bavinck escribió el 20 de agosto que se sentía exhausto al caminar desde la estación de trenes de Ámsterdam hasta su casa (una distancia de aproximadamente diez minutos a pie). Al día siguiente, sufrió un infarto. Si bien no murió en ese momento, su salud se debilitó.

Entre 1920 y 1921, murieron importantes teólogos de la tradición reformada. El «león» del viejo Princeton, B. B. Warfield, murió el 16 de febrero de 1921. El año anterior, un 8 de noviembre, Abraham Kuyper partió a la presencia de Aquel que es soberano sobre todo centímetro cuadrado del universo.

Kuyper solicitó en su lecho de muerte una «máscara de la muerte» para preservar su imagen en las próximas generaciones. Tal como menciona Eglinton, los periódicos por décadas publicaron sátiras en forma de dibujos sobre la figura de Kuyper. De esta manera, tal vez Kuyper estaba mostrando su rostro al mundo tal como él era. La muerte de Kuyper fue algo más público (después de todo, fue el fundador de periódicos, un partido político, una universidad y llegó a ser primer ministro de Holanda). Sin embargo, la muerte de Bavinck fue algo más privado.

Antes de morir, uno de sus visitantes relató uno de los deseos de Herman: entrar en el cielo y por un momento, regresar a la tierra para dar testimonio al pueblo de Dios, y al mundo, de la gloria celestial. Por supuesto que el deseo de regresar a la tierra no se cumplió.

No obstante, Bavinck sí experimentó otra realidad. Esta realidad habla sobre el fin de la teología y de la vida cristiana.

El fin de la teología, y de nuestras vidas, es la contemplación del rostro de Dios en Cristo y el disfrute de Su presencia por toda la eternidad. Tal como indica al final de su *Dogmática reformada*, «La contemplación (*visio*), la comprensión (*comprehensio*) y el disfrute (*fruitio Dei*) de Dios constituyen la esencia de la beatitud [felicidad en la vida eterna]».[35]

El 29 de julio, a las 4:30 de la madrugada, Herman Bavinck dejó de vivir por fe en este mundo para comenzar a vivir por vista en la gloria celestial.

He ahí la meta de toda teología y vida cristiana: el disfrute y la visión beatífica de Dios a través de Cristo.

No obstante, al igual que toda la nube de testigos, Herman todavía espera la resurrección del cuerpo. En el día final, los santos de toda la historia de la humanidad que han partido experimentarán la resurrección del cuerpo. De esa manera, en cuerpo y alma, contemplarán la belleza del Dios que creó todas las cosas con un solo propósito, la gloria de Su nombre.

James Eglinton concluyó su libro describiendo correctamente a Bavinck como «un calvinista ortodoxo, un europeo moderno y un hombre de ciencia».[36] Ciertamente, Bavinck reunió todas estas características. No obstante, me gustaría terminar este libro describiendo a Bavinck con una sola palabra. De hecho, esa palabra la utilizó uno de sus amigos al visitarlo en su lecho de muerte.[37] Esa palabra fue *vroom*, que traducido al español es «piadoso».

Herman Bavinck fue simplemente, un hombre *piadoso*. Un hombre piadoso cuya vida y teología fueron para la gloria de Dios.

---

35. *RD* IV, 722.

36. Citado en Eglinton, *Bavinck*, 290.

37. *Ibid.*, 291.

H. Bavinck plm 1907 – HDC

Conclusión

Una vida y una teología
para la gloria de Dios

Pues aunque ya debieran ser maestros, otra vez
tienen necesidad de que alguien les enseñe los
principios elementales de los oráculos de Dios, y han
llegado a tener necesidad de leche y no de alimento
sólido. Porque todo el que toma solo leche, no está
acostumbrado a la palabra de justicia, porque es niño.
Pero el alimento sólido es para los adultos,
los cuales por la práctica tienen los sentidos
ejercitados para discernir el bien y el mal.
—Autor de la Carta a los Hebreos[1]

Traer la palabra de Dios a los niños debe ser
al mismo tiempo educación y crianza,
actuando simultáneamente
en el entendimiento y en el corazón,
y juntos enfocándonos en el conocimiento y la acción.
Debemos velar contra la estrechez
de miras de la ortodoxia y del pietismo.
La religión no es solo conocimiento, sino también
vida. El hombre no tiene solamente conciencia,
sino también sentimientos y voluntad.
Dios demanda en Su ley que no solamente
debemos amarlo con nuestra mente,

---

1. Hebreos 5:12-14.

sino también con todo el corazón y con toda
el alma y con todas las fuerzas.
—Herman Bavinck, *El sacrificio de alabanza*[2]

Comencé este libro hablando sobre cambios.

El mundo alrededor nuestro está cambiando. Tú y yo también
estamos cambiando. Sin embargo, sería triste cambiar de
acuerdo con principios, teologías o cosmovisiones que no
presentan la gloria de Dios como el fin principal de todo.
Pero quizás hay algo que puede ser aún más triste: poseer una
sana doctrina mientras vivimos en una constante inmadurez
espiritual que es susceptible al desarrollo crónico de distintas
enfermedades espirituales. Por lo tanto, la invitación es a orar
y trabajar (por la gloria del Señor) para que Dios nos cambie,
transforme o, mejor dicho, nos santifique.

Sin duda, el Señor ha tenido misericordia de nosotros. Esto
lo podemos ver cada mañana al despertar. Aun así, el Señor
ha mostrado más Su misericordia al enseñarnos los tesoros
de la riqueza bíblica y doctrinal. ¡Piensa en las veces en que tu
corazón se llenó de gozo al saber que la justicia de Cristo se ha
imputado a tu vida por medio de la fe, o en que ahora mismo los
santos que han partido están disfrutando de la visión beatífica!

No obstante, debemos pedir al Señor que nos libre del orgullo
teológico. Realmente es peligroso para nuestra alma memorizar
conceptos teológicos sin vivir en humildad ante el Señor. Por
lo tanto, tenemos un deber para nuestra alma: rogar a Dios que
estas preciosas doctrinas sean utilizadas para gozarnos en Dios,
servir al prójimo y matar nuestro pecado. Uno de ellos podría
ser la pedantería.

---

2. Herman Bavinck, *De offerande des lofs* [El sacrificio de la alabanza], 26-27.

En su *Ética reformada*, en la sección de los deberes hacia el alma, Bavinck advierte contra un particular pecado, la pedantería.

Una persona pedante es aquella que tiene conocimiento de cosas, pero que en realidad son inadecuadas para la vida diaria. Es un conocimiento inadecuado por dos razones. La primera, porque el pedante «solo conoce las cosas en abstracto, no en concreto», y del mismo modo, los doctrinarios, los teóricos y los eruditos [«de torre de marfil»]. El segundo punto se refiere a la manera incorrecta en que se comprenden las ideas. «Así que, el pedante es alguien que se eleva a sí mismo en pocas tesis, a menudo mal entendidas y abstractas; a continuación, diseña su vida, conducta y actitud [de acuerdo con lo anterior]; [el pedante] aplica [estas pocas y abstractas ideas] a todo momento y desea juzgar y moldear la vida de acuerdo a ellas».[3]

Debemos pedir al Señor que quite de nosotros toda disposición de querer moldear nuestras vidas en base a un conocimiento doctrinal superficial que solo genera orgullo y, que, al fin y al cabo, no edifica. Dicho de otra manera, debemos mortificar toda apariencia de piedad que, mezclada con pedantería teológica, termine hiriendo al cuerpo de Cristo. Tal vez lo anterior sea parte de la explicación a la manera «enojada» de hacer teología que vemos hoy día en los pasillos de las iglesias, como también en las redes sociales. Si la sana doctrina nos lleva a gozar de Dios continuamente, ¿por qué parece ser que siempre estamos molestos al estudiar teología?

Sí, debemos cambiar. Sí, debemos arrepentirnos. Este arrepentimiento implica cambios. Cambios que glorifiquen a Dios y sean de edificación para el prójimo. Para esto, debemos abrazar la santificación como un honor y un deber dado por Dios.

---

3. *GE*, 568.

Santificación: cambios para la gloria de Dios y la edificación del prójimo

La teología debe ser santa. La teología debe ser santificada. Por lo tanto, aquellos que estamos enseñando y aprendiendo teología, y en realidad todos los cristianos, deberíamos ser constantemente santificados por el Espíritu Santo. El llamado a la santidad es un llamado glorioso y serio. Recordemos que «sin [santidad] nadie verá al Señor» (Heb. 12:14).

Si bien hay muchas cosas que podrían ayudarnos a crecer espiritualmente, quisiera proponer dos principios en los que podríamos profundizar para crecer y madurar espiritualmente.

1. Profundizar en el conocimiento de Dios

Tal como aprendimos en los capítulos anteriores, para Herman Bavinck, el *conocimiento* de *Dios* es el principio fundamental de toda la teología. En realidad, no podría ser de otra manera, porque el conocimiento de Dios es la vida eterna.

El punto anterior podría ser desarrollado de una manera dogmático-ética. Es decir, deberíamos profundizar en el conocimiento de *Dios* y en *conocer* a Dios. En otras palabras, mi invitación es a que puedas profundizar en el conocimiento de *qué es Dios* y *quién es Dios*. «¿Qué es Dios?». La respuesta la podemos encontrar en los nombres y atributos de Dios. ¿Te imaginas cómo crecería el gozo y el consuelo si en tu familia o iglesia local pudieran constantemente estudiar sobre los nombres de Dios y Sus atributos?[4]

---

4. La meditación de la lista que presenta la Confesión de Fe de Westminster podría ser utilizada para crecer en el conocimiento del Señor. El capítulo 2 comienza diciendo: «No hay sino un solo Dios, vivo y verdadero, que es infinito en Su ser y perfección, un espíritu purísimo, invisible, sin cuerpo, partes o pasiones, inmutable,

«Quién es Dios»: Nuestro Dios es el Dios trino del pacto. Teólogos como John Owen (1616-1683) y John Brown de Haddington (1722-1787) escribieron tratados sobre la comunión íntima que el cristiano tiene con cada persona de la Trinidad que podrían ayudarnos a despertar nuestros afectos por Dios.

¿Te imaginas cómo crecería el gozo y el consuelo si en tu familia o iglesia local pudieran constantemente estudiar sobre el Dios único y trino; es decir, sobre cada una de las personas de la Trinidad? En fin, podríamos crecer y madurar espiritualmente al profundizar en el conocimiento de *Dios*.

De la misma manera, no se trata solamente de tener nociones correctas de Dios, también debemos *conocer* a Dios. Es decir, se trata de tener una comunión íntima con Jehová, Aquel que a Sus santos les da a conocer Su pacto. Este aspecto podría ser profundizado al tomar con más seriedad y gozo nuestra vida devocional, las oraciones, los cánticos y la lectura bíblica dentro de la familia. De la misma manera, nuestra membresía activa en la iglesia local, así como el trabajo con otras iglesias, debería ser el deseo de cada uno de nosotros. Por último, deberíamos orar para que Dios levante más pastores, ancianos, diáconos y maestros conforme a Su corazón.

2. Profundizar en nuestros llamados

Cada uno de nosotros tiene dones. Esos dones presentan una importante realidad. Tus dones son tuyos, pero, al mismo

---

inmenso, eterno, incomprensible, todopoderoso, sapientísimo, santísimo, más libre, absolutísimo, que hace todas las cosas según el consejo de Su propia voluntad, la cual es inmutable y justísima, y para Su propia gloria; es amorosísimo, lleno de gracia y misericordioso, paciente, abundante en bondad y verdad, perdonador de la iniquidad, la transgresión y el pecado; el galardonador de todos los que le buscan con diligencia, y, además, justísimo y terrible en Sus juicios, que odia todo pecado y que de ninguna manera tendrá por inocente al culpable». Ver *Confesión de fe, Catecismo Menor y otros credos* (Edimburgo: El Estandarte de la Verdad, 2023), 8.

tiempo, no son tuyos. Dios te ha dotado de características y talentos que deben ser utilizados para servir, para que otros sean edificados y así, Dios sea glorificado. Necesitas del prójimo y, al mismo tiempo, tu prójimo te necesita a ti. He ahí la importancia de poner nuestros dones y vocaciones al servicio del cuerpo de Cristo, en nuestros vecindarios y también en nuestros lugares de estudio o trabajo.

Los dones deben ser desarrollados. Una de las cosas que podrían ayudar a poner en práctica esta idea es la celebración de aquellos dones y talentos. Es decir, ver los dones del prójimo tanto como una alabanza a Dios como también algo que es para mi edificación. De esta manera, nos alegramos por aquello que Dios por pura gracia ha dado a cada miembro de Su Iglesia. Esto trae como fruto el desarraigar de nuestros corazones la envidia, los celos y las contiendas. El fundamento de esta celebración está dado en un aspecto vital de la santificación: el deleite en la ley de Dios. Eso implica amar a Dios por sobre todas las cosas, y como fruto, amar y celebrar los dones del prójimo.

Lo anterior tiene un profundo impacto en la teología. El concepto de *unidad en la diversidad* debería llevar a los cristianos a celebrar y trabajar en conjunto a pesar de los distintivos denominacionales. Sana doctrina debería traer sanas relaciones. Sanas relaciones deben traer unidad. Quizás las siguientes palabras de Bavinck deberían llevarnos a meditar profundamente en buscar la unidad entre las iglesias: «las iglesias reformadas nunca deben descansar hasta que los hermanos que pertenecen a la misma casa se reúnan en amor y paz bajo un mismo techo».[5]

Al mismo tiempo, estas relaciones deberían llevarnos a crecer en el desarrollo teológico. Es decir, en no quedarnos solamente,

---

5. Bavinck, *Het Calvinisme in Nederland en zijne toekomst*, 145.

por ejemplo, *exclusivamente* con la teología de Bavinck (lo mismo aplica para otros teólogos o períodos históricos). El mismo ejemplo de Herman nos invita a continuar desarrollando una teología que pueda ser entendida por nuestros hermanos y que a la vez, pueda ayudar a otras ciencias a crecer para la gloria de Dios. Esto no implica el abandono de la ortodoxia clásica, y en el caso de Bavinck, de la tradición reformada.

Finalmente, cada llamado o vocación que tenemos aquí en la tierra debería ser un medio para prepararnos para nuestro llamado celestial. Todo lo que aquí hacemos, sufrimos, disfrutamos, o en este caso, leemos, debería llevarnos a fijar nuestra mirada en Aquel que hace que el cielo sea el cielo: Cristo. Es la belleza de Cristo la que nos lleva a contemplar a Dios con corazones llenos del Espíritu de Dios.

Últimas palabras

Si bien faltaron muchas cosas por decir con respecto a la teología y la vida de Herman Bavinck, pienso que es bueno terminar aquí.

Deberíamos terminar aquí para meditar y trabajar en cómo podríamos profundizar y aplicar algunos aspectos de su teología a las distintas esferas de la vida. Si tomaste algunas notas durante tu lectura, quizás sería bueno revisar esos apuntes o notas que hiciste de los capítulos anteriores. A la vez, tal vez podrías comenzar a leer algunos de los libros de Herman Bavinck junto con amigos o hermanos de tu iglesia local.

Posiblemente, Bavinck te abrirá el apetito por estudiar a teólogos de distintos períodos del cristianismo, como a la vez, interactuar con pastores o teólogos contemporáneos. Probablemente, serás desafiado a crecer en la catolicidad cristiana y reformada, sabiendo que hay muchos tesoros que necesitan ser estudiados, disfrutados y aplicados a nuestras vidas.

Sí, Bavinck nos puede ayudar a entender que toda sana y rica teología nace de Dios, se desarrolla en Dios, se aplica en Dios y apunta a la gloria de Dios.

Sí, Dios es el principio fundamental para un sano estudio teológico. Un sano estudio teológico que nos impulse a amar a Dios con toda nuestra mente, alma, corazón y fuerzas.

Estimado lector: si este libro abrió tu apetito por deleitarte más en la hermosura de Dios, como también por crecer en tu amor por el prójimo que se encuentra en tu hogar, iglesia o barrio, entonces déjame decir de todo corazón...

¡Soli Deo Gloria!

Herman Bavinck. Retrato en su período de estudiante (1874).

Herman Bavinck en su período como profesor en la Escuela
Teológica de Kampen.

Herman Bavinck en su período como profesor en la
Universidad Libre de Ámsterdam.

Herman Bavinck y su esposa Johanna Adriana Bavinck-
Schippers.

Herman Bavinck, Johanna Bavinck-Schippers y su hija "Hannie".

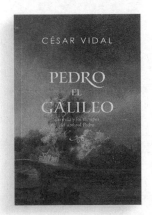